蔡昉 ＼ 主編

「大流行」經濟學

應對新冠疫情衝擊與
恢復經濟增長

目　錄

被世界衛生組織命名為 COVID-19 的新型冠狀病毒性肺炎（以下簡稱"新冠病毒"），演變為全球範圍的大流行（pandemic，世界衛生組織定義的疾病傳播最高級別），覆蓋幾乎世界上所有的國家和地區，感染人數已經以百萬計，成為一起百年不遇的公共衛生危機。這起危機事件不僅直接傷害眾多人口的健康，奪走眾多人口的生命，還通過對經濟活動的毀滅性影響，危害人們特別是低收入人群的生計，也威脅著人類的生存。迄今為止，疫情大流行尚未結束，造成的生命影響和經濟衝擊也未可充分估量。但是，越來越多的證據和分析顯示，此次疫情及其造成的經濟衝擊和社會震蕩，很可能超過過去一個世紀中的任何類似危機事件，無論是自然災害所致，還是金融風暴所致。

疾病大流行總會帶來巨大的經濟衝擊，使單個國家和世界整體的正常發展偏離既定的軌道，對經濟社會都造成嚴重的傷害。相應地，疫情之中最大的挑戰是如何保障人民的基本生活，疫情之後的最緊迫任務，則是如何恢復正常的經濟活動。所以，在某種程度上來說，經濟學家像流行病學家、公共衛生專家和醫務工作者一樣，在應對疫情的人類共同努力中，也有著義不容辭的職業責任。或者說，即便那些僅有百分之一的經濟學家贊成，甚至只有百分之一適用性的政策工具，如今就到了那百分之一的時刻。

中國社會科學院的經濟研究人員，在疫情爆發、傳播、防控的整個過程中，都密切關注著相關的經濟影響，從各自的專業領域進行了及時的調查、分析、研究，並提出了相應的政策建議。在一定程度上可以說，大家一度認為疫情在中國國內的流行是一次短暫的衝擊，因此很多研究是即時的，政策建議也著眼於短期的應對。

我們曾經以為，一旦疫情得到控制，便可以漸進地、審慎地復工復產，中國經濟即可回到正常的軌道。隨著新冠肺炎疫情在全球範圍的肆虐，世界經濟迅速進入深度衰退，必然對中國經濟復甦產生巨大的負面影響。經濟研究者大都認識到，無論是應對大流行本身還是實現中國經濟的復甦，都必須從認識上、戰略上和措施上立足於持久戰。

本書所反映的，便是中國社會科學院經濟研究者從現狀趨勢、近期對策以及更為長期的角度思考和分析結果，作者分別考查了新冠肺炎疫情全球大流行對中國經濟不同方面的影響，從需求和供給兩方面分析了"三農"工作、產業和供應鏈、就業和民生、中國經濟與世界經濟相互影響、對公共衛生和風險防控的含義等問題。為了探討新冠肺炎疫情及其經濟影響的不確定性特徵，以及相應的政策選擇，我們也邀請了彭文生先生撰文。

病毒像一個任性的魔鬼，仍在全球肆虐，疫情對經濟和民生的影響也在擴大和加深。相應地，對問題的分析也需要隨時更新。不過，把每個特定時點的分析與認識記錄下來，立此存照，無疑有益於隨著疫情及其對中國和世界經濟影響的發展，為深化自己的研究提供必要的基點。因此，我們不揣淺陋地把階段性成果奉獻給同行和關心相關問題的朋友，同時衷心期待讀者的批評與建議。

2020 年 4 月 16 日

本書作者寫作分工

緒　論（蔡昉）

第一章　新冠肺炎疫情的經濟影響（李雪松、汪紅駒、馮明、李雙雙、張彬斌）

第二章　對"三農"的影響及對策（魏後凱、蘆千文）

第三章　新冠肺炎疫情對中國工業經濟影響及對策（史丹、鄧洲、黃婭娜、于暢）

第四章　從效率到安全：疫情衝擊下的全球供應鏈調整及應對（賀俊）

第五章　疫情下的第三產業：衝擊與應對（夏傑長）

第六章　疫情的需求側影響及應對（張曉晶）

第七章　疫情的供給側影響及應對（黃群慧）

第八章　復工復產進程與對策（都陽）

第九章　外貿影響與對策（趙瑾）

第十章　疫情下及復甦中金融風險的防控（何德旭）

第十一章　公共衛生對策：近期與長期（朱恆鵬、潘雨晴）

第十二章　全球疫情與世界經濟展望（張宇燕、徐秀軍）

第十三章　如何應對世界經濟衰退的影響（李雪松、汪紅駒、馮明、李雙雙、張彬斌）

第十四章　走出疫情的人文經濟學（彭文生）

緒　論

2020 年對於中國來說是一個格外重要的年份。按照中國共產黨的十九大部署，這一年預計完成一系列重要的標誌性經濟社會發展指標，宣告全面建成小康社會宏偉目標的實現。特別具有標誌性的是國內生產總值（GDP）和城鄉居民收入在 2010 年基礎上分別翻一番，以及農村貧困人口按現行標準實現全部脫貧。這一年還是"十三五"規劃的收官之年。由於春節前後新冠病毒疫情爆發並大範圍傳播，始料未及地嚴重干擾了正常的社會經濟活動，對完成全年經濟社會發展目標帶來嚴峻的挑戰。

在實施了檢測甄別、收治病人與防控、隔離和封城等一系列嚴格且有效措施後，疫情正在中國逐漸得到有效控制的情況下，新冠肺炎疫情進一步演化為全球大流行，幾乎蔓延到所有國家和地區，世界主要經濟體皆遭受疫情的嚴重衝擊，進而分別因主動隔離產生經濟活動萎縮，或者因主動調整或因恐慌引起市場震蕩，使世界經濟迅速進入衰退狀態。與此同時，由於擔心疫情境外"倒灌"和境內反彈，中國的復工復產也舉步維艱。即是說，全球疫情大流行以及加速衰退的世界經濟反過來產生對中國經濟復甦的嚴重阻礙。很顯然，在這種形勢下中國經濟難以獨善其身，實現預期的經濟復甦需要付出巨大的努力。

一、灰犀牛事件、黑天鵝事件還是青蛙事件？

經濟研究領域通常習慣於把這次新冠病毒性疫情的影響，分別與以往的流行性傳染疾病造成的經濟衝擊，或者與經濟危機和金融危機的影響進行比較。然而，這

"大流行"經濟學

次疫情的發展及其經濟影響與以往大不相同。與任何經濟衰退和金融危機最大的不同之處，在於這次疫情本身演變以及各國的應對時機與措施具有更加不可預測的性質，進而產生的經濟衝擊及應對效果也有極度的不確定性。

新冠病毒爆發並演變為全球大流行，具有演進過程和演進結果的多變性和多重性，造成的經濟衝擊因素不僅充滿了可以預期的風險，更具有風險之外的諸多不確定性特徵，在疫情之中造成對經濟活動和市場的衝擊之外，更給疫情之後的經濟復甦帶來特別的難度。因此，對於最早有效地控制住疫情傳播並著手復工復產的中國，我們寧可把新冠病毒疫情後經濟恢復的困難預估更大一些，只有在認識上做到未雨綢繆，才能在政策上做到有效應對。

首先，疫情的發生在某種程度上符合一般認為的灰犀牛事件特性。人們通常用灰犀牛事件類比那些比較常見以致見怪不怪的風險事件，雖然是大概率事件卻常常為人所忽略。即使不談 20 世紀及以前的歷史，類似的流行疾病自人類進入 21 世紀以來已經爆發多起，包括 2003 年的非典型性肺炎（SARS 或簡稱 "非典"），在 2002 年 11 月到 2003 年 7 月，造成全球總感染人數 8096 例，共致 774 人死亡；2009 年的 H1N1 病毒性流感，導致死亡人數估計在 15.17 萬到 57.54 萬之間；2012 年的中東呼吸綜合症（MERS）廣泛傳播，死亡率高達 35%；埃博拉病毒症（EVH）則長期以來不斷階段性爆發，死亡率極高。[1]

早在 2018 年，全球知名企業家和慈善家比爾·蓋茨便撰文警告：這個世界特別是美國遠遠沒有對下一次疫情大流行做好準備。他預測可能發生的大範圍流行疾病，會造成全球高達三千萬以上人口的死亡，認為世界應該給予高度重視，敦促各國從情景模擬、作戰演練、預防演習等方面更好地認識疾病會如何擴散，以及如何從隔離措施和信息通報等方面進行響應，以避免恐慌和失策。[2]遺憾的是，幾乎所有的國家都沒有做好充分的準備，以及眾多國家的應對嚴重失當，均被他不幸而言中了。

經濟學界也不乏對這種潛在風險的關注。世界銀行報告和學術研究文獻表明，對於這種風險的忽視主要表現為相關的投資缺失。例如，從對發展中國家流行疾病

1　Richard Baldwin and Beatrice Weder di Mauro, Introduction, in Richard Baldwin and Beatrice Weder di Mauro (eds) *Economics in the Time of COVID-19*, London: CEPR Press, 2020, pp. 6–7.

2　Bill Gates, Innovation for Pandemics, *The New England Journal of Medicine*, Vol. 378, No.22, pp. 2057–2060.

的預防性支出援助來看，一方面表現為總體數量的長期不足；另一方面表現為發達國家政府僅僅在出現嚴重疫情的情況下才會臨時抱佛腳，大幅度提高了援助水平，事後則又把已有的支出規模減了下來。[1] 這就是說，準備不足是重視不夠的結果，政府和社會都傾向於把大概率的灰犀牛事件視同為小概率的黑天鵝事件，以心存僥幸的態度對待。

其次，這次疫情在一定意義上也具有黑天鵝事件的特性。黑天鵝事件比喻的是比較少見的因而常常出乎人們意料的風險。畢竟造成全球大流行的疫情事件並不多見。對中國人來說記憶猶新的"非典"疫情，也已經是十九年前的事情，其他在世界上流行的傳染性疾病皆未產生波及中國的影響。因而從時間上和空間上，小概率事件預期都給我們設置了思想和行動障礙，以致我們從認識層面和工作層面，都沒有對這次疫情的爆發和最終的嚴峻程度做足準備。

然而，新冠肺炎疫情的發展更具獨特性的地方，在於它不斷呈現出人意料的演變過程，以致流行病學和公共衛生學的專家們對其認識也更新不迭，甚至早期國家提供的信息和經驗也一再被疫情後發國家的決策者所忽視。相應地，疫情對經濟活動的干擾性質及對經濟復甦的影響，也具有變數眾多和不確定性極強的特點，產生一連串山重水複的變化效應。從這個意義上，灰犀牛和黑天鵝都不足以充分刻畫該疫情的特性。或許，"青蛙"更能說明這種易變性。

青蛙與某些兩棲動物在生長發育的過程中，在形態構造和生活習性上會發生非常顯著的變化，生物學稱之為變態發育（metamorphosis）。譬如，青蛙從水中的受精卵到水中的蝌蚪，再到水中的幼蛙直至演變為陸水兩棲的成蛙，形態的建立、生理特性、行為和活動方式以及生態表現均發生了顯著的變化。此外，許多蛙類還具有變色的特性，類似於變色蜥蜴，也會製造出撲朔迷離的效果。

基於新冠病毒天然具有的變異概率大、變異速度快的機理，以及這次冠狀病毒性肺炎所具有的流行病學能夠解釋或尚未能夠解釋的演變軌跡，它在流行過程中，在傳染方式、傳染性、病死率、治療有效性、影響對象的群體特點等諸多方面表現出多變性。這種多變性相應造成其對經濟社會活動影響的巨大不可預測性。換句話說，經濟學慣於使用從以往的數據中獲知未來變化趨勢的職業技能，在這種情況下

---

1   Olga Jonas, Pandemic Risk, *Finance & Development*, December 2014, pp. 16–18.

常常力有不逮。

例如，在之前的某個時間點上，經濟學家曾經根據當時新冠肺炎疫情發展，得出這一次疫情與第二次世界大戰後的歷次疫情大流行都不同，因為這次疫情衝擊到了世界上最重要的經濟體。[1] 誰承想不久之後，這場疫情便演變為全球大流行，世界上的國家幾乎無一幸免。此前所做的前瞻性判斷很快變成了事後諸葛亮。從這個意義上，把這次疫情的全球流行及其產生的經濟後果視為一種青蛙事件，可以在認識上使我們更習慣於意外的變化，在應對實際中更立足於前瞻性，更善於進行相機決策。

二、經濟復甦：V 形、U 形抑或 W 形？

在以往的很多經濟衰退或者各種類型經濟危機之後，人們通常希望看到一個 V 字形的復甦，即從景氣谷底一路回升，直至恢復到衰退或危機之前的狀態。在這次新冠肺炎疫情在中國發展的一段時間裏，我們曾設想疫情將主要局限在國內。既然疫情傳播遵循一個感染人數先期迅速上升，到達峰值後開始迅速減弱，直到消失這樣一個流行病學的倒 V 字形曲線，因此，其對經濟的衝擊性影響以及隨後的經濟恢復，本可以指望遵循一個緊隨倒 V 字形流行曲線的 V 字形軌跡。

當時做出這樣的預期並非不現實。總體來說，2003 年中國發生 "非典" 時就經歷了這樣的情形，確實出現過一條倒 V 字形的流行病學曲線（見圖 1），以及隨後呈現的 V 字形經濟復甦曲線。2003 年的 "非典" 疫情流行時間短，在全球總感染人數中，中國內地和香港特別行政區佔 87.5%，其他則分散在不同國家和地區。由於除加拿大以外受到疫情影響的大都為相對小的經濟體，中國當時的經濟總規模也僅佔全球 GDP 的 4.3%，因此，當時並沒有對世界經濟產生顯著影響。

實際上，"非典" 的爆發高峰發生在 2003 年 3 月份，中國經濟遭遇的疫情負面影響則是在那之後才顯現出來，並且僅限於第二季度。人們的外出活動受到阻礙等因素造成第二季度居民消費的抑制。然而，在下半年乃至第二年，居民進行了補償

1　Richard Baldwin and Eiichi Tomiura, Thinking Ahead About the Trade Impact of COVID-19, in Richard Baldwin and Beatrice Weder di Mauro (eds) *Economics in the Time of COVID-19*, London: CEPR Press, 2020, pp. 59–72.

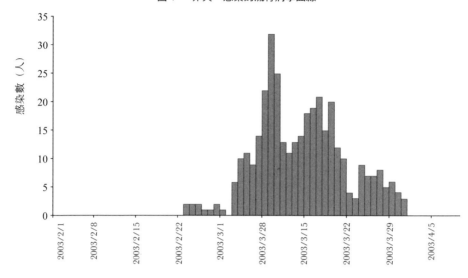

圖 1 "非典"感染的流行病學曲線

資料來源：https://www.who.int/csr/sarsepicurve/2003_04_08/en/index1.html

性的額外消費，在很大程度上把需求的損失彌補了回來。

例如，從社會商品零售總額來看，2003 年 5 月份與上年同期相比僅增長 4.5%，但是，下半年這個增長率便逐漸向 10% 逼近，而 2004 年全年均大大高於 10%。再從 GDP 增長率來看，2003 年第一季度為 11.1%，第二季度降至 9.1%，第三季度和第四季度便回升至 10%，全年也實現了 10% 的增長速度。也就是說，對應這個"來也匆匆去也匆匆"的疫情以及相應的流行病學倒 V 字形曲線，隨後形成了一個完美且迅速完成的 V 字形經濟復甦曲線。

突出顯示了變異性大、傳染力強、傳播範圍廣的新冠病毒業已演變為全球疫情，被世界衛生組織宣佈為"大流行病"（pandemic）。在中國的疫情防控成效逐漸顯現，已經進入倒 V 字形曲線後半段甚至尾聲的同時，境外感染人數開始大幅度上升，並且早在 2020 年 2 月 26 日，世界其他地區的新增確診人數便超過中國大陸。從全球範圍看，新冠病毒疫情的流行病學曲線已經在中國之外，開啟了大流行曲線，並處於迅速向上攀升的前半段，至於究竟在何時以及在何種程度上到達峰值，迄今為止尚無從預測。或者說，如果將其同中國的倒 V 字形曲線相銜接，全球流行

圖 2　新冠肺炎疫情的全球流行病學曲線（2020 年 1 月 17 日至 3 月 6 日）

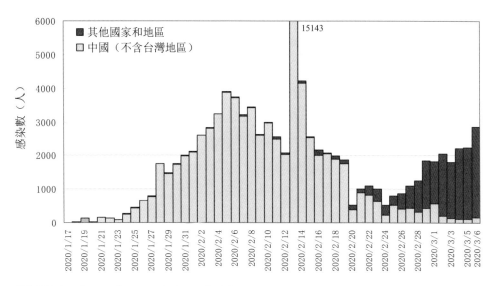

資料來源：https://www.ecdc.europa.eu/en/geographical-distribution-2019-ncov-cases

圖 3　新冠肺炎疫情的全球流行病學曲線（2020 年 3 月 1 日至 7 月 1 日）

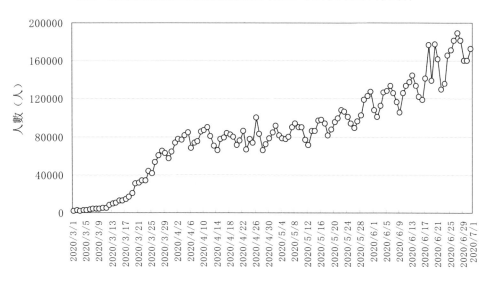

資料來源：https://www.ecdc.europa.eu/en/geographical-distribution-2019-ncov-cases

病學曲線正遵循一個倒 W 字形的趨勢發展（見圖 2 和圖 3）。

在 2019 年 12 月 31 日到 2020 年 7 月 1 日期間，全球已經有 209 個國家和地區發生 COVID-19 感染病例，累計約 1044.6 萬人，死亡 51.1 萬人，感染人數中發生在過去 14 天的佔比 22.0%，意味著疫情仍然在發展。中國與世界其他國家和地區之間，形成了先後繼起的關係。以最近 14 天確診人數佔全部累計確診人數的比例來觀察疫情發生的先後順序和發展態勢，以 2020 年 7 月 1 日為基準期，中國這個比例為 0.4%，美國為 18.9%，歐洲為 9.2%，非洲為 36.1%，美洲為 25.1%，亞洲為 26.2%。[1] 一方面，從全世界和各地區情況看，新增感染人數的增長已經處於減慢的階段，另一方面，把中國與其他國家和地區相比較，在中國基本控制住疫情傳播的情況下，其他國家和地區的疫情總體上仍然處於上升階段。

人們普遍認為，全球疫情大流行是否得到最終控制，不取決於最先走出疫情大爆發的國家和地區，而取決於最後取得控制成功的國家和地區。同理也可以說，中國經濟的最終復甦，即便不取決於最後控制住疫情的那些國家和地區，至少也受到主要經濟體和世界經濟總體的制約。

疫情的全球大流行給世界經濟帶來的毀滅性影響必然是嚴重的，分別從全球經濟總量、製造業增加值、貨物和服務出口總額以及對外直接投資等各個方面推動世界經濟走向衰退。即便在疫情在全球範圍內得到控制，經濟活動重新啟動的情況下，製造業供應鏈的斷裂、大規模失業從而收入損失導致的貧困率提高及消費力下降，以及單邊主義、民族主義、貿易保護主義等政策的普遍抬頭，甚至造成經濟全球化的明顯倒退，都會使得單個國家和世界經濟將來恢復起來難度更大，所需時間也更長。

在中國完整表現出來的流行病學倒 V 字形曲線，一旦與世界其他地區整體處於上升階段的流行病學倒 V 字形曲線交接起來，令人很容易得出判斷，中國經濟復甦的軌跡不再可能是我們原來預想的 V 字形了。如果說，在發生這個全球疫情趨勢變化之前，我們只需緊緊盯住自身的復工復產目標，如今，我們需要一隻眼睛盯著中國經濟的復甦，另一隻眼睛盯著其他國家和世界經濟的表現。

換句話說，在經濟全球化，以及中國作為一個開放型大國經濟體的背景下，其

1　參見 European Centre for Disease Prevention and Control 網站：https://www.ecdc.europa.eu/en/geographical-distribution-2019-ncov-cases，2020 年 7 月 2 日瀏覽。

他主要經濟體以及全球經濟遭受的衝擊，必然在很大程度上影響中國經濟的復甦，至於世界經濟走向深度衰退這種可能性，也必然極大地干擾中國在疫情穩定後經濟恢復的進程和政策實施的選項。

國際貨幣基金組織根據的趨勢，大幅度修正了先前對 2020 年的預測，預計世界經濟將為負增長，全球平均為 –3.0%，發達經濟體平均為 –6.1%，新興市場經濟和發展中國家平均為 –1.0%，雖然在主要經濟體中，中國依然表現不凡，但預測的 GDP 增長率也僅為 1.2%。[1] 世界銀行就做出更不樂觀的預測，世界經濟全年將收縮 5.2%，除中國將增長 1% 外，主要經濟體皆為負增長。[2] 同時，世界貿易組織對全球貨物貿易的預測則是從縮減 13%（樂觀）到縮減 32%（悲觀）。[3] 中國國家統計局公佈的第一季度 GDP 增長率為 –6.8%。無論從季度數據本身還是據此推算的全年預期增長率來看，無疑都是改革開放以來最低的增長速度。

固然，對於在全球大流行下世界經濟究竟衰退到何種程度，目前做出任何確定性的預測都嫌過早。不過，考慮到新冠肺炎疫情的不確定性及其經濟影響特點，我們不妨以魯比尼博士的一項分析作為參照情形。他認為世界經濟面臨三重風險，可能出現疫情大流行得不到控制、應對事件的經濟政策工具不足和地緣政治發生白天鵝事件等三種情形。[4] 從底線思維出發，我們目前可以做出的判斷是，中國經濟幾乎不再能夠指望原來預期的 V 字形復甦軌跡。更具體來說，預期中國經濟復甦，需要考慮到以下幾種可能的模式，爭取盡可能好的結果。

第一種可能性是，中國經濟受到其他國家經濟狀況顯著惡化以及世界經濟嚴重衰退的影響，在經濟恢復過程中步伐明顯慢於原有預期。即便在相對好的復甦結果下，也會在原來預期的 V 字形軌跡基準上有所延遲，即需要有較長的時間在谷底或回升途中徘徊，形成一個 U 字形復甦軌跡。更不樂觀的情形是可能形成一個"浴缸狀"復甦，即受全球供應鏈斷裂的干擾，在復工復產困難更大的假設下，經濟景氣

1　International Monetary Fund, *World Economic Outlook, Chapter One: the Great Lockdown*, Washington, D. C.: International Monetary Fund, April 2020, pp. ix, 7.

2　World Bank, *Global Economic Prospects, June 2020*, World Bank Group, Washington, D. C., 2020, p. 4.

3　World Trade Organization, *Annual Report 2020*, https://www.wto.org/english/res_e/booksp_e/anrep_e/anrep20_e.pdf，2020 年 7 月 1 日瀏覽。

4　Nouriel Roubini, "A Greater Depression?" *Project Syndicate*, March 24, 2020, http://www.project-syndicate.org/.

處於谷底的時間更久，經濟增長回歸潛在增長率的路程更長。

第二種可能性是，與全球新冠肺炎疫情的流行病學倒 W 形曲線相對應，中國經濟的復甦在更大程度上受到世界經濟衰退的拖累，形成較大跨度的 W 字形經濟復甦軌跡，即復甦過程出現反覆。甚至在更不樂觀的情況下，特別是中國經濟反覆受到供給側和需求側的干擾，經濟活動在回升過程中既需要花費更長的時間，甚至可能發生更多次的循環反覆。不過，這個 W 字形的軌跡不是水平狀的，而是向上揚起的，意味著中國經濟終究會回到潛在增長率軌道上。

第三種可能性是，如果新冠病毒不像 "非典" 病毒那樣在肆虐不長的一段時間之後便突然消失，而是病毒繼續發生變異、在時間地點上呈現時隱時現的特徵，以致新冠病毒肺炎成為一個長期存在、週期性出現的流行疾病，則可能形成一個與之對應的經濟週期類型，經濟增長也會遵循一個橫向的 S 字形曲線波動。鑒於在各國普遍形成群體免疫力，或者特效藥和有效的疫苗研製成功，並且能夠惠及世界上每個地方的每個人，都只是一些可能性，所以，世界和每個地區的經濟活動從此會定時或不定時地發生停擺現象，中國經濟相應也會受到影響。

當然，還有一種更保險的預測，中國經濟將遵循耐克（Nike）公司徽標的勾字形軌跡實現復甦。如同該徽標的形狀所示，一方面，受國內疫情影響，經濟的下滑發生得十分迅速；另一方面，受全球大流行曲線變化的影響，經濟復甦過程則更加平穩和緩慢，需時更久。從一定程度上說，這個形狀確實可以描述疫情後中國經濟的軌跡，只是復甦效果差異可以使這個勾字後半截的斜率不盡相同。

三、這一次的 "一樣" 與 "不一樣"

經濟學家習慣於說：千萬不要浪費掉一次經濟危機。意思是說，由不同起因導致、後果嚴重程度不一的各種經濟衰退和經濟危機，終究造成人們不希望看到的或大或小對國家經濟和人民生計的傷害，如果不能最大限度地從慘痛經歷中汲取教訓，這些代價就白白付出了。

此外，經濟學家還樂於爭論諸如這一次（危機）與上一次究竟是一樣還是不一樣的問題。其實，歷史經驗反覆表明，每一次經濟危機都有其自身獨特之處，同時每一次危機也與其他的危機有諸多共同之處，遭受危機傷害的國家、社會和個人，無疑都感受到切膚之痛，也各有各的不幸。

經濟史上充滿了經濟衰退、金融危機以及疫情大流行造成的經濟災難，這些事件通常是經濟理論和經濟政策討論的長期熱門話題，在某種程度上也可以說，對這些慘痛教訓和應對經驗的總結，孵化並催生了許多經濟學的理論創新。從世界範圍看，這場新冠肺炎疫情還遠遠不會完結，因此，我們目前的任務尚不是對之做出總結或者進行反思。毋寧說，從以往事件的經驗、教訓及其相關理論討論中，著眼於這次應對疫情衝擊具有的針對性和借鑒意義，我們可以從若干重要角度提出問題進行比照和思考，既討論不同衝擊事件之間所具有的共同點（"一樣"），也討論各次衝擊之間不盡相同（"不一樣"）的地方。

第一，面對重大衝擊性因素，宏觀經濟政策做出及時反應很重要，並且根據歷史上的經驗，政策響應在大多數情況下總是偏於保守的，常常跟不上現實的需要而頗顯被動。所以，每一次或者每一步政策響應，從事後看來都不存在所謂的"反應過度"問題。特別是面對具有高度易變性和不可預測性的大流行疫情，政策響應能夠及時和到位，對於消除事件演變趨勢不確定性與政策取向不確定性產生的疊加效應，進而避免導致雙重市場恐慌十分重要。

在凱恩斯看來，經濟活動的決策常常來自於行為者本身的衝動性，而並非總是來自於對期望均值的預估，因此，人類本性的弱點會造成經濟和市場的不穩定性。這就是經濟學家所謂的"動物精神"。[1]這種衝動性在個體的經濟決策中必然顯示出非理性的特點，可以說既在邏輯之中又不符合邏輯本身。我們也可以從另一個角度認識經濟活動的這種特性，即經濟活動受到衝擊性干擾的情形，既可以表現為期望均值的降低，也可以表現為該值的方差的增大。[2]

期望均值的降低通常表現為投資者的退縮和投資的減少進而產出的下降，主要是對風險的反應；方差的增大則表現為投資活動和產出的波動，以及資本市場和大宗產品貿易等市場大幅度震蕩中因不確定性因素所造成的部分。既然是由動物精神

1　〔英〕約翰·梅納德·凱恩斯：《就業、利息和貨幣通論》，北京：華夏出版社，2004年，頁124。
2　克魯格曼在談到特朗普貿易政策的不確定性時，認為它是期望均值的減小而不是方差的增大。參見 Paul Krugman, "Tariff Tantrums and Recession Risks: Why Trade War Scares the Market So Much", *The New York Times*, August 7, 2019。然而，如果我們把"風險"與"不確定性"做出區分的話，克魯格曼所說的期望均值的降低指的是風險增大的後果，而由於難以預測以及信息不充分造成的不確定性，更多表現為方差的擴大。

所驅動的投資活動，就其常態而言天然就存在著估價過高因素或泡沫成分，遇到風險性和不確定性的突然提高，人們必然根據他們自己所能獲得的信息進行解讀，產生所謂的流傳性敘事並據此做出反應。[1]

這時，即便不去深究這種反應究竟是理性的市場調整，還是非理性的心理恐慌，抑或對扭曲信息做出的不恰當反應，或者對不確定信息做出的錯誤解讀，終究會給市場和經濟帶來不能承受之亂。風險與不確定性的差別在於，前者是可以由特定的信息反映出來的，所以，市場對其做出的反應至少從理論上說是可以預測的；而後者的本質就在於信息的不充分性、不可獲得性甚至扭曲性，因而市場據此做出的反應是難以預料的。

對於新冠肺炎疫情的不可預測性，市場所做出的反應，最充分地表現在 2020 年 3 月 9 日、12 日、16 日和 18 日，美國股市在極短時間內發生的四次熔斷，成為繼 1987 年 10 月 19 日 "黑色星期一"（當時尚未建立熔斷機制），以及熔斷機制建立後，於 1997 年 10 月 27 日發生第一次熔斷之後最慘烈的股市暴跌。美國宏觀經濟政策因此做出大尺度的動作，並非僅僅是出於對選票的考慮，也並非不知道降息政策並不直接對症，只是要阻止恐慌及其導致的大幅震蕩的規定動作而已。

應該說，為了避免恐慌及其引致的實體經濟大幅下滑從而對民生的影響，政策及時並大力度做出反應，即便尚不能做到準確對症，也仍然是必要的。與此同時也要看到，這種在一定程度上僅具有象徵意義的政策舉動，並不能代替更具有針對性和實質性的政策舉措，後者才真正具有紓困和救助的效應。

第二，新冠肺炎疫情造成的經濟衝擊是雙重的，即從需求與供給兩側同時或相繼造成對實體經濟的衝擊，並相應反映在生產要素市場和大宗產品市場表現上面。雖然市場狀況是根據影響需求和供給兩方面因素的匹配和交織情形所決定，但是，一般來說在市場經濟條件下，短期衝擊大多來自需求側，而供給側的因素主要影響較長期的經濟增長表現。

作為逆週期調節的理論和政策來源，宏觀經濟學特別是其中的經濟週期理論是為解決需求側衝擊而誕生的，相應地，宏觀經濟政策工具箱中的十八般兵器，也主

1　值得注意的是，羅伯特·席勒曾經預見到 2000 年的互聯網泡沫破裂和 2007 年的房價下跌，並且根據敘事經濟學原理提前警告了新冠病毒疫情導致的巨幅市場震蕩。關於他的敘事經濟學，請參見 Robert J. Shiller, "Narrative Economics", *Cowles Foundation Discussion Paper*, No. 2069, January 2017.

要是為此而設計的。雖然各國經濟史都見證過供給側衝擊事件，如 20 世紀 70 年代的石油衝擊和各種自然災害衝擊，總體而言，宏觀經濟政策在應對供給側衝擊方面缺乏經驗，在可供選擇的手段上也常顯捉襟見肘。

中國面臨的新冠肺炎疫情對經濟的衝擊，從一開始就表現為需求側與供給側兩重因素的交織。為了嚴格執行社交距離、封城和隔離等措施，與人員流動相關的消費活動和聚集性的消費活動，如住宿、餐飲、旅遊、娛樂、客運等消費需求受到致命的抑制，與此相關的生產經營領域也同其他行業一樣相應停止。由於中國處在疫情衝擊的第一波，停工停產的供給側安排導致對很多其他國家生產者供貨的延誤甚至中斷。

當國內疫情好轉，復工復產的逐步推進有望改變供給狀況時，不僅停產時斷裂的供應鏈修復起來困難重重，進一步，全球疫情大流行造成的製造業停產、萎縮，以及保護主義措施則為中國生產者設置了新一輪需求側衝擊。

這種衝擊效應是疊加的，產生的後果十分嚴重，因此，政策實施不僅必須有超大超強的力度，還需要面對諸多兩難的抉擇。以勞動力市場狀況為例，在很多勞動者找不到工作的同時，還存在著企業招工難的困境，表現在勞動力市場指標中，一方面是失業率高企，另一方面求人倍率也保持在較高的水平。因此，政策選擇既要充分挖掘傳統工具箱的存貨潛力，也要嘗試改變思路和路徑，以更豐富的想像力，把功夫同時做到畫裏畫外。

第三，新冠病毒對生命和健康的傷害固然一視同仁，但是，在富裕國家和貧窮國家之間，在不同收入水平的群體之間，基本健康狀態存在巨大差異，對於獲得免疫、治療、康復機會的可得性，以及對於疫情經濟衝擊的程度和承受力都是不盡相同的。諾貝爾經濟學獎獲得者安格斯·迪頓在回顧疫情大流行和人類抗擊歷史時指出，預防和治療流行性傳染病的技術，通常是按照社會等級序列自上而下逐級傳遞的。因此，對這位揭示美國 "絕望而死" 現象的經濟學家來說，在病毒面前，並非人人生而平等。[1]

誠然，在現代社會，醫療技術的普惠性和可得性大大提高，而且，面對新冠病毒，無論是發達國家的億萬富翁和政要精英，還是發展中國家掙扎在貧困線上的非

1　Angus Deaton, "We May Not All Be Equal in the Eyes of Coronavirus", *Financial Times*, April 6, 2020.

正規就業者，確有同樣多的機會受到感染，受到感染後都會付出健康甚至生命的代價。然而，避免感染是否有選擇的機會、患病後能夠獲得怎樣的救治、疫苗一旦面世能否及時受益，特別是受疫情衝擊的影響性質和程度如何，卻毋庸置疑地存在著國家之間和社會人群之間的巨大差異。美國已有許多數據顯示，非洲裔和拉丁美洲裔美國人感染新冠病毒後死亡率數倍於白種人，這些事實便是大流行面前並非人人平等這一假說的最新證據。

無論是什麼原因導致的經濟危機，對人產生的衝擊不應該從其數量級評估，而需要就其性質來進行判斷。例如，一場金融危機可能給金融行業造成數以萬億美元計的損失，同時因波及實體經濟而造成大量掙取最低工資的勞動者喪失崗位。具體到個人，銀行家和工人遭受損失的金額也不可同日而語，但是，在前一情形中，銀行家損失的是資本所有者的錢，投資人面臨的是高額資本收益的多少或有無，而在後一情形中，勞動者及其家庭失去的卻是關乎生存的基本收入。

因此，在新冠肺炎疫情大流行時，低收入國家和低收入群體因不具備完善的醫療保障條件，面臨更大的機率受到衝擊，生命和健康受到更大的威脅與傷害；進而，當疫情進入高峰期，封城和隔離等措施造成經濟活動休止，脆弱的國家缺乏充足的資源和財力維繫必要的檢測、救治、護理並保障居民基本生活，普通勞動者也更容易失去工作乃至收入來源，在暴露於生命健康風險中的同時陷入生活困境；而當經濟開始復甦時，正如經濟增長並不產生收入分配的涓流效應一樣，普通勞動者的生活也不會隨著經濟的整體復甦自然而然回到正常軌道。這時，大寫英文字母 K 恰好描述經濟復甦中的這種兩極化現象。

第四，在面對新冠肺炎疫情衝擊的情況下，貨幣政策與財政政策需要協同發力，財政政策因具有針對性更強、實施機制更直接見效等特點，應該發揮更重要的作用。本來，這兩個宏觀經濟政策工具箱之間的分工和配合關係，一直是宏觀經濟學曠日持久的話題，近年來又迎來一個新的討論高潮，其中一些研究領域的發展以及得出的政策實施建議，獲得越來越多的認同或關注，也出現在美國總統候選人的競選主張之中。

在關於經濟長期停滯的原因究竟在於供給側因素還是需求側因素的爭論中，雖然很多更根本的認識尚未取得一致，但是，人們也不自覺地形成了某些共識，其中之一即是認為，貨幣政策並不能獨自承擔刺激經濟增長的重任。由於發達國家處於長期低利率甚至負利率狀態，以及實施量化寬鬆政策，在遭遇經濟衝擊的情況下，貨幣政策工具必然捉襟見肘，宏觀經濟調控的空間十分的狹促。因此，人們認為應該更多使用財政政策手段。但是，在政策工具的選擇上一直以來卻莫衷一是。

針對新冠肺炎疫情的特殊衝擊，人們可能會暫時擱置種種觀點分歧，取得更多的政策共識。在諸如發生戰爭和災難等緊急狀態下，用於維護國家安全、國民經濟和人民生計的必需支出，如補貼居民收入、對中小微型企業的紓困，以及支付基本社會保險等，既是政府的天然責任，也是居民個人和民營經濟所難以承受的。同時，在這種特殊的艱難時刻，正常的公共財政收入也無法滿足大規模額外支出的需要，需要政府根據自身的財政結構特點和各種支出項目的性質，分別通過提高一般公共財政赤字率或者增加政府債務予以解決。[1]

可見，在貨幣政策與財政政策協同作用中，財政政策如今有著居於主角位置的趨勢，而貨幣政策重在配合前者的實施。疫情大流行下不得已的停工停產，最先帶來的是公開失業和就業不足，進而居民的收入遭受損失甚至喪失殆盡，嚴重威脅低收入家庭的基本生計。即便在有條件或者完全復工復產的情況下，被中斷的供應鏈也需要時間進行修復，何況全球疫情大流行還可能進一步斷裂供應鏈。因此，財政大規模支出確保社會保險和社會救助的充分給付，較之保障金融環節的流動性充足遠為重要和對症。

經濟學家甚至其中曾經擔任過中央銀行家的那些人，越來越願意承認面對這場疫情影響，貨幣政策的作用相對而言居於輔助性地位，職責是確保政府紓困和救助政策的實施可以獲得貨幣的支撐，同時不會受到市場上流動性不足的制約。

例如，兩位前美聯儲主席伯南克和耶倫在一篇合作的文章中指出，貨幣政策此時的作用在於滿足以下需要：其一，在居家隔離和電子交易條件下對流動性的額外需求；其二，在這種特殊情況下，貸款人在放貸時需要額外的信心；其三，無論是短暫疫情過後的經濟復甦，還是疫情持續更久致使企業和家庭受困，都需要信貸能夠做到招之即來。[2]此外，貨幣政策還需承擔他們沒有提及的貨幣財政功能（monetary financing）。

1　Mario Draghi, "We Must Mobilise As If for War", *Financial Times*, March 27, 2020.

2　Ben Bernanke and Janet Yellen, "How the Fed Can Lesson Lasting Damage from the Pandemic", *Financial Times*, March 19, 2020.

第五，新冠肺炎疫情中一國和全球發展的特點和方向，決定經濟復甦的時間、方式、路徑和效果。因此，政府採取的各項措施，都需要依據事件發展的進程和順序，按照宏觀政策的類型和手段特點，選擇恰當的出台時機。在疫情爆發的早期，流行病學倒 V 字形曲線處於峰值前的上升階段，為了控制疫情大範圍傳播，最重要的任務莫過於實施嚴格的防控措施，包括封城、隔離、取消聚集活動等等，這時不可避免要減少甚至遏止經濟活動。而在疫情發展達到峰值之後，倒 V 字形曲線進入下行階段，復工復產就擺在了議事日程。進一步，在疫情傳播確保可以得到控制的情況下，經濟復甦便居於更高的優先序。

相應地，宏觀經濟政策以及其他政策手段也受疫情特點的影響，需要選擇恰當的時機依次出台，否則不能取得預期的成效。例如，旨在刺激居民消費特別是鼓勵補償性消費的政策，在社會尚處於隔離狀態時就不能產生預期效果；旨在保持必要且充分流動性的貨幣政策，可能在不同階段都是需要的，但是應該與每個時點的主要政策目標相適應，而不應成為一個獨立的目標；旨在恢復和刺激投資的宏觀經濟政策，也不能實施於全社會普遍隔離期間直到經濟活動開始恢復之前；至於保障居民基本生活的社會托底政策，從一開始便不能缺位，應該以各種形式貫穿於疫情發展及其經濟衝擊的始終。

至於從全球疫情變化趨勢看，一旦形成流行病學曲線長時間走高，並且難以預料何時進入下降的後半程的情況，則形成一個兩難決策：一方面，不等疫情被控制住便恢復經濟活動，可能造成更多人數被感染，疫情曲線也難以穩定下來，更談不上進入下降模式；另一方面，長期不能復工復產，相當多的人口失去了就業崗位和收入來源，基本生計越來越受到威脅。在這種情況下，政府實施救助政策必然比聽任市場按照自身衝動行事更為重要。

最後，疫情防控與恢復經濟活動都是不得不為的硬要求，必須科學處理兩者之間存在的取捨權衡和兩難決策。雖然新冠病毒造成的死亡率低，但其流傳速度快，最終以感染人數巨大而造成生命健康的損失。因此，以全社會動員的方式實行嚴格防控措施，是不可避免的，也是中國為世界貢獻的一個經驗，是放之四海而皆準的硬道理。與此同時，在疫情得到總體控制的條件下，及早復工復產也是頭等大事，同樣是顛撲不破的硬道理。然而，兩個硬道理之間的確存在著取捨權衡因而兩難抉擇的關係。

實施武漢等重點地區封城，配之以全國範圍並有地區特點的隔離措施，是一個成功的經驗。利用疫情發展的時間差換取防控措施的空間分離，採取以時間換空間的雙軌制過渡方式，按照地區之間疫情發展的階段性特點，把防控和復工復產任務重點做出區分，最終使中國最早控制住疫情，率先開始經濟復甦。正是由於在前一階段不惜代價地進行防控，才得以在確保感染人數不發生反彈的前提下，在後一階段加快經濟復甦的進程。這個成功做法也提供了一個處理疫情防控與復工復產關係的基準模式。

鑒於世界上其他地區仍處於新冠病毒流行病學倒 V 字形曲線的上升階段，包括中國在內的各國經濟復甦過程中還可能經歷 W 字形的軌跡，甚至，人類很可能將與這個病毒的流行長期打交道，需要進行比傳統宏觀經濟政策更聰明、更科學的政策設計，把政府責任和流行病學曲線規律加以結合，解決防控和復甦兩難問題。因此，根據中國應對疫情的成功經驗和遭遇過的兩難處境，可以把這種空間與時間分離的雙軌制過渡模型，進一步擴展為時間和空間並行的更新版本，可以在具備必要的檢測和收治等條件的情況下酌情實施。

這個版本的模型有以下幾個關鍵步驟。第一，在具備一系列基本條件的情況下，對於敏感人群盡可能做到全面檢測，以便分期分批地把檢測後的人群分為兩組——安全組和風險組。第二，在確保兩組人群充分隔絕因而不發生相互交叉的情況下，讓安全組人群隨即進入復工狀態，同時對風險組人群繼續隔離並進行連續排查。第三，隨著檢測和收治的覆蓋面越來越大，安全組人數的比重逐步擴大，風險組人數相應縮小，雙軌制加快向安全的單軌過渡。通過採取這種過渡辦法，防控隔離與復工復產之間的時間差便可以實現最小化。

這次新冠肺炎疫情大流行及其造成對全球的經濟衝擊，與歷史上的疫情大流行、經濟衰退和其他危機事件有著諸多的相似性。例如，疫情本身的不確定性和信息的不充分性、政府對形勢的判斷不及時致使決策失當、當事人推卸責任的“甩鍋”舉動、事件導致的市場震蕩和經濟復甦的徘徊踟躕等等，都是經濟史上耳熟能詳的情景。

同時，此次疫情事件也有諸多獨特之處。除了新冠病毒本身演化顯現出極端“狡猾”的特點及其造成疫情傳播方式的特殊性之外，更重要的是，中國經濟在世界經濟中已經佔有極大的比重，對世界經濟的增長貢獻獨一無二，中國製造業在全球供應鏈佔據了中樞地位，中國經濟增長正在進行動能的轉換，以及世界處於更高全球化階段的同時，逆全球化暗流也被推向高潮等等，都對中國和世界應對這場經濟衝擊提出了前所未有的挑戰。

此外，這次疫情及經濟影響事件的發生及在演變過程中，也暴露出一系列在常態條件下被忽視的問題。例如，公共衛生應急響應體系、全球化條件下國家之間協同合作、緊急物資的儲備和調運、製造業供應鏈的維護與修復等等，都在疫情事件中遭到嚴峻的挑戰。正因為如此，經濟學家需要進行更深刻的思考，以便提出對解決所面臨各種困境的對策建議，同時能夠未雨綢繆預見將來。

四、在適應多變性中復甦中國經濟

新冠病毒性疫情大流行本身及其對一個國家造成的經濟衝擊，最大的特點是多變性和不可預測性。針對這一特點，中國經濟在復甦的過程中，既需要保持高度的警醒，隨時掌握全球疫情最新進展並對準確的信息做出及時反應，也需要保持足夠的耐心和定力，守住自身的底線不放鬆。這就是說，堅持穩中求進的工作總基調，經濟復甦部署和推進需要適應多變性和不確定性，政策抉擇應該在處理變與不變的辯證關係之中進行。據此，以下嘗試就中國經濟率先復甦政策的若干重要方面做出初步分析，並提出相應的政策建議。

首先，在新冠肺炎疫情全球大流行趨勢及其經濟影響的不確定性中，堅定不移推動中國經濟率先復甦。作為世界第二大經濟體以及增長最快的國家之一，近年來，中國對全球經濟增長的貢獻高達 30% 以上。因此，在其他經濟體乃至世界經濟陷入衰退的情況下，中國經濟的率先復甦不僅是中國自身的當務之急，對世界經濟也絕不是零和博弈，必然對其他經濟體產生正面溢出效應。更重要的是，中國經濟迅速恢復到增長常態對世界的意義，也不僅僅是一個抽象的總量概念，而是可以從諸多重要方面對其他國家以及世界經濟做出貢獻。

在新冠肺炎疫情全球大流行，同時中國率先控制住國內疫情因而轉向復工復產的情況下，中國將以自身強大的生產能力為其他國家提供急需的醫療設備、防護用品和藥品，提供富有抗疫經驗的醫護人力資源援助。例如，在各國紛紛進入疫情爆發高峰的情況下，中國製造的從呼吸機到醫用口罩等各種用品，以及派出的醫療專家團隊，已經在全球抗疫中做出了重要貢獻。此外，在一些貧困國家特別是"一帶一路"沿線國家遭受疫情衝擊，進而陷入極端困難時，中國必將一如既往地提供人道主義援助。

中國迄今仍然保持著全球製造中心的地位，具有強大的製造業配套能力，也是世界上唯一擁有聯合國分類標準中全部工業類別的國家，分別具有 41 個兩位數大類、207 個三位數中類和 666 個四位數小類的工業部門。2018 年，中國貨物出口總額佔全世界的 12.7%。由於中國的貨物出口總額中製造業比重高達 93.4%，因此，中國的製造業出口規模居全球第一位，在全球製造業出口的比重為 17.2%，比居於第二位的德國高出 74.0%。

在此次疫情爆發之前，經濟全球化遭遇到單邊主義、民粹主義、民族主義和貿易保護主義等各種政策傾向的衝擊，美國也對包括中國在內的諸多重要經濟體發起貿易戰，並推動與中國經濟及供應鏈脫鈎。各國發生新冠肺炎疫情後，也顯現出各掃門前雪甚至以鄰為壑的保護主義傾向，逆全球化趨勢似乎進一步抬頭。然而，疫情衝擊下的世界經濟挑戰反而更加顯示全球化的不可逆轉性。中國經濟在復甦過程中及之後，以自身的生產和供貨維護並修復全球供應鏈，進而阻止經濟全球化的倒退，將會發揮不可替代的作用。

中國不僅擁有世界上最大規模的人口和佔第二位的經濟總量，也擁有最多數量的中等收入人口。由此形成的超大規模市場及其潛力，將為隨後的世界經濟復甦提供巨大的需求拉力。一方面，中國社會在恢復正常生活之後，居民消費不僅從補償性和替代性方面產生巨大的反彈，還會因公共衛生等因素產生引導性消費，形成超大規模的新需求增長點。另一方面，在恢復經濟增長和穩定就業的過程中，也會形成超常規模的投資活動。重點放在 5G 網絡、大數據中心和人工智能等領域的新基礎設施建設，也會產生投資增長點。所有這些需求因素，在經濟全球化條件下都必然產生顯著的外溢效應，為其他國家的投資者提供機會。

其次，以穩定就業、保障民生和實現脫貧目標為最高優先序，努力實現經濟社會發展目標任務。中國長期向好的經濟社會發展基本面沒有變，也不會因為突發的疫情衝擊而改變，即生產要素供給和生產率都不會受到長期影響。因此，總體完成預定的經濟社會發展目標，特別是對於全面建成小康社會具有標誌性的目標，仍然是必須付出巨大努力爭取的任務，不應有絲毫的懈怠。

然而，新冠肺炎疫情的全球大流行，畢竟是百年不遇的嚴重衝擊事件，已經直接或間接地給中國經濟社會造成巨大的負面影響，也必然會對實現全年經濟社會發展的具體指標造成一定程度的干擾。因此，降低對某些具體的數量指標，如不設 GDP 增長率的年度預期目標也是實事求是的。事實上，在第一季度為 −6.8% 的情況下，如果全年仍然堅持 5%–6% 的增長率，反而會產生我們不希望看到的副作用。

與此同時，我們應該堅持以人民為中心的發展思想，合理確定經濟復甦以及實現目標所需努力的政策優先序。雖然中國已經走出疫情擴散的最嚴峻時刻，但是，前期造成的對宏觀經濟的不利影響已經十分嚴重，加上全球疫情大流行造成供應鏈斷裂，實體經濟遭受的衝擊已經遠遠超過 2003 年"非典"疫情和 2008–2009 年國際金融危機。相應地，就業也必然遭遇前所未有的衝擊，進而影響城鄉居民收入的實際增長，對普通家庭維持基本生活造成巨大的困難。

參照一個美國經濟學家判斷經濟是否陷入"衰退"的經驗方法——"薩姆定律"（Sahm rule），[1] 即觀察最近三個月失業率平滑水平，是否比過去 11 個月中的最低點高出 0.5 個百分點或以上，可以看到，2020 年前三個月的城鎮調查失業率平滑值為 5.8%，已經比 2019 年 4 月和 5 月的 5.0%（過去 11 個月中的最低點）這個失業率高出 0.8 個百分點（見圖 4），並且此後高失業率仍繼續保持。從宏觀經濟景氣角度解釋這個指標，標誌著經濟景氣已經進入低點，而從居民基本生活保障角度看，則意味著在民生保障方面亟待出台必要的政策應對措施。

應對這次疫情對就業的強烈且具有持續性的衝擊，更加積極的就業政策應該包含更多超常規的措施，才能達到通過穩定就業保障民生的目的。第一，一切旨在恢復經濟活動從而刺激經濟增長的宏觀經濟政策，都同時具有促進就業的效應，應最大化予以調動實施，並把就業優先政策納入宏觀政策層面。第二，針對失業成因中的結構性、摩擦性和週期性因素，有針對性地運用各種相關的政策手段降低整體失業率。第三，堅持社會政策托底，結餘失業保險金除返還用於援企穩崗之外，還應該用於擴大支付範圍，特別是覆蓋未加入失業保險的返城失業農民工。此外，還需要通過設計更具普惠性、更直接快捷的項目，直接向受到疫情衝擊的家庭支付現金。

1　Claudia Sahm, "Direct Stimulus Payments to Individuals, in Heather Boushey", Ryan Nunn and Jay Shambaugh (eds), *Recession Ready: Fiscal Policies to Stabilize the American Economy*, Washington, D. C.: The Hamilton Project and the Washington Center on Equitable Growth, 2019.

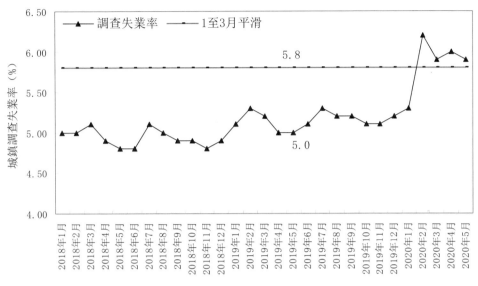

圖 4　城鎮調查失業率和 "薩姆定律"

資料來源：作者根據國家統計局網站（http://www.stats.gov.cn/）數據計算。

　　作為保障和改善民生的重要要求，實現農村貧困人口全部脫貧的目標不可動搖，也在實現全年目標任務中居於首要地位，執行中應不遺餘力。中共十八大以來，全國農村貧困人口累計減少 9348 萬人，也就是說在 2012 至 2019 年期間，每年實現脫貧人數都超過 1000 萬。2020 年的任務是實現餘下的 551 萬農村貧困人口脫貧，按照近年來的脫貧速度，即便考慮到出現局部返貧現象可能加大工作難度，結合深入實施鄉村振興戰略鞏固脫貧成果，經過努力實現目標本來也是可以充分預期的。

　　然而，始料未及的新冠肺炎疫情本身以及進行防控採取的措施，不可避免地阻礙了農民工外出打工。特別是，在務工收入佔農村家庭收入比重很高，以及外出務工作為脫貧重要途徑的情況下，貧困地區和貧困家庭的外出打工收入大幅度減少，既會妨礙最後一批貧困人口的脫貧，也會造成一些剛剛脫貧的家庭返貧。在這個預計的決戰與特殊的挑戰並存的時候，需要以超常規的手段加大最後一公里的扶貧力度，其中最有效的辦法，是政府把所有不能達到脫貧標準的農村人口全部、無條件納入最低生活保障範圍。

　　再次，在利用超大規模市場優勢復甦經濟的過程中，需要恰當處理好促進居民消費與擴大建設投資的關係。在疫情發生之前，第三產業和居民消費已經成為中國經濟增長的主要貢獻因素。例如，在拉動中國經濟增長的需求"三駕馬車"（淨出口、投資和消費）因素中，最終消費對 GDP 增長的貢獻率，2019 年達到 57.8%。在最終消費構成中，城鄉居民消費佔到 70.0%。同時，第三產業和居民消費也是遭受疫情衝擊最直接最嚴重的領域，因此，在疫情之後促進第三產業復工復產和激發居民消費活力，應該是恢復經濟活動、穩定就業和保障民生的切入口。

按照世界銀行統計，2018 年全球最終消費總規模為 62.6 萬億美元，其中，中國佔全球總額的比重為 11.6%，佔中等偏上收入國家的比重高達 46.9%。雖然就人均收入水平和人均消費水平來說，中國與發達國家相比都還有較大的差距，但是，由於中國的龐大人口規模和經濟規模，其最終消費總額已經相當於歐元區國家總規模的 71.8%。從消費行為的經濟理性和以往的經驗來看，在疫情後的經濟復甦過程中，會產生一些特殊的居民消費傾向，應通過保障基本收入的政策手段刺激消費行為，通過商業模式創新和市場細分等方式，提高產品和服務的可得性和便利性，充分挖掘其擴張潛力。

第一是可補償性消費。一般來說，一旦衝擊性事件對正常消費產生的抑制得到解除，消費者受實際需要和心理需要兩方面因素驅動，對於那些需求彈性大因而也是消費受到最明顯抑制的商品和服務，會產生超常規的購買需求。在疫情防控過程中消費支出大幅度減少的一些家庭用品，特別是相對高端並且不適宜於線上購買的品牌商品，譬如高級化妝品等即屬此類。

第二是可替代性消費。在某些商品或服務的需求不能得到滿足的情況下，那些具有相似效用或者相同消費偏好的其他商品或服務，可以成為替代消費的對象。例如，受疫情影響最大並且恢復起來難度較大的聚集性、體驗式消費，如旅遊、影劇院、群體性消費等，便可以轉向更加私密性且具有類似效用的其他消費項目，或採用不同的消費方式實現。

第三是可引導性消費。這是指隨著消費理念的變化，消費者偏好可以在一定時期內得以培養的消費內容。諸如新冠肺炎疫情這類持續時間長、付出巨大生命和健康代價的公共衛生事件，會誘發出與健康生活相關的新型消費行為，居家隔離也誘發出一些消費習慣，都可以形成新的消費熱點。這方面包括對於保健類產品、體育健身活動、改善家居衛生和環境的裝修、心理疏導性的活動，以及更加私密性的交通工具等的需求。

在經濟發展的常態下，促進居民消費的根本途徑在於擴大就業和增加收入，以提高消費力，以及提高社會保障水平和覆蓋率從而減少消費者的後顧之憂。然而，在遭遇巨大災害衝擊以及恢復時期這種非常態情況下，穩定和復甦居民消費的主要舉措，應該是依靠各級政府的公共支出職能，實施有效兜底的基本生活保障政策。

從居民可支配收入與居民消費支出之間的差額來判斷，家庭儲蓄率隨著在收入分組中位置的上升而提高。這就是說，低收入家庭的儲蓄率非常低，因而抵禦就業和收入衝擊的能力也很弱。由於最低生活保障等常規救助制度，在識別對象和反應速度等方面存在著不足，難以充分覆蓋新冠肺炎疫情下受衝擊的人群規模，因此，需要一項諸如全民發放現金這樣的普惠性救助政策，才能實現在保障民生的前提下進而刺激居民消費的目標。

超大規模市場優勢同時反映在中國具有擴大投資的巨大潛力上面，而在特殊情況下，擴大建設投資也是中國經濟復甦的必要推動力。特別是那些旨在補短板和優化結構的基礎設施投資、對國內供應鏈依賴程度高以及改善國內配套能力的建設項目、公共衛生領域和戰略應急物資儲備設施建設，及以 5G 基站、工業互聯網和人工智能等為代表的新基礎設施建設，以及帶動就業彈性大、乘數效應明顯的工程建設，都是在這個特殊的時刻所需要的。

然而，在利用投資手段實施經濟刺激的時候，需要充分吸取以往的教訓，把握並守住幾條不應突破的底線。要堅持發揮市場配置資源的決定性作用，避免產生不良債務積累和槓桿率的不合理提高，不產生新的低效產能和過剩產能，不發生系統性風險及其隱患的積累，不在污染防治攻堅戰取得成效以及供給側結構性改革成效方面發生任何倒退。

同時，也要防止經濟增長形成對投資需求拉動的依賴，避免回歸到傳統發展方式上面。以往在宏觀經濟遭遇需求側衝擊時，資本形成對經濟增長的貢獻率就會顯著提高，一旦形成對投資的依賴，需求結構就會失衡，從而損害經濟增長的可持續性。長期以來，投資在中國經濟增長的需求拉動中佔據主導地位，經濟快速增長也總是伴隨著高投資率，並且擴大投資常常被用來作為遭遇經濟衝擊（如出口下降）時的替代需求因素。

例如，在 1998 年到 2019 年期間的二十餘年中，資本形成對 GDP 增長的貢獻率超過 50% 是一種常態，並且 GDP 增長率與資本形成貢獻率高度正相關。在同一時期的 GDP 增長需求因素中，資本形成的貢獻與淨出口的貢獻呈現出顯著的負相關關係。加大投資拉動的刺激政策，必須重視這種付出過代價的前車之鑒，避免在實施過程中重蹈覆轍。

最後，把恢復經濟活動、穩定增長速度、保障民生等緊迫任務與長期改革和發展的目標緊密結合。經濟史表明，危機往往是充分暴露短板和結構性矛盾的時刻，相應地，應對危機和走出困境，也可以通過加快推進既定的長期改革和發展任務，在取得立竿見影效果的同時也可以產生長期可持續性的結果。新冠肺炎疫情暴露出的巨大經濟社會短板和風險，最為突出的莫過於不完全或非典型化的城鎮化。與此同時，城鎮化也預期可以對中國經濟社會長期發展做出重要的貢獻。緊迫任務和長期目標的這一相會，就提出加快以農民工在城鎮落戶為核心的新型城鎮化的緊迫任務。

2019 年，中國在達到常住人口城鎮化率 60.6% 的情況下，戶籍人口城鎮化率僅為 44.4%。也就是說，全國有 2.27 億人口常住在城鎮卻沒有取得城鎮戶口。這個人群的主體（高達 76.7%）就是離開戶籍所在鄉鎮外出務工的 1.74 億農民工。這種狀況造成的一些顯著影響，譬如減少勞動力有效供給、降低資源重新配置效率，以及削弱製造業比較優勢等現象，已經得到了經濟學家的關注。然而，在付出慘痛代價的情況下，這次疫情暴露出大規模人戶分離和家庭成員異地分居現象的明顯弊端。

設想每年春節期間有 70% 的外出農民工返鄉，在極短時間內形成的交通運輸壓力，就可以產生高達 1.2 億人的全國範圍超常態流動。這次新冠肺炎疫情集中暴露出這種非典型化城市化的弊端，即在正常情況下返鄉與返城造成的春運困難之外，額外地形成了人員密集流動產生的疾病流行風險、農民工不能及時返城復工造成的企業經營嚴重困難、農民工和農村居民收入大幅度減少，以及製造業供應鏈斷裂乃至損壞的風險。

因此，加快推進新型城鎮化，加大推動農民工及家庭成員在務工所在城鎮落戶的戶籍制度改革力度，不僅可以從以上方面降低未來的經濟社會風險，而且可以增加勞動力供給、降低製造業成本、提高勞動生產率、提高基本公共服務均等化水平、改善收入分配和擴大居民消費等諸多方面，促進中國的經濟社會長期可持續發展。

（執筆：蔡昉）

第一章

新冠肺炎疫情的經濟影響

作為二戰以來最嚴重的全球危機，新冠肺炎疫情全球大流行對世界和中國經濟造成了前所未有的巨大衝擊，導致全球經濟急劇陷入衰退，給中國經濟發展帶來多重嚴峻挑戰。這次疫情衝擊導致的全球危機本質上是民生危機，疫情全球大流行的未來發展走勢仍存在極大的不確定性，經濟恢復到常態可能需要更長時間。

第一節　疫情擴散機制及其經濟影響機理

一、疫情擴散的機制

新型冠狀病毒肺炎疫情在世界範圍內大面積擴散，使得持續低迷的世界經濟雪上加霜，本質上是人類對於新生病毒性傳染病缺乏足夠認識，尤其是難以在短期內準確刻畫疫情走勢，增強了經濟活動以及疫情本身的不確定性。

Baker 等人（2020）指出，這些不確定性包括病毒本身的威力、抗原及抗體檢測的可用性、醫療系統的承受性、有效疫苗的開發期、最終的致亡規模、社交隔離期限、疫情的近短期經濟衝擊、疫情消退後經濟復甦速度、政府干預政策的持續性、消費模式改變的程度以及對企業存亡、創新及人力資本投資的中長期影響等多個方面。[1] 傳染病對於經濟運行的影響，相當於在經濟系統中加入了一個准外生變量，而此變量本身如何變，需要一個充分的認識過程。因此，研究產出變量受到疫情衝擊的規模，應當對疫情的擴散具有基礎的認識。

流行病模型被廣泛用於分析傳染病的擴散。Kermack 和 McKendrick（1927）的基礎性工作為流行病模型的發展提供了一個藍本。他們認為，根據被傳染病傷害的不同情況，可把人群分為未感染者（Susceptible，下文簡稱 S）、已感染者（Infected，下文簡稱 I）和退出者（Removal，下文簡稱 R）三大類，退出的方式要麼是康復要麼是死亡，且會對總人口規模產生影響。病情嚴重程度不同決定著患者面臨著不同

1　Baker, S. R., Bloom, N., Davis, S. J. and Terry, S. J., "Covid−Induced Economic Uncertainty", *National Bureau of Economic Research Working Paper Series*, 2020, No. 26983.

的死亡或康復概率，流行病模型直面的核心問題是理解上述三大類人群規模的動態變化以及主要影響因素。[1]

作為一般性的簡化數學模型，Kermack 和 McKendrick（1927）假定，疫情爆發期間不考慮出生率和其他死亡之間的差別，將總人口視為一個常數，三大類人群實際對應到個體是三種狀態，在每個單位時間區間內，三種狀態之間的轉換概率外生給定。出於對結束疫情的考慮，需要判斷持續轉換的狀態最終穩定於何處，即弄清疫情結束的條件是再也沒有未感染者，還是在感染、康復以及死亡等因素之間存在相互作用，而很多人並不會被感染？如果初始人群中，所有未感染者染病的機會相同，並且獲得完全免疫的途徑是經歷患病─康復過程，疫情的結束並不必然要求所有人都染病，在給定感染率、康復率和死亡率的情形下，存在一個不會導致感染者人數增加的人口密度閾值。他們的研究主要從人口密度的角度解析了可能導致傳染病快速擴散或趨於消退的閾值，並未直截了當地提出社會政策建議。由於他們對三大類人群相對數量演進及其影響因素的分析，為流行病模型的發展提供了基礎性視角，被後來的研究者廣泛稱為 Kermack－McKendrick 模型，或 SIR 模型。

由於經典 SIR 模型的一般性，放鬆其前提條件或者納入更多可能影響疫情傳播或持續的因素，可以得到更為豐富的含義。

例如，在一個僅包含"未感染─感染"過程的簡明傳染病模型中，Kremer（1996）放鬆了初始人群的同質性假定，基於對模型中傳播參數的內生化設定，分析不同類別人群的行為受到艾滋病疫情流行的影響。[2]

Tassier（2013）介紹了 SIR 模型的幾種特殊形式，包括僅考慮未感染到感染（SI）的形式、僅考慮未感染─感染─康復（SIS）以及在 SIR 模型中增加人口的動態性等情形，從傳染病引起外部性的角度，對私人部門與公共部門的決策以及經濟計量方法進行了分析。[3]

Wang 和 Hennessy（2015）以 SIS 模型為基準，在動態博弈過程中考察了面臨動

1　Kermack, W. O. and Mckendrick, A. G., "A Contribution to the Mathematical Theory of Epidemics", *Proceedings of the Royal Society of London, Series a*, 1927, 115(772): 700−721.

2　Kremer, M., "Integrating Behavioral Choice Into Epidemiological Models of Aids", *The Quarterly Journal of Economics*, 1996, 111(2): 549−573.

3　Tassier, T., *The Economics of Epidemiology*, Springerbriefs in Public Health, Springer, 2013.

物源傳染病時，政府的一般性最優策略。[1] 新冠肺炎爆發以後，以 SIR 模型為基礎的不同擴展被公共衛生學家和經濟學家所廣泛應用（Atkeson, 2020）。[2]

二、疫情擴散的經濟影響機理

傳染性病毒通過人的社會活動廣泛擴散，產生巨大的負外部性，政府決策也將不可避免地陷入挽救生命和穩定經濟的兩難境地。[3] 根據 SIR 模型的序列演進，當疫情的嚴重性被公眾廣泛知曉，理性未感染者會自覺壓縮與人接觸的機會，減少經濟活動以降低從 S 態進入到 I 態的可能性。而染病者即便未被政府部門限制其活動範圍，由於其本身健康條件變差以及為了盡可能地從 I 態通過康復而進入到 R 態，也將自動限制其經濟活動強度，均衡的結果便是整個經濟活動發生收縮。經濟活動的哪些方面在疫情擴散過程中受到直接影響，以及還會在多大程度上受到始料未及的衝擊，是多數經濟學家關注的重點（如 Barro 等，2020；Keogh-Brown 等，2010；Lee 和 McKibbin，2004；Ludvigson 等，2020 等）。[4]

除了人員密集接觸型經濟在傳染病流行期間突然停擺，給經濟造成直接的中短期影響之外，如果病毒的危害性超過預期，大面積疫情還可能產生中長期的不利後果。

從人力資本的健康維度來看，Almond（2006）發現，西班牙大流感爆發期孕育

1　Wang, T. and Hennessy, D. A., "Strategic Interactions Among Private and Public Efforts When Preventing and Stamping Out a Highly Infectious Animal Disease", *American Journal of Agricultural Economics*, 2015, 97(2): 435–451.

2　Atkeson, A., "What Will be the Economic Impact of Covid-19 in the Us? Rough Estimates of Disease Scenarios", *National Bureau of Economic Research Working Paper Series*, 2020, No. 26867.

3　Adda, J., "Economic Activity and the Spread of Viral Diseases: Evidence From High Frequency Data", *The Quarterly Journal of Economics*, 2016, 131(2): 891–941.

4　Barro, R. J., Ursúa, J. F. and Weng, J., "The Coronavirus and the Great Influenza Pandemic: Lessons From the 'Spanish Flu' for the Coronavirus's Potential Effects On Mortality and Economic Activity", *National Bureau of Economic Research Working Paper Series*, 2020, No. 26866; Keogh-Brown, M. R., Smith, R. D., Edmunds, J. W. and Beutels, P., "The Macroeconomic Impact of Pandemic Influenza: Estimates From Models of the United Kingdom, France, Belgium and the Netherlands", *The European Journal of Health Economics*, 2010, 11(6): 543–554; Lee, J. and Mckibbin, W. J., "Globalization and Disease: The Case of SARS", *Asian Economic Papers*, 2004, 3(1): 113–131; Ludvigson, S. C., Ma, S. and Ng, S., "Covid-19 and the Macroeconomic Effects of Costly Disasters", *National Bureau of Economic Research Working Paper Series*, 2020, No. 26987.

的人口，成人之後具有更高的失能比例、更少的教育獲得和收入，以及社會經濟地位更低。[1]

Mckibbin 和 Sidorenko（2013）指出，死亡降低了生命年限，疾病降低了勞動效率，從而減少了社會勞動力供給；人力資本投資會伴隨預期的下降而減少；商業成本增加，增加了政府財政壓力；持續的傳染病還會對國家的儲蓄和投資產生影響。[2]

Bell 和 Gersbach（2013）警示，如果缺乏足夠的保障，流行疾病造成的長期持續高死亡率，會破壞人力資本形成，並讓經濟陷入癱瘓。[3]

不過，Young（2005）認為，經歷疫情的洗禮之後，也不必太過悲觀，艾滋病等傳染病儘管嚴重破壞了勞動力，也不利於孤兒形成人力資本，但主要破壞的是教育水平相對較低的勞動力，並且會促進人們限制不健康行為，接受更多的教訓。[4]

針對新冠病毒的全球大流行，儘管截止到 2020 年 4 月仍然不能讓人確切看到終點將止於何處，經濟學界基於不同情境的判斷普遍認為疫情擴散為經濟社會增加了沉重負擔。

Barro 等人（2020）認為，對於新冠病毒疫情對經濟社會的影響，可以從 1918 年至 1920 年期間的西班牙大流感的破壞力中窺見一斑。如果套用西班牙大流感死亡率情形到當前世界人口水平，最為悲觀的情形對應著駭人聽聞的死亡規模。[5] 進入他們研究樣本的典型國家 GDP 將下降 6%，私人消費下降 8%，經濟下行堪比 2008 年至 2009 年的國際金融危機。儘管當前的人口跨國流動頻率遠高於 1920 年代，並不利於疫情的快速消退，但現代的公共衛生識別技術、病例隔離條件等方面都遠好於西班牙大流感時期。

1 Almond, D., "Is the 1918 Influenza Pandemic Over? Long−Term Effects of in Utero Influenza Exposure in the Post−1940 Us Population", *Journal of Political Economy*, 2006, 114(4): 672−712.

2 Mckibbin, W. and Sidorenko, A., "Global Consequences of Pandemic Influenza", *Reports from a Turbulent Decade, 10th Anniversary Collections*, The Lowy Institute for International Policy, 2013, pp. 244−246.

3 Bell, C. and Gersbach, H., "Growth and Enduring Epidemic Diseases", *Journal of Economic Dynamics and Control*, 2013, 37(10): 2083−2103.

4 Young, A., "The Gift of the Dying: The Tragedy of AIDS and the Welfare of Future African Generations", *The Quarterly Journal of Economics*, 2005, 120(2): 423−466.

5 最為嚴重的情況下，2% 人口的死亡率代表著全球 1.5 億人的死亡。參見：Barro, R. J., Ursúa, J. F. and Weng, J., "The Coronavirus and the Great Influenza Pandemic: Lessons From the 'Spanish Flu' for the Coronavirus's Potential Effects On Mortality and Economic Activity".

然而，Bartik 等人（2020）針對美國小型企業的問卷調查表明，如果將結果進行外推，新冠肺炎疫情對經濟的破壞遠大於西班牙大流感。[1]

Eichenbaum，Rebelo 和 Trabandt（2020）以美國的情形為例，將私人行為博弈、衛生機構充足性、政府對疫情的管控、疫苗及特效藥預期等因素納入擴展的 SIR 模型。考慮到疫情的擴散渠道主要是通過人們在消費場所的交往、工作場所的接觸以及其他社會活動的隨機接觸，並考慮到疫情擴散速度會受到已感染人群規模的影響，因此有必要針對不同的擴散場景、不同人群以及疫情發展的不同階段而實施管控。較為理想的情景模擬表明，在精準實施最優管控措施的情形下，新冠肺炎的峰值感染率為總人口的 0.9%，死亡率為總人口的 0.2%，疫情爆發後第一年的消費下降 16.8%。而如果不實施管控，儘管消費在競爭均衡時僅會下降 7%，但峰值感染率和死亡率將高達 4.7% 和 0.4%。因此，如何在拯救更多人的生命和穩住消費等經濟活動方面進行統籌，是擺在決策者面前的難題。[2]

隨著新冠病毒疫情的廣泛傳播，人員密集接觸型經濟部門休克式緊急關閉，發達經濟體貨幣政策當局大多迅速啟動了類似 2008 年至 2009 年間應對國際金融危機的貨幣政策工具。

Guerrieri 等人（2020）通過構建一個 "凱恩斯供給震動" 模型指出，供給側的負面衝擊可能會導致需求側過度反應，需求不足所引致的產出和失業損失，會遠大於供給側本身震動導致的產出和就業損失，新冠病毒在營業關閉、勞動者離職以及企業退出等方面帶給經濟的衝擊，就具備這樣的特徵。因此，Guerrieri 認為，常規的財政政策不及寬鬆的貨幣政策奏效，最優策略是關閉人員接觸密集型部門，並向受影響的勞動者提供充足的支付保障。[3]

Faria-E-Castro（2020）認為，新冠肺炎疫情導致的經濟震動相當悲觀，導致美國 20% 的失業率，以勞動收入和銀行信用為依靠的住戶將受到最嚴重的影響。

1　Bartik, A. W., Bertrand, M., Cullen, Z. B., Glaeser, E. L., Luca, M. and Stanton, C. T., "How are Small Businesses Adjusting to COVID-19? Early Evidence from a Survey", *National Bureau of Economic Research Working Paper Series*, 2020, No. 26989.

2　Eichenbaum, M. S., Rebelo, S. and Trabandt, M., "The Macroeconomics of Epidemics", *National Bureau of Economic Research Working Paper Series*, 2020, No. 26882.

3　Guerrieri, V., Lorenzoni, G., Straub, L. and Werning, I., "Macroeconomic Implications of COVID-19: Can Negative Supply Shocks Cause Demand Shortages?", *National Bureau of Economic Research Working Paper Series*, 2020, No. 26918.

從總需求的外部性考慮，人員接觸密集型服務部門的突然停擺，在一般均衡邏輯的作用下，必然會將經濟活動下滑傳導至非服務部門和金融部門，失業的增長引起違約潮，金融系統受損將加重衰退。他以美國為例，基於非線性動態隨機一般均衡模型，分別模擬了在非服務部門增加政府購買、降低所得稅、增加失業保險、實施無條件轉移支付、政府向服務類企業員工支付工資等財政政策的效應。Faria-E-Castro 認為，對於收入影響最大的居民戶借款者，增加失業保險是最有效的工具，儘管儲蓄者更偏好於無條件轉移支付，如果以穩定受影響部門的就業為目標，那麼協助增加流動性的財政方案也是奏效的。[1]

第二節　全球經濟陷入衰退並可能引發系列次生風險

新冠肺炎疫情在 2020 年初爆發並迅速發展為全球大流行（Global Pandemic），成為新世紀以來最為嚴重的全球公共衛生危機事件，也成為對全球經濟造成始料未及負面影響的重大衝擊性因素。在疫情大流行影響下，全球經濟無可避免地陷入嚴重衰退。疫情的廣泛擴散和持續蔓延也將引發連鎖反應，引致系列次生風險。

一、疫情衝擊之下全球經濟陷入衰退

在新冠肺炎疫情爆發之前，國際組織預測 2020 年全球經濟將會出現 2% 左右的增長，這意味著全球經濟並不存在走向衰退的經濟基本面基礎。然而，新冠肺炎疫情的爆發並迅速蔓延，造成全球範圍內前所未有的隔離，全球經濟從原來的基本平穩迅速轉向急劇衰退，演變成僅次於 "大蕭條"（Great Depression）的 "大封鎖"（Great Lockdown）危機。

新冠肺炎疫情全球大流行導致全球經濟出現急劇衰退。疫情大流行同時在需求

1　Faria-E-Castro, M., "Fiscal Policy During a Pandemic", *Federal Reserve Bank of St. Louis Working Paper Series*, 2020, No. 2020-006D.

側和供給側對全球經濟造成了巨大衝擊，疫情嚴重國家和地區實體經濟遭遇了"休克式"衝擊，嚴重阻斷了正常的經濟活動，全球經濟急劇陷入衰退。IMF 預計全球經濟將陷入超過 2008 年金融危機影響程度的大衰退，2020 年上半年全球經濟將出現顯著萎縮，全年經濟增速也將轉為 –4.9%，出現 20 世紀以來範圍最廣、二戰以來程度最深的大衰退。

鑒於各國為控制疫情採取了邊境封鎖措施，疫情全球大流行嚴重影響了國際貿易活動，導致全球人員流動、貨物貿易中斷，全球供應鏈斷裂，使本已低迷的全球貿易雪上加霜。2020 年全球貿易額將陷入 2008 年全球金融危機以來最嚴重下跌。

隨著全球供應鏈中斷，全球範圍廣泛停產停工，新冠肺炎疫情對全球外商直接投資（FDI）將造成更為嚴重的負面衝擊。聯合國貿發會預計 2020 年全球 FDI 將下降 40%，首次降至 1 萬億美元以下，創 15 年來新低。

美歐日等發達經濟體集體陷入嚴重衰退。隨著美國疫情進入爆發期，工業生產和服務業經營中斷，經濟遭遇嚴重萎縮，第二季度甚至出現不亞於大蕭條時期的嚴重衰退。雖然美國推出 2.2 萬億美元大規模財政刺激方案和無上限量化寬鬆政策，希望幫助受疫情衝擊嚴重的行業和中小企業存續下來，支持失業人員渡過難關，但在生產經營活動因疫情大規模中斷情況下，上述措施難以阻止經濟急劇萎縮，2020年二季度美國 GDP 可能下降更多，2020 年陷入深度衰退。此外，除了急劇下跌的GDP，暴增的失業亦成為美國決策者的嚴重困擾。由於失業者的抗議，美國聯邦政府急於在疫情尚未得到有效控制的情況下重啟經濟。這無疑將增添疫情控制難度，並增加疫情失控風險，進而導致經濟因再次嚴控疫情遭受更為嚴重的打擊。隨著疫情在歐洲廣泛擴散，加之經濟基本面本就相對脆弱，歐洲經濟也將陷入顯著負增長，特別是疫情相對嚴重的意大利、西班牙經濟增速下滑尤其明顯，IMF 預計兩國2020 年均將出現相對於 2019 年經濟增速超過 9 個百分點的下跌。日本經濟原本位於相對較低的增長區間，疫情影響之下也將陷入深度衰退。

新興和發展中經濟體經濟增速大幅下行，且前景不確定性更大。新興和發展中經濟體方面，雖然根據 IMF 在 2020 年 6 月《世界經濟展望》中的預測，其今年經濟將整體收縮 2.8%，但分國別看，預計由於過早放鬆疫情防控導致疫情急劇反彈，巴西經濟將再次陷入顯著負增長，而由於疫情影響持續，大宗商品出口下降，預計俄羅斯和南非經濟增速將雙雙大幅下降，都將進入明顯的負增長區間。印度經濟增速近年來處於全球較高水平，但是其疫情的快速擴散對經濟活動形成明顯限制，經濟增速也將不可避免進入大幅下行區間。

二、疫情全球大流行或引發多種次生風險

在疫情全球大流行衝擊之下，全球多方面矛盾凸顯，如果持續時間較長，將加劇對全球經濟的衝擊，並可能引發多種次生風險，甚至不排除在部分國家引爆經濟金融危機。

1. 疫情持續時間或將超出預期，導致對經濟衝擊持續時間更長，程度更深

鑒於疫情擴散後，會帶來更大的擴散效應以及醫療物資擠兌效應，控制難度會顯著加大。尤其值得注意的是，疫情在醫療水平相對較低的發展中國家也進入了快速擴散期，大大增加了全球防控壓力。根據世界衛生組織估計，疫苗研發可能需要12–18 個月甚至更長時間。在目前缺乏專屬特效藥物的情況下，即使 2020 年夏天控制住了疫情擴散，也並不排除疫情二次甚至多次復發風險。在疫情全球擴散且各國疫情演變週期不同步背景下，率先穩住疫情的國家其經濟增速也會因他國需求萎縮而陷入被動式下降，且疫情持續時間越長，這種被動式下降時間越久。

2. 疫情對全球供應鏈造成嚴重破壞，將加劇全球化階段性退潮

目前各國疫情演變並不同步，雖然中國國內疫情已經得到遏制，但是國外卻步入疫情爆發期，導致斷裂的供應鏈短期內難以修復。個別發達國家利用疫情加緊收縮其產業鏈的全球佈局。疫情引發全球供應鏈重構風險，一些跨國公司基於風險原因存在將生產本土化和區域化的安排，一些發達國家政府有意通過支持政策鼓勵海外企業回流，加速供應鏈本土化，這將加劇全球化的階段性退潮。此外，在全球疫情持續蔓延之際，部分國家相繼加大對糧食、蔬菜和水果的出口貿易管制，提高了貿易壁壘。

3. 在疫情應對方面，各國競爭有餘而合作不足，掣肘全球合作抗疫及恢復經濟進程

近年來，大國關係發生顯著變化，中美關係從合作走向競爭，G7 內部美國與其

他盟友對立愈加明顯，歐盟內部分歧與日俱增，全球範圍民族主義和分裂主義廣泛興起。這造成在抗擊疫情和穩定經濟方面出現了與 2008 年金融危機時期國際積極合作共克時艱不同的局面——大國之間指責和競爭有餘而合作不足。一方面疫情源泉成為大國在外交中互相指責的對象；另一方面，大國在國際市場爭奪抗疫物資，為求自保以鄰為壑。在最需要全球團結一心共克時艱的時期，大國之間的不信任程度卻空前上升，陷入了對疫情防控和穩定經濟極為不利的困境。

4. 各國應對經濟衰退政策空間有限，刺激政策效果因供應鏈中斷而大打折扣

一方面，發達國家利率水平普遍已經很低，全球債務水平已經升至新高，導致刺激經濟的貨幣財政政策空間有限。另一方面，財政和貨幣寬鬆通過擴大需求提振經濟、應對傳統經濟衰退有效，然而在疫情導致正常生產消費活動中斷情況下，提振經濟效果大打折扣。此外，不同於 2008 年金融危機中斷的是資金流，能通過注入資金加以解決，疫情之下中斷的是供應鏈，難以僅僅通過注入資金加以解決。

5. 警惕疫情持續擴散引發金融危機等系統性風險

企業營收和家庭收入銳減顯著限制了其償債能力，金融業將面臨較大債務違約壓力，IMF 警告稱疫情對金融業的衝擊程度堪比 2008 年金融危機。2020 年 2 月以來全球金融市場發生動蕩，新興經濟體出現大規模資本外逃，全球近半數國家向 IMF 懇求應急資產支援，疫情持續擴散或將導致部分經濟金融脆弱的新興經濟體發生金融危機。新冠肺炎疫情大流行導致的經濟急劇衰退還可能導致缺少主權貨幣的西歐國家出現債務違約風險。隨著國際市場對原油需求大幅萎縮，油價低位徘徊，中東地區石油輸出國可能出現財政危機和主權債務危機風險。此外，聯合國糧農組織發出警告，因不斷增多的國家擬啟動部分糧食出口限制，全球可能面臨糧食短缺危機，並可能在部分國家引發糧價大幅上漲的風險。

第三節 疫情對中國經濟運行產生明顯負面衝擊

一、疫情衝擊下，經濟增長明顯下降

疫情爆發後，中國經濟同時遭遇供給側和需求側衝擊，全球大流行又使中國經濟同時遭遇外需和內需衝擊，2020 年一季度中國 GDP 增長率為 −6.8%，經濟增長遭遇前所未有的大幅度下跌。疫情發生後，中國加強疫情網格化防控和集中隔離措施，國內部分城市封城，國際部分國家相繼採取限制入境措施。工廠開工延遲，生產減少，規模以上工業增加值大幅下降。受疫情衝擊，企業家悲觀預期加深，固定資產投資需求大幅減弱。同時，消費需求大幅減少，春節期間的旅遊、交通、娛樂、體育消費大幅下降。雖然醫療行業滿負荷運轉，電子商務需求增加，但總體而言消費和第三產業受到衝擊較大。

新冠肺炎疫情對居民消費的負面影響在疫情防控初期極為明顯。為減少人員外出和公共聚集，親友聚餐、休閒購物等絕大部分春節消費活動被取消，後續難以彌補。同時，關閉景區景點及公共消費場所的措施使得旅遊、電影、KTV 等本應處於旺季的休閒娛樂消費基本停滯。

居民生活與消費服務業的生產經營因消費需求下降而受到衝擊。大量被取消春節假期訂餐的餐飲企業事先就已完成原料採購，加上滯留員工的成本負擔，這些企業損失較大。同時，旅行社、景區、住宿等旅遊相關企業收入驟減，電影市場失去了屢創票房新高的"春節黃金檔"，教育行業寒假培訓收入也明顯下降。以小微企業為主的沐浴、洗染、美容、美髮等生活服務業則遭遇大面積停業。零售業方面，雖然口罩、消毒液等防護用品及重點藥品銷量有所上升，但農產品、日用必需品等民生物資"保供"成本較大，加上本應進入購銷旺季的服裝、家電及奢侈品銷售明顯下降，總體影響十分消極。此外，受地區間通行不便等因素影響，交通運輸等生產性服務業也受到了較大負面影響。

二季度在疫情常態化防控下中國復工復產有所加快，供給側延續復甦態勢；但受管控措施尚未完全解除、中低收入群體及中小微企業受疫情影響較大等因素影響，消費和製造業投資等需求側指標恢復相對較慢，經濟呈現不平衡的復甦態勢。

從供給側看，二季度工業生產特別是裝備製造業和高技術製造業繼續穩定回升；服務業生產由降轉升，現代服務業恢復較快，生活性服務業恢復較慢，數字經濟持續升溫。從需求側看，二季度消費仍在下降，儘管降幅收窄，且消費升級類商品和網上零售保持韌性，但社會消費品零售總額未能恢復正增長。考慮到社會消費品零售總額指標未能涵蓋居民的服務性消費，而居民服務性消費受疫情防控影響更大，恢復更慢，因此真實消費需求的恢復要比統計數據顯示的態勢更加疲弱。受疫情衝擊後企業資產負債表惡化的影響，二季度製造業投資同比降幅依然較大，儘管降幅有所收窄，且高技術產業和社會領域投資增速由降轉升。

二、就業遭遇突發衝擊，城鎮失業明顯增加

疫情直接衝擊消費和中小微企業，而與消費密切相關的服務業和中小微企業是就業的主體。如果考慮農民工返鄉後未能返城導致勞動參與率下降等因素的變化，失業問題更加嚴峻。2 月份城鎮調查失業率達到該數據正式發佈以來的最高值，失業明顯增加。

自 2020 年 2 月份疫情爆發以來，城鎮調查失業率保持高位，就業總量矛盾凸顯。企業雇傭前景趨緊，創業活動低迷，穩崗壓力加劇，勞動力需求整體疲弱。從重點人群看，農民工和應屆大學畢業生就業問題較為突出。農民工返城就業和失業人員再就業難度較大，高校畢業生就業和簽約滯後。農民工返城進度整體上遲緩，尤其是未被勞務輸出促就業等政策覆蓋的非貧困家庭農民工，未返城比例較高，西部地區一些縣市回鄉未返城農民工接近一半。在全國外出農民工中，2019 年末在城鎮居住的進城農民工約 1.35 億人。有關統計表明，5 月底尚有近 10% 農民工沒能復工，也意味著近 1350 萬農民工沒有返城復工。2020 年高校畢業生規模約 874 萬人，截至 6 月底就業簽約率同比大幅下滑，儘管存在因疫情防控導致的擇業和簽約活動推遲因素，但主要原因仍是崗位供給不足。

分行業看，一季度末，企業復工仍然不足，企事業單位人員招募後延，制約了對勞動力的需求。創新創業活動受疫情影響較大，不少原有的創新創業平台項目質量不高，疫情衝擊加速了部分 "溫室式" 創新創業平台的消亡。同時，勞動力市場也出現了一些新的積極因素，線上招聘、線上面試等人員招募方式不斷湧現，加快

了人崗匹配速度，在線教育、金融、科技等高端服務業以及網絡零售等零接觸經濟受疫情影響相對較小，就業韌性較強。二季度以來，3D 打印、智能設備、充電樁等新興製造業加快復甦，但直接的就業帶動效應不強；服裝鞋帽、文教工美等傳統勞動密集型製造業恢復態勢不穩，人工替代型技術加快推廣。雲端經濟、平台經濟等新業態以及高技術服務行業就業總體穩定，但餐飲、娛樂、家政等吸納就業較多的服務業部門勞動需求不足。此外，疫情加快推動了就業方式和工作模式變革，高技能型勞動力的市場競爭優勢進一步凸顯。

三、食品價格上漲明顯，結構性通脹通縮並存

新冠肺炎疫情爆發後，口罩、消毒液等防疫用品因供不應求，價格出現較快上漲。蔬菜、水果、肉類等對物流依賴度較高的商品，也在部分地區出現了供需傳導受阻的局面，消費者面對的是菜價、肉價上漲，買菜買肉難，生產者卻面臨庫存積壓，賣菜賣肉難。受疫情影響，餐飲、住宿、旅遊、交通運輸、電影等大部分服務品需求斷崖式下跌，均衡價格大幅走低，甚至處於有價無市的狀態。

疫情全球大流行之後，價格變化趨勢更趨複雜化。部分歐美發達國家封城封國後，國際航空業遭受重創，國際原油需求大幅減少，沙地阿拉伯與俄羅斯限產談判破裂，原油價格大幅下跌。中國原油進口對外依存度超過 70%，國際原油下跌帶動中國原油和下游化工產品價格下跌。疫情加大各國風險意識和經濟主權意識，俄羅斯、越南等農產品出口國限制糧食出口，加大了中國糧食價格上漲壓力。

2020 年一季度中國一般物價呈現出典型的結構性特徵。一方面，一季度受豬肉等食品價格上漲影響，CPI 仍處於高位；另一方面，更能表徵宏觀經濟冷熱狀態的核心 CPI、PPI、GDP 平減指數均較為低迷。2020 年 2 月和 3 月核心 CPI 僅比上年同期上漲 1.0% 和 1.2%；PPI 下降 0.4% 和 1.5%。

隨著國內疫情防控形勢趨於穩定，一般物價漲幅在 3 月份之後明顯回落。核心 CPI 同比漲幅保持低位。造成 CPI 漲幅回落的主要原因有：一是疫情對生產端和中間環節衝擊較快衰減，生產和物流恢復較快，而消費在社會風險規避情緒的作用下恢復較為遲緩，不少產品出現供過於求的局面，其中，外出餐飲、旅遊、住宿、交通運輸、線下娛樂等服務消費的恢復尤其滯後。二是豬肉價格在 2020 年 2 月份之後

邁過週期高點，開始由升轉降。預計下半年，豬肉價格回落的翹尾效應還將持續對CPI產生下行壓力。三是口罩、消毒液等防疫用品供給增加，需求減少，疫情初期供不應求的狀態不復存在，價格回歸正常。PPI儘管環比降幅有所收窄，但同比降幅較大。其中主要行業價格跌幅均在擴大，工業領域面臨明顯的結構性通縮風險。

四、貿易規模明顯下降，國際市場份額階段性上升

隨著疫情全球大流行，多個國家採取限制入境措施，國際經濟和人員交往大幅減少，海外需求明顯萎縮，出口減少，中間品進口面臨供應鏈中斷風險。另一方面，為保障能源和食品安全，中國在全球疫情蔓延後，加大原油、糧食、豬肉等基礎產品進口。根據海關統計，以美元計，2020年一季度中國貨物進出口總額同比下降8.4%，出口下降13.3%；進口下降2.8%。進出口相抵，貿易順差132億美元，比上年同期大幅下降81.9%。根據外管局統計，2020年1至2月中國服務貿易逆差326億美元，比上年同期顯著收窄24.8%。由於人員跨國流動受到疫情制約，有一些國家採取了限制措施，如停止簽證、停航、停止舉辦展會等，與中國的人員交流處於暫停狀態。出境旅遊是中國服務貿易逆差中佔比最高的一項，隨著國際旅行中斷，出境旅遊逆差顯著下降。生產性服務貿易規模也會因貨物貿易萎縮而縮小。

2020年第二季度中國美元計進出口總額降幅較大。從季度變化看，二季度中國出口增速降幅比一季度顯著收窄，進口增速降幅比一季度顯著擴大，衰退型貿易順差擴大。主要原因有：一是中國對發達國家一季度的部分出口延遲至二季度交貨，發達國家經濟加速重啟也暫時增加了部分需求。二是二季度中國疫情控制和復工復產好於國際社會，有助中國部分產品在國際市場上替代疫情嚴重國家停工停產的部分產品。三是疫情大流行期間暫時增加了國外對中國醫療物資和設備的需求。2020年二季度中國與防疫物資相關的塑料製品、紡織品和醫療器械出口同比大幅增長五成以上，合計拉動總出口增長約5個百分點。四是二季度國內疫情防控常態化降低了生產資料和生活資料進口需求。美國加大對中國技術審查和封鎖力度，國內高科技產業急需的設備和技術進口出現持續負增長。值得注意的是，二季度在全球貿易大幅度下降的情況下，中國出口降幅低於全球，階段性增加了中國在全球出口市場上的份額，在降低中國對外部世界依賴程度的同時，提高了外部世界對中國的依賴程度。

五、疫情持續時間仍是影響未來衝擊的主要因素

疫情導致的經濟衰退與傳統的經濟衰退不同，政府救助措施可以緩解民生困局，但通常的貨幣刺激措施難以發揮作用。疫情發生後，貸款增速放緩，對居民新增貸款減少；貨幣供應和儲蓄存款增速提高，充分反映了疫情防控狀態下，貨幣流通速度降低、居民貸款需求不足和對未來收入的悲觀預期。

2020 年 3 月份中國疫情防控形勢持續向好，復工復產加快推進，主要經濟指標降幅出現明顯改善。與 1 至 2 月份相比，一季度中國經濟負增長幅度好於預期，經濟社會發展大局穩定。農村地區和農業生產受疫情影響相對較小，網絡經濟、數字經濟相關的新興服務業以及金融業保持增長。一季度中國第一產業增加值下降 3.2%，第二產業增加值下降 9.6%，第三產業增加值下降 5.2%。第一產業和第三產業下降幅度低於第二產業。信息傳輸、軟件和信息技術服務業，金融業增加值分別增長 13.2% 和 6.0%。但是生產端和支出端的數據存在相當大的裂口，疫情防控導致的生產、收入和支出循環不暢、有效需求不足問題仍相當突出。未來經濟的發展仍取決於國內外疫情的持續時間和防控成效。

2020 年 6 月底，國際疫情仍難以控制且加速蔓延，世界正處於一個新的危險階段。2020 年 4 月至 5 月份，全球每天新增確診人數保持在 7 萬至 11 萬人的範圍內波動，但 6 月份全球疫情再次加速蔓延，每天新增確診人數快速攀升，6 月底每天達到 17 萬至 19 萬人左右的高位，全球累計確診新冠肺炎患者已超過 1000 萬人。一是美國部分地區急於解封復工復產，加上一些地區集會不斷，使得新增病例再次爆發性增長。二是巴西、墨西哥等南美洲國家以及印度等發展中國家新增確診人數加快增長。國外疫情再次加速蔓延，表明新增病例的流行病曲線並未到達頂點，很大可能將遠超原有預期。

二季度中國經濟增長好於發達國家，但下半年國際疫情發展以及全球經濟衰退對中國經濟帶來嚴峻的挑戰。一是全球疫情仍在加速惡化，從中期看，中國商品出口受國際經濟衰退和國際大封鎖影響，發達國家和新興市場國家對中國傳統勞動密集型產品的需求萎縮，與疫情防控相關醫療物資出口的短期增長不可能完全沖銷一般商品出口的中長期下行壓力。2020 年二季度中國焦炭、與人際交往相關的捲煙、勞動密集產品如鞋帽、服裝、箱包以及鋼材、集裝箱、洗衣機等商品出口大幅下

降，本質上反映了國際需求萎縮對中國出口的負面影響。二是由於發展中國家人口眾多，醫療資源相對短缺，疫情在發展中國家加速蔓延可能產生人道災難和難以預估的後果，並有可能使新冠病毒成為長期的世界性流行病，迫使中國常態化疫情防控演變為超預期的長期防控，改變生產和生活方式。三是全球疫情加劇了階段性逆全球化和去中國化。

第四節　疫情大流行給中國經濟發展帶來多重嚴峻挑戰

在全球經濟陷入深度衰退之際，中國經濟不可能獨善其身，疫情全球大流行給中國經濟發展帶來多重嚴峻挑戰。

一、實體經濟遭遇外需衝擊，經濟增長面臨的不確定性明顯加大

疫情在發達國家及發展中國家蔓延，形成的擴散爆發式流行病曲線具有波浪式特點；測試技術、預防和治療用藥及疫苗研發正在快速推進，這些因素給未來國際疫情發展帶來高度不確定性。對於具有高度傳染性的病毒而言，新冠病毒引發的國際疫情大流行有可能超過 6 個月並長期化，從而演變為季節性流行病。對於疫情的波動式發展以及由此帶來的世界經濟衰退，均應保持高度戒備，並做長期預案。在這樣的背景下，2020 年下半年及全年中國經濟增長面臨的不確定性明顯加大。

二、進口供應鏈中斷風險加劇，企業供應鏈安全問題凸顯

在中國外貿結構中，中間品貿易佔進口比重長期保持在 60%–70%，佔出口比重也在 40% 以上。疫情全球大流行特別是近期美歐處於爆發期，不少企業停產停工，對中國來源於北美和歐洲的進口供應鏈將造成嚴重衝擊。

美國、德國、法國等國家在機械設備、汽車與船舶製造、發電設備、航空航天、

精密儀器、醫療器械、醫藥化工等領域處於中國產業鏈上游，是一些重要原材料和零部件的供應來源地。如果疫情持續時間較長，中國進口供應鏈將存在中斷風險。

三、全球產業鏈佈局調整加快，企業外遷壓力加大

在新一輪產業革命和技術變革、發達國家產業戰略佈局調整以及各種"反全球化"勢力的共同作用下，發達國家正在利用疫情收縮其在全球價值鏈的參與度，將中高端製造環節回流至本國，將中低端環節轉移到東南亞、非洲、東歐等地，中國在全球產業鏈中的重要地位正在被逐步弱化，企業過快外遷壓力加大。這次疫情全球大流行進一步加劇了這一趨勢。美國在遭受疫情衝擊後，更加重視"美國製造"、"購買美國貨"，依據其"國家緊急狀態法"、"國防生產法案"，部分產業鏈特別是醫療產業鏈回流已成定勢。

在疫情大流行衝擊下，一些產業鏈一旦斷裂可能永遠無法恢復。一些跨國公司出於業務穩定性的長遠考慮，可能調整以中國為中心的生產鏈條，以便降低對單一供應商和供應來源地的依賴。在疫情和中美經貿摩擦的雙重影響下，包括寶馬公司、蘋果公司等在內的一批有影響力的跨國企業已經在考慮和謀劃調整其全球採購—生產—組裝—銷售的空間佈局。

四、脫貧攻堅任務更加艱巨，返貧問題進一步凸顯

2020 年脫貧攻堅收尾階段的主要任務是解決剩餘約 550 萬貧困人口的脫貧問題，這本身是脫貧難度最大的人群。疫情全球大流行成為疊加在原有致貧因素上的又一個重大風險因素，可能將一部分已脫貧人群重新推向貧困，並可能產生放大效應。脫貧攻堅的存量掃尾和成果鞏固將同時面臨更多挑戰。

一是全球性衰退使社會性扶貧資源投入受到壓縮，形成脫貧攻堅合力的難度加大。二是貧困人口參與市場的增收機會減少，已形成的增收機制難以鞏固，未脫貧者通過就業實現脫貧的渠道受到擠壓。外需收縮導致農村勞動力外出務工機會減少，一些尚未脫離脆弱期的扶貧項目和扶貧車間可能會停擺甚至流產。三是居民消費更趨謹慎，鄉村旅遊等文化性消費受到抑制，貧困家庭從業收入相應減少。特色

扶貧產品需求萎縮，出口受限迫使產能壓縮，直接影響貧困戶的變現能力。

五、就業機會明顯減少，特定群體就業壓力明顯加大

疫情大流行導致出口企業面臨著大面積退單、毀單，製造業出口及其關聯產業就業堵點將從疫情前期的"無人做事"轉變為後期的"無事可做"，全球衰退對出口的衝擊可能導致中國外貿企業出現失業潮，普通製造業工人和農民工就業將出現很大的壓力。供應鏈局部阻塞或斷裂，具有引起全產業鏈就業塌方的風險。

即便國內服務業、建築業較大程度恢復，也難以快速抵消外貿企業的就業損失。疫情大流行還將削弱服務業提供新成長勞動力就業和產業轉移就業的能力。疫情爆發之後，不少企業已經取消了年度招聘計劃，就業形勢尤其是應屆大學畢業生就業壓力明顯增大。外部環境惡化導致崗位增長乏力，還將增大解決勞動糾紛、就業歧視等問題的複雜性。

六、全球金融市場劇烈震蕩，外部金融環境驟變

在疫情全球大流行劇烈衝擊下，全球股、債、匯以及大宗商品市場均處於動蕩期。美國股市爆發了歷史性的四次"熔斷"。美歐日及新興市場國家股市均出現了20%–40% 的跌幅。國際石油價格由 55 美元 / 桶一度下跌至 25 美元 / 桶以下。資金加速向安全資產聚集，具有標誌意義的美國十年期國債收益率跌至 1% 以下，全球負利率國債的規模進一步擴大。

相比而言，國內金融市場尚且較為穩定，截至 2020 年 3 月末上證綜指僅比疫情爆發前下跌 12%。一方面，全球市場恐慌情緒蔓延難以避免地會對國內資本市場造成負面影響，一些受疫情影響較大的行業和企業的資產價格容易出現暴跌，仍應高度關注防範金融風險；另一方面，由於國內外疫情防控階段錯位，人民幣資產可能體現出階段性避險屬性，加之美歐央行量化寬鬆釋放大量流動性，一段時期內海外資金可能加速流入中國市場，給跨境資本管理和人民幣匯率政策帶來新挑戰。

（本章執筆：李雪松、汪紅駒、馮明、李雙雙、張彬斌）

參考文獻

[1] Adda, J., "Economic Activity and the Spread of Viral Diseases: Evidence From High Frequency Data", *The Quarterly Journal of Economics*, 2016, 131(2): 891−941.

[2] Almond, D., "Is the 1918 Influenza Pandemic Over? Long−Term Effects of in Utero Influenza Exposure in the Post−1940 Us Population", *Journal of Political Economy*, 2006, 114(4): 672−712.

[3] Atkeson, A., "What Will be the Economic Impact of Covid−19 in the Us? Rough Estimates of Disease Scenarios", *National Bureau of Economic Research Working Paper Series*, 2020, No. 26867.

[4] Baker, S. R., Bloom, N., Davis, S. J. and Terry, S. J., "Covid−Induced Economic Uncertainty", *National Bureau of Economic Research Working Paper Series*, 2020, No. 26983.

[5] Barro, R. J., Ursúa, J. F. and Weng, J., "The Coronavirus and the Great Influenza Pandemic: Lessons From the 'Spanish Flu' for the Coronavirus's Potential Effects On Mortality and Economic Activity", *National Bureau of Economic Research Working Paper Series*, 2020, No. 26866.

[6] Bartik, A. W., Bertrand, M., Cullen, Z. B., Glaeser, E. L., Luca, M. and Stanton, C. T., "How are Small Businesses Adjusting to COVID−19? Early Evidence From a Survey", *National Bureau of Economic Research Working Paper Series*, 2020, No. 26989.

[7] Bell, C. and Gersbach, H., "Growth and Enduring Epidemic Diseases", *Journal of Economic Dynamics and Control*, 2013, 37(10): 2083−2103.

[8] Eichenbaum, M. S., Rebelo, S. and Trabandt, M., "The Macroeconomics of Epidemics", *National Bureau of Economic Research Working Paper Series*, 2020, No. 26882.

[9] Faria−E−Castro, M., "Fiscal Policy During a Pandemic", *Federal Reserve Bank of St. Louis Working Paper Series*, 2020, No. 2020−006D.

[10] Guerrieri, V., Lorenzoni, G., Straub, L. and Werning, I., "Macroeconomic Implications of COVID−19: Can Negative Supply Shocks Cause Demand Shortages?", *National Bureau of Economic Research Working Paper Series*, 2020, No. 26918.

[11] Keogh−Brown, M. R., Smith, R. D., Edmunds, J. W. and Beutels, P., "The Macroeconomic Impact of Pandemic Influenza: Estimates From Models of the United Kingdom, France, Belgium and the Netherlands", *The European Journal of Health Economics*, 2010, 11(6): 543−554.

[12] Kermack, W. O. and Mckendrick, A. G., "A Contribution to the Mathematical Theory of Epidemics", *Proceedings of the Royal Society of London, Series a*, 1927, 115(772): 700–721.

[13] Kremer, M., "Integrating Behavioral Choice Into Epidemiological Models of Aids", *The Quarterly Journal of Economics*, 1996, 111(2): 549–573.

[14] Lee, J. and Mckibbin, W. J., "Globalization and Disease: The Case of SARS", *Asian Economic Papers*, 2004, 3(1): 113–131.

[15] Ludvigson, S. C., Ma, S. and Ng, S., "Covid–19 and the Macroeconomic Effects of Costly Disasters", *National Bureau of Economic Research Working Paper Series*, 2020, No. 26987.

[16] Mckibbin, W. and Sidorenko, A., "Global Consequences of Pandemic Influenza", *Reports from a Turbulent Decade, 10th Anniversary Collections*, The Lowy Institute for International Policy, 2013, pp. 244–246.

[17] Tassier, T., *The Economics of Epidemiology*, Springer briefs in Public Health, Springer, 2013.

[18] Wang, T. and Hennessy, D. A., "Strategic Interactions Among Private and Public Efforts When Preventing and Stamping Out a Highly Infectious Animal Disease", *American Journal of Agricultural Economics*, 2015, 97(2): 435–451.

[19] Young, A., "The Gift of the Dying: The Tragedy of Aids and the Welfare of Future African Generations", *The Quarterly Journal of Economics*, 2005, 120(2): 423–466.

第二章

對「三農」的影響及對策

新型冠狀病毒肺炎（簡稱“新冠肺炎”）疫情發生後，經過不懈努力，中國疫情防控形勢持續向好，境內首輪疫情流行高峰已經過去，但境外疫情正在加劇蔓延，中國面臨境外疫情輸入風險大幅增加，疫情防控措施常態化會持續較長一個時期。新冠肺炎疫情及其防控措施，對經濟社會正常運行和全球產業鏈供應鏈穩定造成巨大衝擊，也影響到農業農村發展、農民務工和生活秩序，加大了實現脫貧攻堅目標和農村全面建成小康社會目標的難度。整體上來看，新冠肺炎疫情對農業農村的影響程度不如工業和城市。2020 年一季度，全國第一產業增加值下降 3.2%，其降幅是三次產業中最小的。[1] 然而，由於農業農村發展基礎薄弱、農村經營主體質量不高、農民增收潛在風險較多等原因，新冠肺炎疫情對鄉村旅遊、農產品銷售、農資供應等農村服務業以及農民務工就業、農村基礎設施和公共服務建設等影響較大、影響持續時間更長。為此，要在科學精準做好農村疫情防控工作前提下，有序恢復農業農村經濟秩序，穩定農民工務工就業，努力促進農民增收，加快推進脫貧攻堅、基礎設施和公共服務建設，確保全面建成小康社會和全面打贏脫貧攻堅兩大目標任務圓滿實現。

第一節　疫情對“三農”的影響

新冠肺炎疫情的蔓延，既造成人們的心理擔憂和恐慌，也通過嚴控交通、封村封路、停產停工、禁止聚集等防控措施，對正在進行的生產經營、務工就業和生活娛樂等造成顯著影響。新冠肺炎疫情的影響，活躍度越高的活動受影響程度越大，對人員流動和聚集、物資流通越依賴的活動受影響程度越大，影響的持續時間不以防控措施中止而消除，會逐步顯現出來。雖然中國境內疫情防控向好態勢持續鞏固、經濟社會運行秩序加快恢復，但國際疫情持續蔓延，需要以疫情防控常態化防範疫情輸入。據此判斷，新冠肺炎疫情對“三農”的影響將是全面的、深入的、持

1　〈統籌疫情防控和經濟社會發展成效顯著　3 月份主要經濟指標降幅明顯收窄〉，2020 年 4 月 17日，http://www.stats.gov.cn/tjsj/zxfb/202004/t20200417_1739327.html。

續的，農業方面主要是新型農業經營主體、農業生產性服務、農業要素和鮮活農產品供應等受到較大影響，導致農業生產成本上漲、經營風險加劇；農民方面主要是外出務工受阻，失業風險增加，收入增長減速不可避免，部分群體減收風險值得警惕；農村方面主要是鄉村產業發展受到較大衝擊，脫貧攻堅項目實施和基礎設施建設進度被延後，以及在疫情面前暴露了應對公共安全事件的公共服務能力短板。疫情期間，各個地方政府和部分農村經營主體主動採取措施應對疫情衝擊，推動了新產業、新業態、新模式的加速發展，一定程度上降低了疫情影響。

一、農業生產保持總體穩定但經營風險明顯增加

各地開始採取嚴格的疫情防控措施時，多數地區大田農業生產處於"農閒"狀態，農業生產所受影響集中於相對活躍狀態的當季"菜籃子"產品種植或養殖，以及新型農業經營主體的生產經營活動。針對疫情對農業生產造成的影響，國家及時採取措施恢復農業生產秩序，確保農產品正常供應，如嚴格執行"綠色通道"制度、壓實"米袋子"省長負責制和"菜籃子"市長負責制、印發《當前春耕生產工作指南》、加快養殖行業上下游企業復產、解決禽水產品積壓和"賣難"問題等。這些措施使得農業生產保持穩定，春耕春播春管進展順利，農產品市場供應充足，有效保障了國家糧食安全。2020 年夏糧播種面積穩定、單產有所提高，夏糧總產量有望繼續增長。[1] 然而，疫情防控措施對農業生產的要素投入和產銷銜接造成了較大衝擊；國際疫情持續蔓延，世界經濟下行風險加劇，不穩定因素顯著增多，也使國內農業要素供給、農產品價格、農業產業鏈運行面臨更多不確定性。整體上看，短期內農業生產增加成本、減少收益已成定局，長期內農業生產秩序和農產品供給會保持總體穩定，但農業經營主體會面臨較大的風險。

1.農林牧漁業投資出現大幅度下降

在疫情防控期間，一些農業基礎設施和經營建設項目停工，要素流動、物資供應和產品銷售受阻，農林牧漁業投資出現大幅度下降。據國家統計局的數據，2020

---

[1] 〈夏糧豐收已成定局〉，《農民日報》，2020 年 6 月 16 日第一版。

年 1 至 3 月份，全國農林牧漁業固定資產投資（不含農戶）同比下降 12.1%。[1] 降幅較大的主要是 1 至 2 月份，全國農林牧漁業固定資產投資同比下降 24.7%，其中，農業投資下降 31.9%，林業投資下降 17.4%，畜牧業投資下降 7.7%，漁業投資下降 41.9%，農林牧漁專業及輔助性活動投資下降 18.5%。在各行業中，漁業和農業投資下降幅度大，分別比同期全國固定資產投資平均下降幅度高 17.4 和 7.4 個百分點。這說明，新冠肺炎疫情對漁業和農業投資的影響更為嚴重。1 至 2 月份，全國農林牧漁業民間固定資產投資下降 26.3%，下降幅度比農林牧漁業固定資產投資高 1.6 個百分點。[2] 隨著疫情得到有效控制，各地農林牧漁投資逐步恢復，降幅迅速收窄並呈現增長態勢。2020 年 1 至 5 月份，全國農林牧漁業固定資產投資（不含農戶）同比增長 1.8%。其中，畜牧業固定資產投資增長 35.3%，農林漁業投資仍呈現不同程度的下降。[3]

2. 新型農業經營主體面臨經營困難

相比小農戶，家庭農場、農民合作社等新型農業經營主體規模較大、實力較強，且超越傳統農業生產週期，要素產品交易頻繁，更容易受疫情防控措施的影響。農村封村封路、禁止人員聚集和村外人員進入，直接限制了新型農業經營主體的要素和產品交易。據調查，小農戶處於農閒狀態的比例為 51.74%，新型農業經營主體處於農閒狀態的比例為 18.8%，相應超過八成（81.2%）的新型農業經營主體日常生產經營活動受到影響；[4] 近七成（68.59%）家庭農場的日常生產經營活動受到疫情影響。[5] 其具體影響主要集中在雇工受限、農資供應受限和產品銷售受阻等方面。由於正常經營活動受到干擾，新型農業經營主體資金周轉困難，導致很多正常的經營活動難以為繼、陷入經營困境。在復工復產措施推動下，新型農業經營主體的生產活動逐步得到恢復，但在疫情防控常態化下，城鄉居民的餐飲和休閒消費明顯減

1　〈2020 年 1–3 月份全國固定資產投資（不含農戶）下降 16.1%〉，2020 年 4 月 17 日，http://www. stats.gov.cn/tjsj/zxfb/202004/t20200417_1739329.html。

2　數據來源於國家統計局國家數據庫（http://data.stats.gov.cn/easyquery.htm?cn=A01）。

3　同上。

4　數據來自中國社會科學院農村發展研究所農村組織與制度研究團隊於 2020 年 2 月 11 日至 14 日開展的線上調查。

5　中國社會科學院農村發展研究所家庭農場發展監測研究團隊：〈新冠肺炎對家庭農場生產經營的影響及對策建議〉，中國社會科學院城鄉發展一體化智庫《研究專報》，2020 年第三期。

少，且難以短期內恢復，將使新型農業經營主體面臨較長時間的經營困難時期。

3. 對鮮活農產品銷售和價格影響較大

境內疫情迅速蔓延期間，一些鮮活農產品出現滯銷，經營主體承受較大損失。菜、肉、蛋、奶、魚、果等"菜籃子"農產品多數需要現產現銷。農村封村封路、停產停工等期間，城鄉畜禽屠宰、活禽交易、餐飲場所、集貿市場等大都關停，使本處於消費旺季的鮮活農產品供求秩序被打亂，出現了較為嚴重的滯銷。短期產品無法銷售出去，只能承受損失，甚至主動宰殺幼崽、傾倒產品以止損。據調查，養殖場中分別有 6.3% 和 27.3% 遇到原料奶被拒收和被限量收購，有 86.7% 遇到原料奶被降價；因為被拒收、限收或無法運出，有 12.5% 的養殖場有倒奶情況；截至 2020 年 2 月底所調查養殖場頭均損失達到 476 元。[1] 疫情防控常態化下，儘管採取了多方面措施，但全面恢復正常仍需要一定時間。

受新冠肺炎疫情以及非洲豬瘟等因素疊加影響，疫情期間農產品價格曾出現較大幅度上漲。據國家統計局的數據，2020 年 1 至 3 月份，食品煙酒價格同比上漲 14.9%，其中，鮮菜價格上漲 9.0%，畜肉類價格上漲 80.8%，其中豬肉價格上漲 122.5%，牛肉價格上漲 21.0%，羊肉價格上漲 11.2%。但是，分月度看，3 月份主要農產品價格環比均出現了下降趨勢，雖然其同比價格指數仍在不斷上漲。不同的是，鮮果價格均在同比下降，1 至 3 月份下降了 5.6%。[2] 雞蛋價格也一直在下跌，目前已經跌至谷底，出現了滯銷和"賣難"問題。隨著生產經營、交通運輸、物流配送等的恢復，農產品運銷逐步得到恢復。特別是在各種直播電商的帶動下，網上零售迅速崛起，促進了農產品的產銷對接。

4. 農業生產成本因服務供給受限升高

小農戶和新型農業經營主體都把自身不經濟的環節，如農機作業、農資運輸和配送、農產品營銷和運輸、農技服務等外包給農業服務主體。封村封路期間，農

---

1 劉長全、王術坤、韓磊：〈新冠肺炎疫情對中國奶牛養殖業的影響及對策建議〉，中國社會科學院城鄉發展一體化智庫《研究專報》，2020 年第三期。

2 〈2020 年 3 月份居民消費價格同比上漲 4.3%〉，2020 年 4 月 10 日，國家統計局網站（http://www.stats.gov.cn/tjsj/zxfb/202004/t20200410_1737879.html）。

業生產性服務受到很大影響，主要是需要進村或跨區的服務不能正常進行，農資銷售店、農產品和農資運輸主體、農機服務主體等大都停止服務。據調查，約四分之三（75.65%）的農業服務主體受到疫情影響難以正常開展服務，其中因擔心疫情停止服務的佔 30.22%、受交通限制停止跨區服務的佔 27.11%。[1] 疫情蔓延期間，因為不能正常雇工和採購農資以及不能正常提供服務，服務成本有所上升，超過四分之三（76.3%）的服務組織認為總成本會不同程度增加。[2] 農業服務主體服務成本升高，傳遞給農業經營主體，加上採取防疫措施付出的額外成本，將使當季農業生產成本明顯升高。據調查，家庭農場的生產總成本平均提高 22.9%，超七成總成本增加 20% 至 40%。[3] 目前，農業生產秩序加快恢復，但疫情防控常態化下，疫情對農業服務供給和農業生產經營的影響始終或多或少地存在，這將使 2020 年農業生產成本升高不可避免。

5. 主動應對疫情的新業態新模式加速湧現

面對疫情衝擊，很多農業經營主體和服務主體主動採取措施降低經營損失。各地政府為減輕疫情對農業造成的衝擊，鼓勵農業經營和服務主體創新生產經營方式，維護農業生產經營秩序，加快了新業態新模式的生成。一是新型農產品直銷模式加快普及。很多地方的農產品運銷企業採用線上下單、線下無接觸配送的方式，建立城市居民或社區與農業經營主體的直接聯繫，解決了鮮活農產品的產銷銜接難題。二是新型農產品電商模式加速發展。疫情蔓延期間，物流中斷和銷售網店關閉造成了一些地區特色農產品的滯銷。物流恢復後，各地都積極採用新型電商模式，如視頻直播帶貨等，加快滯銷農產品銷售，顯現了電商助農優勢。三是農業生產託管模式加快推進。不少地方的農業服務主體，線上與農戶簽訂服務協議，提供統一的農業作業服務，並利用視頻平台直播作業過程，既避免了與農戶直接接觸，也保證了作業質量、促進了增產增效。四是農業服務網絡或體系優勢加快顯現。各地具有健全網絡或體系的服務主體如供銷社系統等，在保障農資供應、農產品運銷，維

1　數據來自中國社會科學院農村發展研究所農村組織與制度研究團隊的線上調查。

2　張瑞娟、董瑩：〈新冠疫情對農業社會化服務組織的影響〉，《中國發展觀察》，2020 年第三至四合期。

3　中國社會科學院農村發展研究所家庭農場發展監測研究團隊：〈新冠肺炎對家庭農場生產經營的影響及對策建議〉。

護農業生產秩序方面發揮了突出作用。這些新的變化展示了現代農業發展的新趨勢。疫情衝擊形成一種倒逼壓力，推動現代農業生產方式與傳統農業的加快滲透融合。

二、農民增收和生活秩序受到不同程度影響

　　各地開始採取封城、封村、封路等措施時已是農曆春節。大多數農村外出務工、經商、上學等的人員已集中返鄉。隨著疫情防控措施的持續，農村居民的正常生活秩序、生產經營活動、務工就業行為等受到不同程度的衝擊。疫情防控常態化下，這些影響會不同程度地持續，使得農村居民增收面臨不確定性，減收風險顯著增加。

1. 農民工返崗受阻，"失業" 壓力增大

　　為防控疫情，各地都作出了延長春節假期的安排，延期復工復產。全國 20 多個地區推遲 10 天開工復產，企業正常生產時間普遍大幅壓縮。[1] 同時，各地還要求非生活必需和防疫需要的商場、門店、餐飲、娛樂、工廠等停業停工，限制跨區域的交通運輸和人口流動，嚴格執行流動人口居家隔離措施。這導致相當一部分農民工不能按期返崗就業，待業無業時間較長，甚至 "失業" 都不可避免。農民工主要在小微企業和個體工商戶就業，復工復產的難度更大、進度更慢；加之農民工就業穩定性較低，靈活就業人員比重高，受疫情影響程度明顯高於其他就業群體。據工業和信息化部監測數據，截至 2020 年 2 月 26 日，中小企業復工率僅有 32.8%，[2] 而當時大中型企業復工率已接近八成。直到 3 月 29 日，中小企業復工率才達到 76.8%。[3] 與大中型企業相比，小微企業復工復產進度明顯滯後。截至 2020 年 3 月 7 日，全國返

1　〈國家統計局工業司副司長張衛華解讀工業企業利潤數據〉，2020 年 3 月 27 日，國家統計局網站（http://www.stats.gov.cn/tjsj/sjjd/202003/t20200327_1735115.html）。

2　班娟娟、鍾源：〈中小企業復工復產率超過 30%　新一輪紓困中小微企業政策將落地〉，2020 年 2 月 28 日，新華網（http://www.xinhuanet.com/politics/2020-02/28/c_1125636614.htm）。

3　車柯蒙：〈工信部：中國中小企業復工率已達到 76.8%〉，2020 年 3 月 30 日，人民網（http://finance.people.com.cn/n1/2020/0330/c1004-31654104.html）。

崗復工農民工 7800 萬人，僅佔春節返鄉農民工的 60%；[1] 截至 5 月 24 日，全國尚有近一成的農民工未實現返崗就業。[2] 考慮到各地復工復產進度和農民工返崗前的隔離時間，2020 年農民工的務工時間普遍減少 30 天到 60 天，如果考慮失業風險，部分農民工的待工待業時間可能更長。更重要的是，隨著疫情對宏觀經濟影響的逐步顯現，以及疫情全球蔓延擾亂正常的全球產業鏈和供應鏈秩序，會最先影響到處於全球產業鏈和供應鏈底端的勞動密集型產業。這些正是農民工就業集中的產業領域，會使得外出農民工面臨更大的就業壓力，失業風險也會顯著增加。目前，部分以出口為導向的工業園區、加工小鎮和企業，已經出現訂單被取消或新增訂單大幅減少的現象。2020 年 1 至 3 月份，中國出口總額同比下降 11.4%，[3] 進入 4 月份和 5 月份，雖然出口總額分別同比增長 8.2% 和 1.4%，[4] 但增幅仍明顯小於去年同期。

2. 農民收入增速下滑甚至減收風險加大

疫情對農業農村生產經營和農民務工就業的影響，最終會反映到農村居民收入的變動上。疫情衝擊下，農村居民收入增速下滑將不可避免，個別產業、不同來源的減收不可避免，部分群體減收風險不容忽視。2020 年一季度，農村居民人均可支配收入實際下降 4.7%，其中外出務工農村勞動力月均收入下降 7.9%。[5] 據葉興慶等（2020）在疫情發生初期的評估，相當部分種植戶收益面臨下滑，全年農民工人均工資收入名義增長速度可能下降 1.45 至 2.46 個百分點，農村居民人均可支配收入名義增長速度可能下降 2.59 至 3.59 個百分點。[6] 另據調查，農村居民戶在 2020 年 2 月中

1　張毅：〈疫情衝擊下失業率上升　統籌政策實施將帶動就業形勢改善〉，2020 年 3 月 16 日，國家統計局網站（http://www.stats.gov.cn/tjsj/sjjd/202003/t20200316_1732415.html）。

2　〈前 4 月全國城鎮新增就業 354 萬人　超九成農民工返崗就業〉，2020 年 5 月 24 日，中國新聞網（http://backend.chinanews.com/cj/2020/05-24/9193227.shtml）。

3　〈統籌疫情防控和經濟社會發展成效顯著　3 月份主要經濟指標降幅明顯收窄〉，2020 年 4 月 17 日，國家統計局網站（http://www.stats.gov.cn/tjsj/zxfb/202004/t20200417_1739327.html）。

4　〈4 月份國民經濟運行繼續改善　主要指標呈現積極變化〉，2020 年 5 月 15 日，國家統計局網站（http://www.stats.gov.cn/tjsj/zxfb/202005/t20200515_1745627.html）；〈5 月份國民經濟運行延續復甦態勢〉，2020 年 6 月 15 日，國家統計局網站（http://www.stats.gov.cn/tjsj/zxfb/202006/t20200614_1760155.html）。

5　〈2020 年一季度居民收入和消費支出情況〉，2020 年 4 月 17 日，國家統計局網站（http://www.stats.gov.cn/tjsj/zxfb/202004/t20200417_1739334.html）。

6　葉興慶等：〈新冠肺炎疫情對 2020 年農業農村發展的影響評估與應對建議〉，《農業經濟問題》，2020 年第三期。

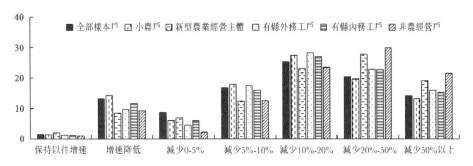

圖 2-1　不同類型農村居民樣本戶預估的全年收入受影響情況（%）

數據來源：中國社會科學院農村發展研究所農村組織與制度研究團隊於 2020 年 2 月 11 日至 14 日開展的線上調查。

旬預估全年收入受疫情影響情況，只有 1.38% 認為全年收入保持以往增速，超過四分之三（76.8%）認為全年收入將減少 5% 以上（見圖 2-1）。具體來看，疫情發生越嚴重受影響程度越深，新型農業經營主體和非農經營主體受影響程度更深，農業中的經濟作物種植和畜禽養殖、非農產業中的生活性服務業受影響程度更深。2020年 2 月下旬開始，各地都出台措施推進復工復產，疫情對農民收入的影響隨著復工復產進程而逐步趨弱。但各地復工復產需要一個過程，加上疫情發展態勢的變化，都弱化了保持農民持續增收的基礎，需要對農民減收風險保持高度警惕。在疫情防控常態化下，受宏觀經濟和對外貿易不確定因素影響，農民工外出務工收入承受的減收風險要明顯超過就近就地務工收入和經營性收入。

3. 農民臨時性消費驟減，日常消費被抑制

春節期間外出人員集中返鄉，走親訪友聚餐的傳統習俗活動密集，是農村居民消費旺季。疫情防控措施採取後，農村節日活動停止，農民絕大多數居家生活，節日期間的臨時性消費明顯減少，受減收風險影響日常消費可能被抑制較長時間。一是肉類和蔬菜出現量缺價漲現象。近年來，農村交通運輸和食品零售迅速發展，備 "年貨"[1] 習俗淡化，不易儲存的鮮活農產品逐步現買現用。這使得封村封路、限制交通後，部分鮮活農產品供應緊張、價格上漲。據國家統計局發佈的數據，2020

1　以往農村備 "年貨" 習俗濃厚，進入農曆臘月下旬會把除夕到第二年正月十五甚至二月初二期間家庭日常生活和招待親朋所需的食品儲備充足。

年 1 月到 2 月，農村居民消費價格同比上漲 6.3%，上漲幅度比城市高 1.3 個百分點；價格上漲主要由畜肉類和鮮菜類等食品價格上漲帶動，其中農村畜肉類價格同比上漲 90.0%，農村鮮菜類價格同比上漲 13.3%。[1] 但進入 3 月份這種情況已發生轉變，3 月、4 月、5 月農村居民消費價格分別環比下降 1.3%、1.0%、0.9%，其中畜肉、蛋、鮮菜、鮮果等食品價格均環比下降，水產品價格 5 月份環比上漲 1.3%。[2] 二是節日期間的臨時性消費需求陡降。因農村限制人員流動和聚集、交通物流中斷和停產停工，由節日活動引起的臨時性消費驟減。具體分為三種情況：需要即時加工、運輸和配送的加工食品、活禽、鮮蛋、活魚、鮮奶、水果等跨村跨區供應受阻，導致農村居民的相應消費被動性減少；出於疫情防控需要，農村普遍禁止農民走親訪友，導致酒水、飲料、鮮花、玩具、蛋奶、點心等禮品消費明顯下降；聚會宴請、休閒娛樂等活動的停止，使得相應的餐飲、住宿消費出現斷崖式下跌。據國家統計局發佈的數據，受疫情影響，鄉村消費品零售額 2020 年 1 至 3 月份同比下降 17.7%，4 月份同比下降 7.7%，5 月份同比下降 3.2%，1 至 5 月份同比下降 13.0%；[3] 2020 年 1 至 3 月份農村居民人均消費支出 3334 元，同比下降 5.4%（扣除價格因素，實際下降 10.7%）。[4] 三是日常生活消費可能被抑制較長時間。相比城市居民收入和消費水平，農民收入和消費水平總體偏低，在因疫情導致的減收風險持續期內，其日常消費會被抑制，主要是生活必需品以外的生活改善型和娛樂型消費會明顯減少，如優質肉蛋奶、新鮮蔬菜、有機農產品、休閒旅遊等。農村低收入群體生計脆弱，收入受影響後，可能生活陷入困境，面臨食品短缺。

1　數據來源於國家統計局國家數據庫（http://data.stats.gov.cn/easyquery.htm?cn=A01）。

2　〈2020 年 4 月份居民消費價格同比上漲 3.3%〉，2020 年 5 月 12 日，國家統計局網站（http://www.stats.gov.cn/tjsj/zxfb/202005/t20200512_1744707.html）；〈2020 年 5 月份居民消費價格同比上漲 2.4%〉，2020 年 6 月 10 日，國家統計局網站（http://www.stats.gov.cn/tjsj/zxfb/202006/t20200610_1755399.html）。

3　〈2020 年 3 月份社會消費品零售總額下降 15.8%〉，2020 年 4 月 17 日，國家統計局網站（http://www.stats.gov.cn/tjsj/zxfb/202004/t20200417_1739331.html）；〈2020 年 4 月份社會消費品零售總額下降 7.5%〉，2020 年 5 月 15 日，國家統計局網站（http://www.stats.gov.cn/tjsj/zxfb/202005/t20200515_1745631.html）；〈2020 年 5 月份社會消費品零售總額下降 2.8%〉，2020 年 6 月 15 日，國家統計局網站（http://www.stats.gov.cn/tjsj/zxfb/202006/t20200614_1760159.html）。

4　〈2020 年一季度居民收入和消費支出情況〉，2020 年 4 月 17 日，國家統計局網站（http://www.stats.gov.cn/tjsj/zxfb/202004/t20200417_1739334.html）。

三、農村補足全面建成小康社會 "短板" 難度加大

2020 年中央一號文件強調，脫貧攻堅最後堡壘必須攻克，全面小康 "三農" 領域突出短板必須補上。疫情的突然發生和嚴控措施的持續，既延遲了實現目標任務的具體項目、具體工作的進度，也暴露出在鄉村治理體系和治理能力現代化方面的基礎設施、公共服務的薄弱環節，從而加大了農村完成全面建成小康社會和全面打贏脫貧攻堅戰兩大目標任務的難度。

1. 鄉村產業發展受到較大衝擊

鄉村產業振興是鄉村全面振興的關鍵，也是農民持續穩定增收的基礎。促進鄉村產業振興，需要發揮新型經營主體和服務主體的骨幹和帶動作用，全面推進現代高效農業與二三產業深度融合。而疫情及防控措施對新型主體和非農產業發展影響最為明顯，需要一定的時間來恢復、鞏固和加強。一是新型經營主體和服務主體發展受阻。在疫情衝擊之下，新型農業經營主體和服務主體會經歷一個困難時期，非農產業經營主體也不可幸免，甚至因為錯過了一年中最重要的經營旺季，所承受的損失更大（見圖 2-2）。二是鄉村非農產業恢復相對緩慢。近年來，鄉村非農產業加速發展，特別是新業態、新模式湧現的休閒旅遊、健康養老等生活性服務業成為鄉村產業振興的新動能。在疫情衝擊下，農村的餐飲、住宿、休閒、旅遊景點、娛樂場所暫停營業，加工運輸經營主體延期復工。由於鄉村經營主體多是小微企業和個體工商戶，再加上城鄉居民外出就餐、旅遊、休閒等消費短時間難以恢復，鄉村非農產業復工復產的進度要慢於城鄉復工復產的整體進度，且經歷的困難時期會更長。三是產業下沉和要素下鄉通道不暢。城鄉產業融合和城市優質要素下鄉有賴於城鄉產業鏈的有機銜接。疫情防控措施導致城鄉交通運輸、要素流動和生產性服務的中斷，影響到城鄉產業鏈的正常運行，導致已經聯通的城鄉產業融合和要素下沉通道被中斷。同時，在疫情衝擊之下，宏觀經濟整體呈現要素供應趨緊的背景下，農村產業發展將面臨更大的資金、人才、服務、技術等要素約束。這些都會影響到疫情後期鄉村產業的發展。

圖 2-2　2020 年 2 月非農經營活動樣本戶經營活動和當月經營收入受影響情況（%）

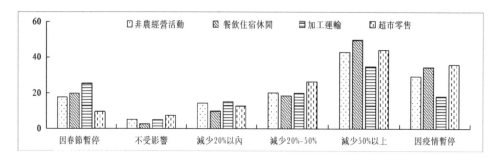

數據來源：中國社會科學院農村發展研究所農村組織與制度研究團隊於 2020 年 2 月 11 日至 14 日開展的線上調查。

2. 農村基礎設施項目進度延後

　　農村水、電、路、網以及人居環境、公共服務基礎設施滯後是農村全面小康的重要突出短板。疫情發生後，農村停產停工措施已經使在建和即將開工的基礎設施項目延遲。疫情防控期間，這些項目復工復產面臨多重困難，普遍反映開工不足，會影響到農村基礎設施建設的整體進度。一是防疫難。農村的施工主體，多是本地或臨近地區的中小微企業，他們普遍面臨防疫物資短缺、防疫能力不足的問題，恢復施工後的人員集聚，提高了防疫壓力，也增加了額外成本支出。二是雇工難。據調查，約兩成村民因擔心疫情而停止下地幹活、外出務工或非農經營，這造成了農村經營主體的雇工難題。[1] 項目施工主體同樣面臨雇工難，特別是外地技術人員和工程管理人員難以返回。三是運輸難。疫情防控限制交通期間，農村物資運輸的綠色通道主要針對農資、農產品和生活必需品，並未包括工程項目施工所需的建築材料、器材等。在防疫期間，不少村莊對外村人員車輛 "一禁了事"，把暢通道路的政策執行為 "放開大路，收緊村口"。四是資金難。對於中小微施工主體來說，本來實力就弱、資金也緊張，在疫情持續的情況下，農村的雇工工資、運輸成本都會較大幅度提升，原料價格也存在上漲可能，無疑加大了他們的資金壓力。疫情衝擊之下，各地經濟和財政收入普遍呈現負增長態勢，2020 年 1 至 5 月份全國地方一般公

1　數據來自中國社會科學院農村發展研究所農村組織與制度研究團隊的線上調查。

共預算本級收入同比下降 10.4%，[1] 而財政支出壓力增大，鄉村建設和恢復生產資金缺口巨大，由此將影響農村基礎設施建設的財政投入水平，從而影響後續新開工建設的基礎設施項目進度。

3. 農村公共服務能力短板顯露

在突發疫情面前，以往考慮不充分的農村公共服務薄弱環節充分暴露出來。一是農村公共衛生服務能力短板。雖然鄉鎮衛生院、村衛生室普遍建立起來，但應對突發疫情的醫療設施水平、疾病防控體系、人員專業素質和服務能力等方面明顯不足。二是農村社會動員能力短板。疫情初期，基層組織動員村民主要靠傳統的廣播喇叭，與村民的信息接受方式脫節。據調查，村民了解疫情信息主要通過網絡媒體（88%）和廣播電視（63%），明顯超過村莊喇叭（23%）。[2] 長期以來，農村社會動員體系建設一直被忽視，社會動員的組織制度、程序設置、人員配置、設備設施等幾乎"空白"。尤其是農村應急響應機制尚不完善，對公共安全事件的響應較慢。三是農村基礎設施管護能力短板。疫情發生後，既因為封村封路，也因為擔心感染，很多村莊的垃圾轉運和廁所維護受到影響，導致村莊垃圾堆積、廁所無法使用的現象凸顯。這充分暴露了農村基礎設施運營維護能力的不足。四是基層組織應用新媒體新媒介能力短板。互聯網社交平台、智能手機等在農村普及度相當高，已經深入到村民生活的方方面面，但較少有基層組織主動利用互聯網平台開展相關活動，主要是因為利用互聯網的意識和能力不足。

4. 脫貧攻堅增添新的困難挑戰

2020 年完成剩餘 551 萬貧困人口脫貧、52 個貧困縣摘帽和 2707 個貧困村出列，[3] 仍是一場硬仗。突然發生的疫情，又給脫貧攻堅帶來了新的困難和挑戰。貧困地區雖然疫情不重，但由於產業基礎薄弱，內生發展動力不足，脫貧成果亟待鞏固，這次疫情無疑會進一步加大脫貧難度和返貧風險。一是制約了貧困人口和剛脫

---

1 〈2020 年 5 月財政收支情況〉，2020 年 6 月 18 日，財政部網站（http://gks.mof.gov.cn/tongjishuju/202006/t20200618_3534764.htm）。

2 數據來自中國社會科學院農村發展研究所農村組織與制度研究團隊的線上調查。

3 〈國務院新聞辦就決戰決勝脫貧攻堅有關情況舉行新聞發佈會〉，2020 年 3 月 12 日，中國政府網（http://www.gov.cn/xinwen/2020−03/12/content_5490339.htm）。

貧人口外出務工增收。據國務院扶貧辦統計，2019 年全國有 2729 萬建檔立卡貧困勞動力在外務工，這些家庭三分之二左右的收入來自外出務工，涉及三分之二左右建檔立卡貧困人口，[1] 因此務工收入持續增加對能否脫貧至關重要。疫情使部分貧困人口滯留在家，不能外出務工就業。截至 2020 年 3 月 27 日，全國 25 個省已經外出務工的貧困勞動力有 2000 多萬，相比 2019 年外出務工的人數還有 500 多萬暫時沒有出去，有意願外出的勞動力還有 561 萬；沒有脫貧摘帽的 52 個貧困縣，已經外出務工的人數是 211.78 萬人，佔 2019 年外出務工人數的 83%。[2] 疫情在全球蔓延，將疊加疫情衝擊和國際貿易惡化雙重因素，影響到吸納貧困人口就業較多的產業部門，導致貧困人口外出務工機會的不穩定，加劇務工收入減收風險。統計顯示，2020 年 2 月份貧困地區農村勞動力獲得的工資收入明顯減少，得益於各地優先組織貧困勞動力返程返崗和外出務工，才使得一季度貧困地區農村居民人均工資性收入達到 1192 元、名義增長 0.3%，但增速比上年同期回落 10.6 個百分點。[3] 二是限制了產業發展對脫貧攻堅的促進作用。扶貧產業項目多是特色農產品，需要現產現銷，對外部市場和服務支撐依賴度高。疫情防控期間，由於人流物流和生產服務阻斷，消費需求大幅減少，導致一些貧困地區特色農產品出現滯銷，扶貧產業項目效益下滑。貧困戶本身經營能力弱，因服務短缺和產品滯銷造成的經營困難會更嚴重，恢復的難度也更大。2020 年一季度，貧困地區農村居民人均經營淨收入 1037 元，名義增長 0.1%，其中，人均二三產業經營淨收入 339 元，名義下降 10.4%。[4] 三是延遲了扶貧項目復工開工和建設進度。疫情防控期間，由於防控要求和人流物流限制，一些扶貧項目處於停工或開工不足狀態，不能按計劃推進。在疫情防控和脫貧攻堅雙重壓力下，貧困地區政府部門和村兩委組織力量明顯不足，對口幫扶和東西部扶貧協作工作難以正常開展，[5] 這些都會遲緩扶貧項目實施進度。據 2020 年 4 月 1 日國務院聯防聯控機制發佈的數據，中西部 22 個省份安排扶貧項目 37 萬個，開工的有 22 萬個，

1　習近平：〈在決戰決勝脫貧攻堅座談會上的講話〉，《人民日報》，2020 年 3 月 7 日第二版。

2　〈4 月 1 日：國務院聯防聯控機制介紹做好疫情期間脫貧攻堅和民政服務工作情況〉，2020 年 4 月 2 日，中國政府網（http://www.gov.cn/xinwen/gwylflkjz77/index.htm）。

3　〈方曉丹：一季度貧困地區農村居民名義收入保持增長〉，2020 年 4 月 20 日，國家統計局網站（http://www.stats.gov.cn/tjsj/sjjd/202004/t20200430_1742608.html）。

4　同上。

5　郭曉鳴、高傑：〈新冠疫情對脫貧攻堅的衝擊及應對建議〉，中國社會科學院城鄉發展一體化智庫《研究專報》，2020 年第五期。

開工率僅有 60%，[1] 遠低於全國規模以上工業企業超過 98% 的開工率。四是加大了已脫貧人口返貧和貧困邊緣人口致貧風險。據各地初步摸底，已脫貧人口中有近 200 萬人存在返貧風險，邊緣人口中有近 300 萬人存在致貧風險。[2] 在已脫貧的地區和人口中，有的產業基礎薄弱，增收渠道單一且不穩定，疫情衝擊無疑會加大返貧和致貧風險。特別是剛剛脫貧摘帽的深度貧困地區，產業發展剛剛起步，農民收入來源尚不穩定，對外部衝擊尤為敏感，疫情衝擊導致產業發展夭折、家庭收入下降的風險較大，需要高度警惕 "因疫返貧"、"因疫致貧"。需要指出的是，在政府政策的大力支持下，目前脫貧攻堅工作已經逐步恢復正常。截至 2020 年 5 月 31 日，25 個省份已外出務工貧困勞動力 2750.7 萬人，佔去年外出務工總數的 100.79%；52 個挂牌督戰縣已外出務工 273.42 萬人，佔去年外出務工人數比例 107.45%；中西部 22 個省份已安排扶貧項目開工率達到 89.92%，扶貧龍頭企業復工率達到 98%，扶貧車間復工率達到 98.6%。[3]

第二節　支持 "三農" 應對疫情的對策措施

實現決勝全面建成小康社會、決戰脫貧攻堅目標，不會因疫情衝擊而降低要求。疫情發生以來，習近平總書記多次強調，要統籌做好疫情防控和經濟社會發展工作，努力實現全年經濟社會發展目標任務，實現決勝全面建成小康社會、決戰脫貧攻堅目標任務。[4] 落實這一要求，必須統籌做好疫情防控與 "三農" 工作，積極採取多方面政策措施，全面落實農業農村優先發展，尤其要優先滿足脫貧攻堅和農村補短板的人財物需求，大力促進農民就業創業增收，全力彌補疫情造成的損失，確

1　〈4 月 1 日：國務院聯防聯控機制介紹做好疫情期間脫貧攻堅和民政服務工作情況〉。
2　習近平：〈在決戰決勝脫貧攻堅座談會上的講話〉。
3　〈近期脫貧攻堅重點工作最新進（截至 5 月 31 日）〉，2020 年 6 月 5 日，國務院扶貧辦網站（http://www.cpad.gov.cn/art/2020/6/5/art_624_125701.html）。
4　習近平：〈在統籌推進新冠肺炎疫情防控和經濟社會發展工作部署會議上的講話〉，《人民日報》，2020 年 2 月 24 日第二版。

保如期完成脫貧攻堅和農村全面小康目標任務。立足當前，著眼長遠，在科學精準做好農村疫情防控工作的前提下，應對新冠肺炎疫情對"三農"的影響，應從以下幾個方面著手。

一、多策並舉加快鄉村產業發展

疫情防控取得積極成效後，從中央到地方都採取措施統籌疫情防控和經濟發展，有序恢復經濟秩序，減少疫情造成的負面影響。目前，各地農業農村經濟秩序已經基本恢復，要在疫情防控常態化條件下，制定實施支持農業農村產業發展的政策措施，幫助鄉村經營主體渡過難關，並營造良好的發展環境，穩定和刺激農業農村產業投資，為鄉村產業發展注入更多動力。

1. 儘快恢復農業農村經濟秩序

要堅定不移貫徹新發展理念，深化農業供給側結構性改革，分區分級恢復農業生產和農村經營活動，加快形成同疫情防控相適應的農業農村經濟運行秩序。因地制宜調整優化復工復產中的防控措施，及時梳理和取消前期應急防控時採取的、與目前恢復生產生活秩序不相適應的措施。在保障必需的防控物資和應急處置能力同時，打通農村人流、物流、資金流的"堵點"、"斷點"，解決農村經營主體的用工、資金、原材料供應等需求；加強對農村經營主體的防疫指導服務，儘快建立適應農業生產和農村經營活動的常態化疫情防控機制；加強重要農業投入品生產和市場運行調度，保障春耕春播春管和全年農業生產農資供應；統籌抓好生產發展、產銷銜接、流通運輸、市場調控、質量安全等各項工作，加強技術指導服務，及時解決生產瓶頸問題。

2. 確保糧食安全和重要農產品供給

隨著新冠肺炎疫情的全球蔓延，多國因疫情"封關"，部分國家出台政策停止、限制甚至禁止糧食等農產品出口。為此，要堅持"以我為主、立足國內、確保產能、適度進口、科技支撐"的國家糧食安全戰略，全面落實糧食安全省長負責制，充分調動農民種糧和地方抓糧兩個積極性，穩定糧食播種面積和產量，提高糧食綜合生產能力和產品質量，確保糧食穩產增效和有效供給。同時，要全面落實"菜籃子"市長負責制，切實保障肉、蛋、奶、水產、蔬菜、水果等農產品穩定供應和市場價格穩定。特別是，要落實非洲豬瘟防疫責任，穩定和提升養殖主體復養信心，並在財政、稅收、金融、保險、用地等方面加大政策支持力度，促進生豬產業加快恢復發展，全力保障豬肉市場有效供給。

3. 促進新型農業經營主體加快發展

一方面，在幫助新型農業經營主體儘快恢復產能、渡過困難時期的同時，要著眼於提升其風險應對能力和綜合競爭力，通過財政、信貸、擔保、保險等支持措施，及時化解疫情造成的經營損失，防範資金鏈斷裂導致大量破產倒閉現象發生，並採取有效措施提高新型農業經營主體經營者素質和能力，切實解決新型農業經營主體管理不規範、制度不健全等問題；要引導新型農業經營主體調整優化生產結構，與農戶簽訂中長期流轉合同，推廣實物計租貨幣結算、租金動態調整、土地入股保底分紅等利益分配方式，引導形成穩定地租，保護流轉雙方合法權益。[1]另一方面，加快發展農業生產性服務，動員實力較強的服務主體提供統一、標準的專業化服務，重點支持集中育秧、機插秧等關鍵環節及代育代插、代耕代種等農業生產託管服務，加強營養、育種、獸醫及大數據應用等方面的專業化服務，推廣普及線上簽約＋直播監督服務新模式，發揮集體經濟組織、農民合作社組織農戶對接服務主體作用。要組織做好服務主體跨區作業，確保道路暢通、對接順暢，解決部分地區農機作業能力不足問題。根據實際需求，出台不同環節服務業務的補貼或稅費減免政策，以解決因疫情服務成本升高的問題。

4. 加快培育新產業新業態新模式

抓住疫情後新產業新業態新模式湧現的有利時機，圍繞發展富民鄉村產業，瞄準產業鏈關鍵環節，打造各具特色的農業全產業鏈，形成有競爭力的產業集群，推動農村一二三產業融合發展，為鄉村產業振興增添新動力。要鼓勵返鄉就業創業創新，為返鄉留鄉人員創業提供更為便捷的政策支持和服務支撐，提高鄉村新產業、

1　中國社會科學院農村發展研究所家庭農場發展監測研究團隊：〈新冠肺炎對家庭農場生產經營的影響及對策建議〉。

新業態吸納就近就業的能力。支持銷售企業聯合生產基地，整合生產端優質資源，形成高效運行、順暢聯結的農業完整產業鏈；推廣種養結合循環農業、培育線上銷售＋線下配送新模式，拓展鄉村旅遊、休閒農業、健康養老等新產業，為農民創造更多的經濟價值。

5. 營造良好環境促進鄉村產業投資

穩投資是穩增長的關鍵。為對衝疫情影響，要積極營造良好發展環境，全面促進和刺激鄉村產業投資，提升投資者信心，穩定農業農村經濟增長。要針對當前疫情，設立專門瞄準新型經營主體和服務主體的支持政策，進一步延長稅費優惠、貸款支持、延期續費期限，出台租金、水電氣費等減免政策，取消小微經營主體和個體工商戶獲取政策的冗餘要求。結合農村綜合性服務中心建設，整合鄉鎮政府和基層組織服務力量，為農村經營主體提供政策諮詢、項目申請、資源對接、稅費繳納、會計代辦等服務，減輕他們的運行成本和發展阻力。

二、千方百計促進農民持續增收

疫情衝擊下已經形成的收入損失不可挽回，要確保農民持續增收，必須在穩定收入來源的基礎上推動農民增收提速。這就要求為外出農民工穩定就業和再就業創造條件，為滯留在鄉的農民工提供更多就業機會，為提高農業和非農產業經營效益提供支撐，為特困群體和因疫情受損失嚴重的群體提供有效的保障。

1. 穩定農民工務工就業收入

在當前和今後一段時期內，要把穩就業扶持政策的著力點放在農民工群體上，加強農民工輸出地與輸入地對接，做好點對點、區對區、一站式輸送返崗工作，消除不合理的流動限制，幫助農民工盡快回到工作崗位或找到新的工作。出台吸納農民工就業的用工獎勵政策，以項目扶持、稅費減免、購買服務等調動用工主體雇用農民工的積極性。幫助困難群體就業，向貧困地區定向投放就業崗位，及時推出農民工轉崗再就業培訓項目。加強農民工就業動態監測，預防發生欠薪等農民工權益得不到保障情形，為農民工維護權益提供支持。

2. 擴大就近就地就業機會

　　加快設立鄉村保潔員、水管員、護路員、生態護林員等公益性崗位，重點安置低收入和貧困家庭、優撫對象的勞動力。對疫情期間帶動較多勞動力就業的家庭農場、專業大戶、農民合作社、涉農企業等給予專項獎勵，將扶持政策與吸納就業挂鈎。加大新型職業農民、致富帶頭人培訓，將有意願返鄉創業的農民工作為重點培育對象。加大農村創業的財稅、融資、用地、項目等支持力度，簡化審批流程，提供創業輔導，鼓勵就近就地自主創業。

3. 發揮政策穩定收入作用

　　要擴大糧食生產者補貼，加大農業支持保護補貼力度，調整優化補貼結構，進一步完善以高質量綠色發展為導向的新型農業補貼政策體系，切實提高農業支持保護政策的增收促進作用。瞄準新型農業經營主體和服務主體，實行對穩產增效作用顯著的主體或環節的臨時性補助，帶動小農戶銜接現代農業、分享農業產業鏈增值收益。探索建立應對突發應急事件的獎勵機制。很多農村居民參與到疫情防控工作中，並為此耽誤了農業生產、務工就業，應該為他們提供相應的實物或現金獎勵。參照一些地方發放生活消費券的做法，對農村低收入群體進行定向補貼，保障陷入困境的農民的基本生活；面向城鄉居民的消費券向農村產品和服務傾斜，有效擴大農村消費需求。

三、加大力度補齊全面小康短板

　　完成農村基礎設施和公共服務補短板任務，關鍵是把因疫情耽誤的進度趕回來，把因疫情暴露的新短板列入工作範圍，這需要更多的人力、財力和物力投入。為此，必須集中更多資源，充分利用滯留在鄉的農民工，加快推進農村基礎設施和公共服務項目，並統籌考慮增強農村應對疫情防控等公共安全事件的能力。

1. 加快推進農村基礎設施建設

　　為統籌新冠肺炎疫情防控和穩定經濟社會發展，中央已經明確要加快推進國家規劃已明確的重大工程和基礎設施建設。當前，農業基礎設施、農村公共服務設施、信息化設施、人居環境設施等都屬薄弱環節，國家應在投資和政策上給予優先支持。農業基礎設施方面，要重點支持高標準農田建設、農田水利設施更新、標準化圈舍建設等，以為疫情後快速恢復經營奠定基礎；農村公共服務方面，應把疫情防控中暴露出的公共衛生服務設施和綜合應急能力短板列為農村基礎設施建設的重點；農村人居環境方面，應把村內道路、地下管網、垃圾和污水處理等設施建設列上重要議程；農村信息化方面，重點加快農業大數據平台、智慧農業、智慧村莊等設施建設。此外，還要加快在建基礎設施項目進度，適合村莊自主建設的項目，鼓勵集體經濟組織和農民合作社承接；探索農戶自主建設"入戶"部分設施，引導滯留農民工有序參與；切實提高農村基礎設施運營管護能力，建立專業化、常態化的運營管護隊伍，培育公益性服務組織。

2.加快補齊農村公共服務短板

農村公共服務是全面建成小康社會的突出短板，而農村應急管理則是這一短板中的短板。為此，在統籌疫情防控與經濟社會發展中，應以提升農村綜合應急能力為重點，加快補齊農村公共服務短板。一是提高農村公共衛生服務能力。著重建立農村應急物資儲備制度，完善農村公共衛生服務體系，加強農村公共衛生人才隊伍建設。二是健全農村應急組織體系。加強各部門的聯動配合，明確縣、鄉鎮、村的職責分工，構建"縣統籌、鄉鎮負責、村為主"三級聯動機制，推動應急管理工作重心下沉。三是強化農村安全風險防範。農村各種災害事故和矛盾糾紛較多，應針對不同類型突發事件的特點和誘發因素，扎實做好農村應急預警預案、風險排查和安全防範工作。四是完善農村災害救助體系。設立財政專項救助基金，調動市場主體參與救助的積極性，形成政府、企業、市場互動的災害救助體系。五是提高基層組織新媒體新媒介應用能力。結合村級服務平台建設，推廣普及互聯網信息服務平台，鼓勵基層組織通過新媒體新媒介提供公共服務，推動鄉村治理與新媒體新媒介的融合，切實提高基層組織治理能力。

四、統籌施策確保實現脫貧攻堅目標

確保如期打贏脫貧攻堅戰，是實施鄉村振興戰略的重要基礎，也是全面建成小

康社會的底線要求和硬任務。化解疫情對脫貧攻堅造成的不利影響，需要按照分區分級的要求，因村制宜、精準施策，統籌做好疫情防控和精準扶貧工作，加快推進脫貧攻堅項目進度，高質量完成剩餘脫貧攻堅任務，全面提高脫貧質量，確保如期實現脫貧攻堅目標。

1. 高質量完成剩餘脫貧攻堅任務

　　貧困地區必須堅持疫情防控和脫貧攻堅兩手抓，做好二者的統籌銜接。[1] 要在加強疫情防控的同時，加快恢復生產生活秩序，高質量全面完成剩餘脫貧攻堅任務，努力將疫情影響降到最低。要繼續聚焦“三區三州”等深度貧困地區，進一步加大資金和政策支持力度，新增資金適當向受疫情影響較重地區傾斜；要積極創造條件有序推進農村危房改造、農田水利等工程以及企業、就業扶貧車間等經營主體復工復產，鼓勵復工重點企業優先錄用貧困勞動力，多渠道做好貧困勞動力外出返崗務工和就地就近轉移就業工作；利用國家應對疫情加大投資以及當前滯留本地勞動力較多的時機，加快實施和啟動一批脫貧致富項目，切實做好剩餘農村貧困人口退出和貧困縣摘帽工作，集中力量打好深度貧困殲滅戰。

2. 增強脫貧的穩定性和可持續性

　　防止返貧和新發生貧困是提高脫貧質量的關鍵，也是打好脫貧攻堅戰的根本。為全面提高脫貧質量，對於已經脫貧的貧困人口，一定時期內要保持政策的穩定性、連續性，做到脫貧不脫政策，“扶上馬、送一程”；要通過加大產業扶貧、就業扶貧和扶志扶智的力度，加大異地扶貧搬遷後續扶持力度，形成具有競爭力的長效扶貧產業，以及持續穩定增收和減貧的長效機制，增強脫貧人口的自我發展能力，從源頭上消滅造成返貧和新發生貧困的土壤；要進一步加強對返貧人口和新發生貧困人口的監測預警，及時精準制定扶持政策，建立防止返貧致貧的動態幫扶機制，實現脫貧的可持續性。

（本章執筆：魏後凱、蘆千文）

1　魏後凱：〈疫情之下做好三個統籌　全面打贏脫貧攻堅戰〉，《中國國情國力》，2020 年第二期。

參考文獻

[1] 郭曉鳴、高傑：〈新冠疫情對脫貧攻堅的衝擊及應對建議〉，中國社會科學院城鄉發展一體化智庫《研究專報》，2020 年第五期。

[2] 劉長全、王術坤、韓磊：〈新冠肺炎疫情對中國奶牛養殖業的影響及對策建議〉，中國社會科學院城鄉發展一體化智庫《研究專報》，2020 年第三期。

[3] 魏後凱：〈疫情之下做好三個統籌　全面打贏脫貧攻堅戰〉，《中國國情國力》，2020 年第二期。

[4] 習近平：〈在統籌推進新冠肺炎疫情防控和經濟社會發展工作部署會議上的講話〉，《人民日報》，2020 年 2 月 24 日第二版。

[5] 習近平：〈在決戰決勝脫貧攻堅座談會上的講話〉，《人民日報》，2020 年 3 月 7 日第二版。

[6] 葉興慶等：〈新冠肺炎疫情對 2020 年農業農村發展的影響評估與應對建議〉，《農業經濟問題》，2020 年第三期。

[7] 張瑞娟、董瑩：〈新冠疫情對農業社會化服務組織的影響〉，《中國發展觀察》，2020 年第三至四合期。

[8] 中國社會科學院農村發展研究所家庭農場發展監測研究團隊：〈新冠肺炎對家庭農場生產經營的影響及對策建議〉，中國社會科學院城鄉發展一體化智庫《研究專報》，2020 年第三期。

第三章

新冠肺炎疫情對中國工業經濟影響及對策

新冠肺炎疫情是中華人民共和國成立以來爆發的傳播速度最快、感染範圍最廣、防控難度最大的重大突發公共衛生事件，也是近百年來出現的全球大流行重大傳染病疫情。疫情在 2020 年第一季度對中國工業經濟造成前所未有的嚴重衝擊，對未來發展的影響則取決於疫情在全球的持續時間、各國抗疫舉措的有效程度，以及疫情之後為了恢復經濟各國推出的政策對衝力度。下面根據現有對疫情流行走勢的預測，按兩種情境分析中國工業因疫情而受到的短期衝擊和中長期影響，並針對疫情可能出現的主要風險與機遇，提出實現中國工業經濟轉危為機、增強產業發展韌性的政策建議。

第一節　研究基礎與分析思路

新冠肺炎疫情在中國的實際流行高峰出現在 2020 年 1 至 2 月，[1] 3 月國內疫情開始扭轉，到 4 月份開始以防止境外輸入病例為主，[2] 這與一些基於流行病學的早期研究結論基本一致（Shen et al., 2020）。[3] 根據流行病學者的判斷，當前中國對於疫情的防控工作依然在繼續，並且建立了完善且強有力的監控系統，只要此系統繼續運轉，疫情在國內二次爆發的可能性不高。然而，雖然中國疫情基本得到控制，亞洲疫情有所緩解，歐洲一些國家開始減緩，但作為全球第一大經濟體的美國尚未見緩和跡象，且部分國家疫情開始出現反覆。哈佛流行病專家利用流行病學的 SEIR 仿真模擬新冠病毒的動態流行規律，認為新冠病毒短期不會消失，美國的社交隔離政策需要延長或間隔性的執行到 2022 年。疫情防控前景的不確定性還在於新冠病毒

1　自 2019 年 12 月 8 日出現首個病例，2020 年 1 月 23 日武漢市實行嚴格限制交通的措施，2 月上旬新增確診病例達到最高峰。

2　截至 2020 年 4 月 24 日 22 時，全國顯存確診 1406 例，累計確診的 344 個城市中有 318 個城市實現零病例，剩餘 26 個城市存在病例。

3　2020 年 1 月，西安交通大學公共衛生學院張磊教授和沈明望副教授，數學與統計學院肖燕妮教授與南京醫科大學公共衛生學院彭志行教授合作利用數學模型對 COVIP-19 在中國的流行趨勢進行了預測，預測疾病高峰在 2 月底或 3 月初到來，如果增強控制措施的強度，可使疾病峰值提前 5 至 14 天到來。

獲得的免疫抗體在人體內的持續時間，存在於 2020 年冬季二次爆發疫情的可能性（Stephen et al., 2020）。這一預測也與大部分主流經濟研究機構的結論相一致。例如，摩根斯坦利預測新冠病毒可能在 2020 年冬季和 2021 年春季二次爆發，持續影響至 2021 年末並可能引起全球經濟衰退（Morgan Stanley, 2020）。

疫情流行直接影響的是人類生命安全這一底線，對經濟的直接衝擊和間接影響屬疫情的次生災害，但由於此次疫情已經造成自二戰結束以來最大的全球經濟衰退，疫情潛在的經濟影響受關注程度僅次於疫情本身（羅志恆，2020；安國俊、賈馥瑋，2020）。本文以流行病研究對疫情持續時間預測為基礎，分短期衝擊和中長期影響探究新冠肺炎疫情對中國工業經濟的影響。具體地，短期衝擊指國內外疫情爆發對中國工業經濟造成的直接破壞，主要利用統計數據總結 2020 年第一季度工業經濟運行情況；中長期影響則主要利用外部衝擊對 2021 年底以前中國工業經濟運行受疫情的影響進行趨勢模擬。綜合國內外機構和流行病專家對全球疫情的預測，我們認為，從疫情對工業經濟的影響角度，全球疫情走勢可能出現兩種情境，情境①為樂觀預測，情境②為悲觀預測：

情境①：全球疫情在短期內得到控制。中國疫情防控不放鬆，國內疫情在 6 月前得到全面控制；在世界衛生組織牽頭下，各國積極參與，全球聯防聯控，調配醫療資源，全球疫情在 10 月份基本得到控制，且不再出現明顯的反彈。

情境②：除中國外，全球疫情持續蔓延並多次反彈。各國對疫情採取不同的應對措施，在經濟停擺的損失和強硬的防控措施之間權衡取捨。疫情雖然在部分國家得到控制，但由於“短板效應”，在經濟基礎薄弱、衛生條件較差、防控不堅決的國家大肆蔓延，並且隨著各國復工和人員流動出現反覆，直至新冠疫苗和新藥研製成功完成臨床試驗，進行大規模群體接種和針對性治療。此種情境下，全球疫情需要 1 至 2 年才能夠得以基本控制。

如果國內疫情能在 6 月份、全球疫情能在 10 月份得到全面控制，則對中國工業經濟的影響以短期衝擊為主，時間較短；但若疫情繼續發展蔓延至 2021 年，全球經濟陷入危機和衰退的可能性大幅度增加，極大程度可能對中國工業經濟多個層面產生中長期深遠影響。

第二節　2020 年一季度疫情對中國工業經濟的短期衝擊

2020 年一季度，國內疫情爆發及管制措施對工業經濟產生前所未有的衝擊，其中 1 至 2 月份為全面衝擊階段，3 月份工業運行在國內疫情緩和局勢下逐漸恢復，但海外疫情擴散的影響卻在不斷加重。整體來看，疫情對中國工業經濟運行造成了前所未有的巨大破壞，不同行業、區域和不同類型企業遭受的衝擊程度存在區別。

一、疫情對中國工業經濟運行的總體影響

新冠肺炎疫情對中國工業經濟運行造成了前所未有的短期破壞，工業增速回撤幅度遠超 2003 年"非典"和 2008 年國際金融危機（見圖 3-1）。受疫情衝擊最大的 2 月份工業增速陡然下降，當月工業增加值同比下降 25.9%，環比下降 26.6%，為月度指標納入統計以來的單月最大跌幅；製造業 PMI 跌至歷史最低點，製造業經濟活動急劇萎縮。工業企業生產時間大幅壓縮，開工嚴重不足，導致工業產能利用率很低。[1] 同時，工業投資需求、非必需品消費需求和出口需求同時下降，新增訂單大幅下滑，產品銷售率和產成品存貨周轉率降低，庫存明顯攀升。在產銷雙降的情況下，工業企業用工、折舊、攤銷等成本及財務費用等剛性支出不減，防疫又大幅增加成本，利潤降幅遠高於收入降幅，1 至 2 月份規模以上工業企業營業收入、利潤總額分別同比下降 17.7%、38.3%，虧損企業數量同比增加 32%，企業虧損面擴大至 36.4%。此外，負面衝擊通過供應鏈、產業鏈在行業和區域間交叉傳導，最終造成全國範圍的工業供應鏈網絡、銷售體系和物流體系癱瘓。1 至 2 月份，中國 41 個大類工業行業中有 39 個行業增加值同比負增長，31 個省區市工業增加值全部負增長。在國內外疫情的雙重影響下，一季度中國貨物貿易進出口出現較大幅度下滑，1 至 2 月份工業出口交貨值同比大降 19.1%。

隨著國內疫情得到有效控制，疫情的負面影響快速減弱。3 月份工業經濟運行

---

[1]　一季度全國工業產能利用率為 67.3%，比上年同期下降 8.6 個百分點，創下歷史最低水平。

圖 3-1　2000 年以來工業增加值當月同比增速變化

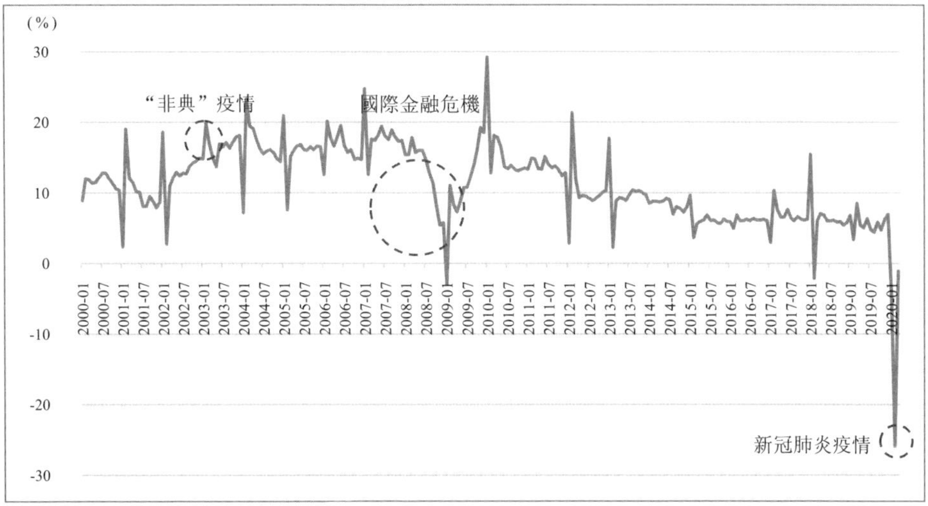

數據來源：國家統計局。

狀況明顯好轉，當月工業增加值環比增長 32.1%，工業產出規模已經接近 2019 年同期水平。從供給看，疫情對潛在生產能力破壞不大，從 2 月上旬開始，全國工業開始有序復工，員工逐步返崗，物流體系日益通暢，工業產能利用率穩步上升，國內供應鏈重新打通。從需求看，工業投資品需求和耐用消費品需求因疫情延後，但大多並未消失，疫情得到控制後產品需求有所回暖，重新激發工業市場活力。不過，3 月份工業投資依然同比大幅下降 21.1%，降幅僅比 1 至 2 月份收窄 6.4 個百分點，汽車、家電、家具等產品零售額繼續同比大幅下降，需求恢復仍需較長時間。

二、疫情對不同行業、不同地區和不同類型企業的影響

疫情對整個工業經濟造成巨大衝擊的同時，對不同行業的衝擊程度不同。總體上看，供應鏈體系更複雜、產業鏈更長、勞動密集程度更高的產業受衝擊更大，產業鏈下游受衝擊更大，耐用品、資本品受衝擊更大。如圖 3-2 所示，2020 年 1 至 2 月，中國約有二分之一的工業行業受重度衝擊，增加值同比下降 20% 以上，主要包括汽車、家具、紡織、服裝、機械設備等；約有四分之一的行業受到中度衝擊，增

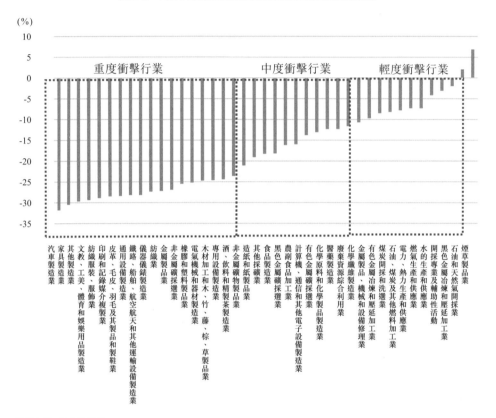

圖 3-2　1 至 2 月份規模以上各工業行業增加值同比增速

數據來源：國家統計局。

加值同比下降 10% 至 20%，主要包括食品飲料、電子信息製造等；剩餘約有四分之一的行業受到輕度衝擊，增加值同比下降 10% 以內或實現正增長，主要包括醫藥、燃料化工、鋼鐵等。

　　疫情對各地區工業經濟的衝擊程度取決於當地疫情嚴重程度和工業產業結構。如圖 3-3，2020 年 1 至 2 月，經濟更發達的東部和中部地區明顯大於東北地區和西部地區，除湖北省外，重慶、廣東、吉林、上海受衝擊最大，新疆、寧夏、雲南、甘肅、內蒙古受衝擊最小。發達地區復工速度也明顯更快，3 月份東部和中部地區工業增加值同比降幅均在 1% 以內。

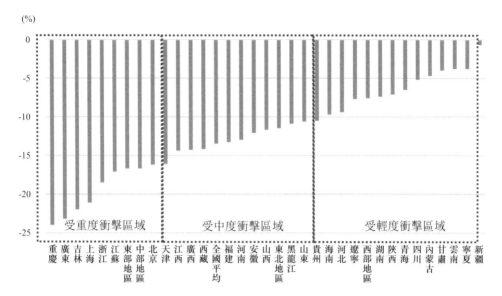

圖 3-3　1 至 2 月份各省區（除湖北省）工業增加值同比增速

數據來源：國家統計局。

表 3-1　1 至 2 月份主要所有制類型工業企業運行情況（％）

行業門類	工業增加值同比增長	營業收入同比增長	利潤總額同比增長	虧損企業數量同比增長	企業虧損總額同比增長	虧損企業佔比
工業總計	−13.5	−17.7	−38.3	32.0	24.3	36.4
國有控股企業	−7.9	−11.5	−32.9	19.6	27.7	48.4
股份制企業	−14.2	−16.9	−33.6	31.9	21.0	35.1
外商及港澳台商投資企業	−21.4	−21.7	−53.6	31.7	34.9	49.3
私營企業	−20.2	−20.5	−36.6	35.3	20.3	32.8

數據來源：國家統計局。

除了受所在行業的影響外，企業受疫情衝擊程度與復工能力和抵禦資金風險能力直接相關。大型企業具備更好的生產條件和資金條件，能夠較早實現復工要求，[1]對抗資金斷鏈風險能力也更強，受疫情的衝擊小於中小微企業。[2]國有企業一般處於產業鏈的上游，資本密集程度高且勞動密集程度低，受疫情衝擊小於外資企業和私營企業（如表 3–1）。

第三節 疫情全球蔓延對工業經濟運行中長期影響機制

疫情對工業經濟的中長期影響取決於相互作用的三個因素：全球疫情走勢、疫情防控措施以及經濟刺激政策。全球疫情走勢和防控措施決定疫情直接衝擊的持續時間，經濟刺激政策決定疫情緩和後工業經濟的恢復速度。由於這三個因素均存在巨大的不確定性，目前尚無法準確預測此次疫情對工業經濟的影響程度，但可以肯定的是疫情對中國工業經濟的影響已經不再局限於短期衝擊，需要對其中長期的潛在影響保持高度警惕。

一、決定疫情對工業經濟影響程度的基本因素

1. 全球疫情走勢

全球疫情走勢是決定直接衝擊持續時間和破壞程度的首要變量。目前，由於缺乏對新冠病毒的了解，國內外流行病學家、公共衛生專家和傳染病專家對全球疫情走勢的預測尚未達成一致，疫情衝擊持續時間還不得而知。全球疫情走勢有兩個關鍵問題：一是疫情是否會繼續大規模蔓延。由於全球的區域性季節差異，疫情存在

1　根據工信部數據，截至 3 月 28 日全國規模以上工業企業平均開工率達到了 98.6%，而中小企業開工率僅為 76%。
2　從 2 月份和 3 月份製造業 PMI 指數看，大型企業的生產經營狀況最優，其次為中型企業，最後為小型企業。

著 "錯峰效應"，目前已經有多點依次爆發的趨勢，在缺乏特效藥和疫苗的情況下，全球疫情恐難有效控制。二是疫情是否會捲土重來，冠狀病毒的季節性強傳播性加劇了世界各國對疫情二次爆發的擔憂。

2. 各國疫情防控政策

各國疫情防控政策面臨短期經濟損失和疫情控制的權衡難題。在疫情防控策略上，中國採用了不惜短期經濟代價集中殲滅病毒的 "速決戰"，歐美國家則採用了壓平疫情爆發曲線的 "持久戰"，疫情呈現 "長尾特徵"。全球防疫雙軌制形成顯著短邊效應，中國在付出巨大代價迅速控制疫情的情況下，不得不面臨輸入型疫情爆發的風險，而如果持續嚴格控制人員流入，對外經濟活動的恢復就更加艱難，全球供應鏈斷裂風險會持續上升。

3. 各國經濟刺激政策

為了緩解經濟活動下降對個人、企業和金融體系的衝擊，減輕經濟衰退的長期破壞效應，並確保疫情一旦緩和經濟能夠迅速復甦，各國陸續推出一系列經濟刺激政策。積極的財政和貨幣政策可以有效提振工業需求，為工業經濟復甦創造有利條件：一是擴大個人消費補貼和政府購買可以提振個人消費和政府消費，二是寬鬆的貨幣供給和低利率可以提振工業投資。但是，短期內，疫情走勢仍然對全球經濟復甦起最關鍵的作用，各國經濟刺激政策的效果還難以評估。同時，各國為了率先推動本國工業經濟復甦，可能進一步加碼製造業回流和貿易保護，中國工業經濟復甦不僅取決於本國的刺激政策，還受到各國政策博弈的影響。

二、疫情衝擊工業經濟的一般過程及表現

疫情從供給和需求兩端同時衝擊工業經濟（見圖 3-4），與其他產業部門相比，工業部門最大的特殊性在於它是生產物質資料的可貿易部門，供應鏈和產業鏈較長，疫情造成的衝擊既容易通過供應鏈在行業間交叉傳導，又容易通過國際貿易和跨境投資在國家間交叉傳導，衝擊過程具有複雜性和多樣性特徵，但一般都經歷全面衝擊、恢復、全面復甦和深度調整四個階段。

圖 3-4　疫情對工業經濟的衝擊途徑

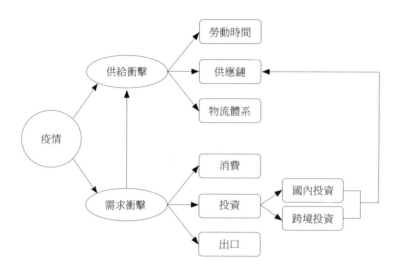

1. 階段I：全面衝擊階段

疫情大爆發對工業供給和工業需求產生劇烈的外生衝擊，工業經濟大範圍停止運轉。該階段的持續時間較短，一般為疫情大爆發至現有確診病例出現拐點的 1 至 2 個月，且衝擊主要來自國內疫情。工業產出增速陡然下降，大幅低於疫情前的趨勢水平。從供給衝擊看，強制隔離和封鎖的防控政策迫使工業企業停工停產，這是該階段工業產出大幅下滑的主要原因。從需求衝擊看，非必需品消費受到嚴重衝擊，企業現金流收緊，工業投資大幅下跌，資本品需求銳減。在負面的供給衝擊和需求衝擊之外，對防疫物資的剛性需求拉動極少數相關行業產能和產出激增，成為該階段僅有的微弱增長點。

2. 階段II：恢復階段

本土疫情緩和後，疫情對工業供給和工業需求的衝擊減弱，供給和需求改善帶動工業經濟階段性恢復。但是，由於中國疫情緩和與海外疫情大爆發呈現疊加態勢，拉長了恢復階段所需的時間，其持續時間難以確定。該階段工業產出增速呈現回升態勢，但仍然低於疫情前的趨勢水平。從供給衝擊看，影響勞動時間、國內供應鏈和物流體系的不利因素已基本消除，絕大部分工業企業快速復工，企業具備短時間內提高產能利用率的條件，供給修復整體較容易實現。前期積壓訂單恢復生產帶來短暫的產出企穩。但是，由於與全球生產網絡相關的供應鏈貿易是全球分工的縮影，使衝擊通過全球供應鏈"傳染"成為可能（Baldwin & Lopez-Gonzalez, 2015）。[1] 海外供應商停產以及跨境物資和人員流動限制阻礙中間產品貿易，供應鏈斷裂風險隨著全球疫情持續時間的延長而不斷增大。該階段全球原有的供應鏈和產業鏈格局受到嚴重衝擊，為全球供應鏈和分工格局重塑埋下伏筆。從需求衝擊看，需求恢復滯後於供給恢復，消費和投資信心較弱，企業復工後因訂單不足而產能利用率依然維持在一個較低的水平，即出現"復工不復產"的現象。一是國內消費需求開始緩慢釋放，但疫情對部分群體的收入和消費能力衝擊較大，可選消費品需求僅能部分回補，新增消費需求也明顯乏力；二是由於企業盈利能力和內部融資能力下降，且對經濟前景普遍抱有悲觀預期，工業投資恢復較為緩慢，同時外商直接投資萎縮；三是全球經濟衰退使外需在較長時間內處於疲軟狀態，對外需依存度較高的行業增長乏力，抗疫物資出口則保持在高水平。在全球供應鏈瓶頸和需求下降的二次衝擊下，中國工業經濟恢復可能需要一個漫長的過程。

3. 階段 III：全面復甦階段

全球疫情緩和後，疫情對工業供給和工業需求的直接衝擊消失，供給和需求持續回暖帶動工業經濟全面復甦。工業產出增速報復性反彈，超過疫情前的趨勢水平，但工業產出的絕對值依然大幅低於疫情前的趨勢水平。該階段疫情的影響是間接性的，也是疫情過後國內工業結構和全球供應鏈調整的關鍵時期。從供給衝擊看，各國全面恢復生產，全球供應鏈斷裂風險解除，並開始加速調整。疫情爆發使非經濟衝擊成為全球供應鏈調整的重要考量因素，跨國公司將重新評估和權衡全球分工效率和供應鏈安全（賀俊，2020），各國政府也會把確保供應鏈安全上升為重大系統性風險而實施相應的戰略舉措。從需求衝擊看，消費和投資信心徹底恢復引發因疫情延遲的需求大量回補，可選消費品行業迎來大幅反彈，國內工業投資結構更加傾向於國產替代和數字化轉型的行業領域，外需也重新回歸正軌，需求強勁成為

1　"供應鏈傳染"即一國供應中斷對其他國家製造業產出的影響。

工業全面復甦的核心動力。

4. 階段 IV：深度調整階段

疫情深刻改變了人們的經濟理念和行為，"逆全球化"思潮和全球供應鏈調整的持久性影響開始顯現。全球工業競爭更加激烈，中國工業發展的外部環境可能進一步惡化，需求回補過後工業經濟增速將回落至略低於疫情爆發前的新水平。近年來，世界經濟呈現"逆全球化"思潮抬頭和全球價值鏈分工重啟調整的新趨勢。在貿易保護主義指導下，國際間對商品、資本和勞動力流動設置各種顯性及隱性障礙（佟家棟等，2017）。國際分工表現出貿易減速和全球價值鏈聯繫趨於弱化的新特徵，美國、德國等經濟體的本國化特徵日趨明顯，嚴重拖累全球價值鏈分工深化（彭支偉、張伯偉，2018；Aslam et al., 2018）。疫情激發民粹主義和削弱政治互信，主要大國之間關於經濟全球化共識的破裂會更加嚴重（李曉、陳煜，2020），中國面臨的全球貿易和投資環境增加了不確定性因素。更重要的是，全球供應鏈是為長期需求而設計的，一旦出現調整，其影響必然是深遠的。全球供應鏈的本土化傾向將減少發展中國家從全球價值鏈相關的資本流動中獲益，以及進入國際市場獲得人力資本和知識的機會，在未來很多年裏發展中國家通過融入全球價值鏈進行工業化的潛力將大大降低（IMF, 2020）。同時，中間產品的國際貿易增速放緩甚至萎縮，基於中間產品貿易的全球價值鏈分工模式發生重大變化，這既對中國外向型製造業提出了新挑戰，又為國產替代和工業結構升級提供了新機遇。

三、兩種情境下中國工業經濟發展預測

根據前文提出的疫情全球流行兩種情境，以及疫情衝擊工業經濟的一般規律，我們繪製了新冠肺炎疫情與國內工業增速 2020 年 1 月至 2021 年 12 月的演變趨勢圖（見圖 3-5），將 2020 年 5 月以後的工業經濟走勢區分為樂觀估計的情境①和悲觀估計的情境②。

如圖 3-5 所示，假定疫情衝擊之前工業經濟的增長路徑保持穩定，產出增速的趨勢水平為 g。國內疫情爆發，工業經濟增長路徑隨即出現大偏移。如果疫情並未演化為全球大流行，國內工業經濟的增長路徑為曲線①，即可在較短的時間內消化

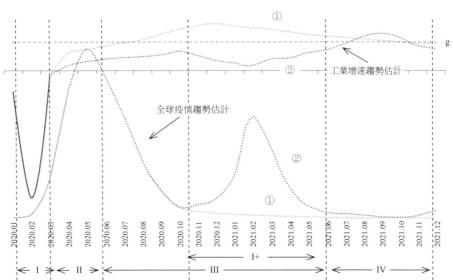

圖 3-5　新冠肺炎疫情趨勢與國內工業增速

── 工業增加值增速 ── 全球疫情新增病例 ⌇⌇ 樂觀估計：情境① ⋯⋯⋯ 悲觀估計：情境②

註：2020 年 1 至 4 月全球疫情新增病例數和 1 至 3 月中國工業增加值同比增速基於實際數據，之後的趨勢基於本章的估計。

疫情衝擊並恢復到原來的增長路徑；但是國內疫情緩和的同時全球疫情形勢失控，受到輸入風險和外部衝擊的影響，國內工業經濟的增長路徑將變為曲線②，工業經濟恢復需要的時間更長，增速回補力度減弱，且疫情過後由於外部環境惡化導致工業經濟增長路徑發生永久性偏移，產出增速較疫情前小幅下降。如果疫情出現二次爆發情形，疫情對工業經濟的衝擊過程將會重演。

　　具體來看，兩種情境下中國工業經濟受疫情分階段的影響如表 3-2 所示。

　　在樂觀的情境①下，中國工業經濟在 2020 年第三季度進入全面復甦階段，除與疫情防控直接相關的部分行業外，大多數工業行業增速基本恢復到略低於疫情前的水平。由於本次疫情對全球工業產業鏈、主要國家工業經濟破壞性巨大，即便中國在 2020 年第二季度就能夠基本實現全面復工，但整個復甦階段會持續到 2021 年第二季度，因為疫情積壓的工業生產和消費將在疫情得到初步控制後成為激活工業增長的重要動力，中央和地方政府刺激經濟的政策措施將繼續為工業經濟增長注入活力。從 2021 年第三季度開始，針對疫情的政策效果開始減弱，而疫情對全球工業產業鏈的永久性影響開始顯現，中國工業經濟進入深度調整階段，在工業增長總體趨穩的情況下，可能出現產業結構、市場結構、貿易結構、供應鏈體系的重大變化。

在悲觀的情境②下，由於主要貿易夥伴國家疫情持續，國際市場繼續疲軟，中國工業經濟在 2020 年第三季度復甦有限。更嚴重的是，2020 年第四季度和 2021 年前兩季度部分國家可能爆發第二次疫情高潮並輸入中國，使得本來就很脆弱的工業經濟再次遭受打擊。與情境①不同，2020 年第三季度到 2021 年第二季度，中國工業經濟進入陣痛調整階段，在疫情反覆的情況下艱難復甦。從 2021 年第三季度開始，疫情得到控制，但由於全球疫情流行時間長達一年之久，對主要國家工業經濟造成嚴重的永久性衝擊，全球經濟陷入衰退的可能大幅提高，工業投資被抗擊疫情的巨額成本擠出，中國工業經濟增速將較疫情前明顯下台階。如果疫苗研製生產出

表 3-2　兩種情境下中國工業經濟受疫情分階段影響

	I	II	III	IV
	2020 Q1	2020 Q2	2020 Q3–2021 Q2	2021 Q3-Q4
	全面衝擊階段	恢復階段	全面復甦階段	深度調整階段
情境①	大面積停工停產和應急產品產能突擊擴充	產能恢復和需求釋放，但受到全球供應鏈斷裂和外需不足影響，工業增速下滑。	全球供應鏈逐步恢復，工業投資緩慢恢復，國際市場緩慢回升。	全球分工和市場的永久性影響開始顯現，總體發展趨勢平穩。

情境②（III、I+、IV 子分段）：

	III	I+	IV
	2020 Q3	2020 Q4–2021 Q2	2021 Q3-Q4
	陣痛調整階段		深度調整階段
情境②	供應鏈調整，工業投資趨緩，國際市場疲軟。	第二波疫情爆發，全球陷入經濟衰退，工業投資和國際市場受到嚴重影響。	全球經濟衰退，工業投資不振，工業增速下台階。

現無法突破的障礙,在 2021 年底不排除出現第三次疫情爆發的可能性,這將給全球和中國工業經濟造成更嚴重的打擊。

當然,兩種情境都是較為極端的估計,全球疫情實際走勢更有可能是在兩種情境的中間狀態,疫情對中國工業經濟的影響也會介於兩種情境之間。

第四節　2021 年底前中國工業經濟面臨的主要風險和機遇

即便是最樂觀的估計,工業經濟的徹底恢復不會早於 2021 年底。總體上看,2021 年底以前,中國工業經濟運行將面臨諸多風險,同時也存在一些發展和轉型機遇。

一、外向型工業部門受到較大的負面影響

疫情重災區歐盟和美國合計佔到中國出口市場的三分之一以上,這些國家和地區的經濟停擺和衰退,對中國的貨物出口造成較大的負面衝擊,高度依賴外需的外向型製造業企業遭受沉重打擊(如圖 3-6)。其中,兩類行業需求端面臨巨大壓力,一是需求彈性較大的可選消費品行業,如服裝、家具、家電、消費電子、汽車[1]等;二是生產所需的資本品行業,如機械設備、儀器儀錶等。

二、國際供應鏈斷鏈風險和國產替代機遇

主要國家工業停工加劇國內工業經濟供應鏈風險。雖然加工貿易在中國對外

1　以汽車行業為例,HIS 等市場機構均大幅下調 2020 年全球汽車銷量預期。雖然中國整車出口量少,但汽車零部件在全球供應鏈體系中佔據重要地位,3 月份全球上百家整車製造工廠停工,對中國的汽車零部件需求銳減。

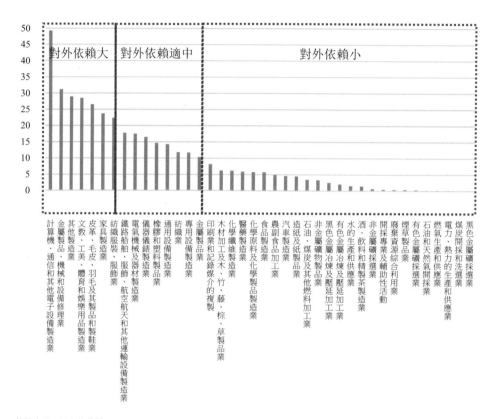

圖 3-6　2019 年大類行業出口交貨值佔營業收入的比重（%）

數據來源：國家統計局。

貿易重點比重不斷下降，但仍然佔到約四分之一，工業重點產業與日本、韓國、歐盟、美國等國家或地區有緊密的供應鏈聯繫（如圖 3-7）。疫情在上述國家和地區的蔓延導致產業鏈上游的原材料、零部件出現斷供、延遲交貨及漲價風險，跨境運輸也面臨重大不確定性，這將制約中國處於產業鏈下游企業的復工。目前看，對疫情國供應商依存度大的行業普遍受到供應衝擊，科技含量和附加值高、短期內無法實現國產替代的高技術產品的下游行業損失最大，如汽車、機械設備、半導體行業等。

　　全球供應鏈斷鏈風險衝擊中國下游產業的同時，疫情在全球爆發客觀上也為國內潛在競爭者切入國內外工業供應鏈創造機遇。為了應對國外供應商停產斷供，中國部分下游企業已經在國內啟動供應鏈替代方案，在 2020 年一季度，國內半導體、

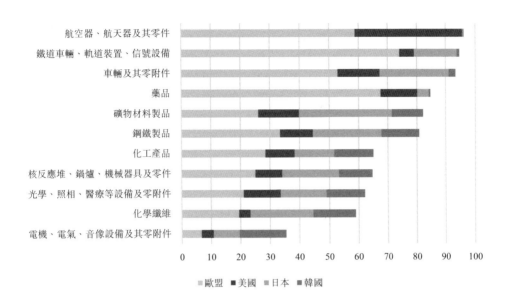

圖 3-7　2019 年部分產品來自主要疫情國的進口金額佔比（%）

數據來源：中國海關總署。

光學影像、汽車零部件、醫療器械等產業的中高端國內供應商訂單明顯增長，自主創新能力較強的元器件、零部件製造商收益最大。在切入國內中高端供應鏈的同時，由於全球疫情蔓延導致部分國家開工遲緩影響，國內工業上游企業可利用率先復工優勢承接國際訂單轉移，更加深入融合全球供應鏈體系。

三、逆全球化趨勢增強風險和國際分工格局調整機遇

近年來，不少發達國家出台了有關 "製造業回歸" 或者重振本國工業的諸多政策措施，以提高國內的就業率和刺激實體經濟發展。在此次疫情的催化作用下，發達國家的製造業回流趨勢可能進一步增強。例如，為了解決美國的口罩供需矛盾，美國政府已經要求相關醫療防護企業回到本土開辦工廠，包括知名口罩生產商 3M

和霍尼韋爾。[1] 若疫情持續較長時間，為了穩定本國就業，加快經濟的恢復，全球產業鏈分工的格局或許發生改變，原來追求高效率、低成本的相對優勢的產業佈局傾向可能出現變化，逆全球化的分工潮流可能大幅增強。在民粹主義、貿易保護主義、新冠肺炎疫情的多重衝擊下，部分工業產能可能有回遷和撤出中國的趨勢。

作為全球第一工業大國和第一貨物貿易大國，中國已經深入融合全球產業鏈分工體系，即便在勞動力成本優勢減弱的情況下，其工業產能、配套體系、技術集成、自主創新、國際市場開拓等方面的綜合能力是發達國家和其他發展中國家難以比擬的。在新冠肺炎疫情中，中國工業龐大的供給能力、快速適應能力和強大的修復能力不僅保障了中國在疫情期間物資供應和社會基本平穩運行，也為全球抗疫提供堅實物質生產保障。疫情彰顯中國工業經濟綜合能力的同時，也提高了中國製造的國際聲譽，疫情後工業國際分工的調整，中國必定是重要參與者。

四、促進重大工業發展戰略加速推進

近年來，中國陸續推出"中國製造 2025"、"高質量發展"、"創新驅動發展"、"製造業走出去"、"智能＋製造業"、"製造業服務化"等重大工業發展戰略，這些戰略主要集中於供給側的結構性改革，是保障中國經濟在中長期快速穩定發展的政策基礎。在未來的 1 至 3 年中，中國重大工業發展戰略會持續深入的推進落實，疫情中暴露的工業經濟短板使得工業轉型升級方向更加明確，助推相關重大工業發展戰略的優化調整和加速推進。

第一，工業數字化轉型加速推進。本次疫情中，數字技術和手段在社會經濟各個方面發揮了巨大作用，成為中國快速控制疫情的重要保障。信息化程度更高的工業部門和企業在疫情中能夠更好地調配要素資源、匹配需求，實現更早復工，有的還抓住機遇實現逆勢增長，充分驗證了工業數字化轉型在應對非經濟衝擊時的重大意義和積極作用，疫情中工業經濟的短板也將成為數字技術應用場景創新、新一代信息技術與工業深度融合的重要依據。第二，工業高質量發展的內涵更加豐富。吸

1　2020 年據 2 月底的外媒報道，美國醫護人員的口罩需求為 3 億隻，但國內僅擁有 3000 萬隻醫用口罩，缺口達到 2.7 億隻。為了解決國內嚴重的口罩供需矛盾，美國正要求亞洲最大的經濟體投資的醫療防護企業回到本土開辦工廠，知名的口罩生產商 3M 和霍尼韋爾也被傳出包括在內。

取疫情爆發初期工業大面積停工停產的教訓，工業經濟的高質量不能僅僅包括結構的優化、資源利用率的提高、技術創新能力的提升、勞動生產率的增長等，還應當提升工業經濟體系整體“韌性”，在面對重大公共衛生事件等非經濟衝擊時實現更加穩定的運行。第三，工業“走出去”加速推進。從此次疫情爆發後的情況看，中國雖然已經是工業對外投資大國，但對全球產能、產業鏈的控制力還是較弱，分散在全球的中國工業企業在疫情爆發初期難以實現有效協同，緩解國內工業停產壓力。針對這些問題，中國工業“走出去”戰略和具體措施要充分考慮非經濟衝擊爆發的風險，逐步增強在全球範圍整合供應鏈、市場、信息的能力，提高不同國家生產基地間物資往來通道的通達性和產能調整的柔性化程度。

第五節　促進工業復工、轉危為機和增強工業經濟韌性的政策思路

雖然全球疫情走勢和持續時間還難以確定，但可以肯定的是會在中長期對中國和世界工業經濟產生深遠影響。因此，近期要重點推進各項促進工業安全復工達產政策的落實；中短期要針對疫情造成的危機和機遇，持續出台應激性政策；中長期則要總結疫情期間國內外工業經濟運行的經驗與教訓，通過政策調整不斷增強工業經濟內在韌性，預防和應對新冠疫情二次反彈，以及今後可能出現的非經濟性衝擊。

一、近期重點推進工業安全復工

一是制定和實施工業企業減負和補償政策。除了常規的減負政策，還要對在疫情中響應國家號召轉產、擴產抗疫物資的企業給予延長稅收減免時間政策、直接補助、精神獎勵。二是充分利用信息技術加強國內外市場監測，實現穩步復產。行業管理部門、政府統計部門、產業研究機構、互利網和大數據公司要加強合作，做好國內外市場信息的實時搜集和分析，為企業在科學制定復工計劃上提供參考。三是

通過政府戰略儲備和家庭儲備性消費緩解抗疫產品供需波動造成的不利影響。總結疫情初期部分產品出現短缺的教訓，在中央和地方兩個層面加強重要物資戰略性儲備，同時，借鑒日本家庭應急物資儲備方案，鼓勵以家庭為單位對相關物資產品進行預防性儲備。四是將工業防疫常態化。在復工過程中嚴格執行防疫抗疫措施，逐步將抗疫工作標準化，並作為安全生產的重要內容在工業行業強制執行。

二、中短期持續出台"轉危為機"政策效應

集中政策力量和相關資源，幫助工業企業化解風險。一是完善不可抗力認證體系，建立專項扶持資金。商務和司法部門共同建立疫情期間工業合同不可抗力認證綠色通道，同時為中小微企業提供相應的法律救助。引導金融機構為工業企業提供應對疫情的融資、保險服務，適度延長貸款期限和降低貸款利率，地方產業基金可適度劃撥一部分用於抗擊疫情的專項救助。二是針對疫情期間部分跨國公司在其他國家加大訂單量或尋求新供應渠道的情況，要在盡快復工基礎上，加強國際對話，爭取理解，強化中國工業綜合競爭優勢，防範疫情造成工業產能加速轉出。三是應對疫情造成人流、物流中斷挑戰，協調相關資源和優化配置，保障關鍵重大工業建設項目、重大科技研發項目和示範項目、重大海外市場開拓項目的穩步推進。

化解風險的同時，把握疫情期間出現的重大機遇推出刺激政策。一是要把握率先復工的機遇，發揮中國產能和配套體系優勢，加強工業生產企業、運輸企業、海關、質量監管部門間的合作，加大醫藥器械、生活必需品等抗疫相關產品出口。二是把握新增市場機遇，配套出台刺激消費政策，持續釋放疫情中出現的新需求和新需求模式，形成工業新增長點。三是把握產業升級機遇，推進智能工廠、工業物聯網、智慧供應鏈、智慧工業園區等項目建設。

三、中長期全方位提升工業經濟韌性

將增強工業經濟韌性建設作為工業高質量發展、工業強國建設、創新驅動工業等重大工業發展戰略的重要內容。工業經濟韌性具體表現為：一是產能韌性，即在特殊情況下能夠迅速擴大產能，並以較小成本恢復產能的能力；二是結構韌性，

即在短時期內實現同一生產線產品結構的調整、同一產品生產區域結構的調整的能力；三是供應鏈韌性，即在不同區域間、不同產業間、不同企業間形成互動化、網絡化、多渠道化供應體系的能力；四是市場韌性，即特殊時期維持工業產品市場總體穩定的能力。

不斷增強工業經濟應急動員能力。本次疫情中，中國工業部門整體表現出強大的抗打擊能力、快速適應能力和修復能力，但在疫情爆發初期仍然暴露出一些短板和不足，部分地區、部分產品出現較為嚴重的短期短缺。針對此類問題，要建設和完善工業應急動員制度，在出現嚴重非經濟衝擊時，能夠從國家層面實現關鍵性物資、要素的優化配置，避免資源在部分領域、區域的擁擠造成浪費，保障關鍵工業部門的運轉正常。同時，不同行業、不同層面要定期舉辦應對主要非經濟衝擊的演習，模擬在公共衛生事件、恐怖襲擊、自然災害情況下維持工業生產和物資流通的情境，不斷發現漏洞並及時修正。

不斷增強工業經濟生產儲備能力和應急政策執行能力。新建重大工業項目儘量向中西部等欠發達地區傾斜，優化中國工業物質儲備結構和佈局，提升工業集聚地區物流協調能力。政策制定機構要對主要非經濟衝擊制定應急政策體系預案，一旦衝擊出現則啟動相應機制、執行相應應急性政策。

不斷增強特殊時期國際物資調配和國際產能合作能力。非經濟衝擊對各個國家和地區的衝擊和影響通常不同步，例如本次疫情最早在中國和其他東亞、東南亞國家爆發，隨後才是歐洲、大洋洲和北美、南美地區。利用非經濟衝擊這一特性，是可以借助國際物資調配和國際產能合作降低衝擊對工業經濟供給和需求的影響。要開展國際間合作，建立緊急情況下跨國物資的快速通關體制和運輸通道。同時，在一帶一路沿線國家工業投資、工業基礎設施建設、工業產能佈局中要充分考慮非經濟衝擊出現的可能性，保障在衝擊發生後物資的正常流通，以及全球各地生產基地間的產能調配。

（本章執筆：史丹、鄧洲、黃婭娜、于暢）

參考文獻

[1] Aslam A., Boz E., Cerutti E., et al., "The Slowdown in Global Trade: A Symptom of a Weak Recovery?", *IMF Economic Review*, 2018, 66(3): 440–479.

[2] Baldwin R., Lopez–Gonzalez J., "Supply–chain Trade: A Portrait of Global Patterns and Several Testable Hypotheses", *The World Economy*, 2015, 38(11): 1682–1721.

[3] Morgan Stanley, "Global Macro Briefing: The Great Covid–19 Recession aka GCR", New York, 2020, April 3.

[4] Shen M., Peng Z., Xiao Y., Zhang L., "Modelling the Epidemic Trend of the 2019 Novel Coronavirus Outbreak in China", *BioRxiv*, 2020, https://biorxiv.org/content/10.1101/2020.01. 23.916726v1.

[5] Stephen M. K., Christine T., Edward G., Yonatan H., Gradand M L., "Projecting the Transmission Dynamics of SARS–CoV–2 through the Post–pandemic Period", *Science*, 2020, https://science.sciencemag.org/content/early/2020/04/24/science.abb5793.

[6] 安國俊、賈馥瑋:〈新冠疫情對經濟的影響分析及對策研究〉,《金融理論與實踐》, 2020 年第三期,頁 45–51。

[7] 賀俊:〈從效率到安全:疫情衝擊下的全球供應鏈調整及應對〉,《學習與探索》,2020 年 4 月 28 日,頁 1–11。http://kns.cnki.net/kcms/detail/23.1049.C.20200422.0943.002. html.

[8] IMF:〈世界經濟展望〉,2020 年 4 月,https://www.imf.org/zh/Publications/WEO/ Issues/2020/04/14/weo–april–2020, 2020–4–14。

[9] 李曉、陳煜:〈疫情衝擊下的世界經濟與中國對策〉,《東北亞論壇》,2020 年 4 月 29 日,頁 1–15。https://doi.org/10.13654/j.cnki.naf.2020.03.004.

[10] 羅志恆:〈新冠疫情對經濟、資本市場和國家治理的影響及應對〉,《金融經濟》,2020 年第二期,頁 8–15。

[11] 彭支偉、張伯偉:〈中國國際分工收益的演變及其決定因素分解〉,《中國工業經濟》, 2018 年第六期,頁 62–80。

[12] 佟家棟、謝丹陽、包群、黃群慧、李向陽、劉志彪、金碚、余淼傑、王孝松:〈"逆全球化" 與實體經濟轉型升級筆談〉,《中國工業經濟》,2017 年第六期,頁 5–59。

第四章

從效率到安全：疫情衝擊下的全球供應鏈調整及應對

全球超過三分之二的貿易是基於全球分工生產的產業組織形式實現的，即最終產品在最後組裝之前其原材料或零部件已經跨越了一國或多國的邊界。[1] 全球化生產通過全球資源再配置以及知識的擴散和重新組合，提高了全球經濟的配置效率和動態效率，成為過去 20 年全球經濟增長的重要動力。然而，由於價值分配結構、各國要素相對成本變動以及部分國家不斷升級的逆全球化政策等原因，近年來全球生產體系整體上開始進入萎縮和調整階段。

雖然疫情本身是一個外生的短期衝擊，並不能改變各國的成本結構和技術能力，但疫情促使美歐真正開始在戰略層面對供應鏈安全因素給予高度關注，從而強化了美歐改變 "以中國為中心的全球供應鏈體系" 的緊迫感，並與中美貿易摩擦等因素交互作用，推動全球供應鏈體系朝著多元化和分散化的方向發展。

新冠肺炎疫情之後的全球供應鏈調整，很可能由以下兩個導火索引起：一是製藥、醫療器械和防護用品行業的本地化生產，二是美國對中國高技術行業和企業的打壓升級。兩個因素都會進一步加劇保護主義，並通過示範效應和反制效應，引發全球供應鏈的加速調整。面對全球供應鏈本地化和多元化的挑戰，短期內中國要加快供應鏈恢復的節奏和效率，長期看要以 "融入本地化" 為戰略主線，順應全球供應鏈本地化和多元化的要求，確保中國製造業在全球供應鏈調整過程中損失小、獲益大。

第一節　全球供應鏈調整及其經濟學邏輯

從直接投資的規模變動和全球供應鏈[2]結構調整的特徵看，2000 年以來全球供應鏈調整大致經歷了兩個階段，即 2007 年（金融危機）以前的全球供應鏈深化階段和

1　World Bank, "GLOBAL VALUE CHAIN DEVELOPMENT REPORT 2019", 2019, https://www.worldbank.org/en/topic/trade/publication/global-value-chain-development-report-2019.

2　產業鏈、供應鏈和價值鏈是三個相互聯繫但並未被嚴格界定的概念。我們認為，供應鏈指的是企業和產業之間基於投入產出的交易關係，價值鏈指的是生產、研發、營銷、融資等價值創造活動之間的互動關係，而產業鏈是一個包含了供應鏈和價值鏈的更一般的概念。

2007 年以後全球供應鏈的逐漸萎縮和封閉階段：（1）在全球供應鏈深化階段，全球直接投資快速增長，而在全球供應鏈萎縮階段，全球直接投資的增速明顯放緩。自 2008 年以後，全球外國直接投資增長乏力。如果扣除美國稅收改革和不穩定的資金流動等一次性因素，2008 年以後的 10 年間全球外國直接投資年均增長率僅為 1%；2018 年，全球外國直接投資流量減少 13%，降至 1.3 萬億美元，為全球外國直接投資流量連續第三年下降。而 2000 至 2007 年間，全球外國直接投資年均增長率為 8%，2000 年以前更是超過 20%。[1]（2）在全球供應鏈深化階段，全球供應鏈的參與度持續上升，而在金融危機以後的全球供應鏈萎縮階段，全球供應鏈的參與度總體上呈現下降趨勢。根據世界銀行對全球價值鏈[2]的分類，一國增加值可以分解為純國內增加值、傳統貿易（一種產品在一個國家生產，在另一個國家消費）、基於簡單全球價值鏈的貿易（最終產品在生產之前其原材料或零部件跨越了一國國界）以及複雜全球價值鏈的貿易（最終產品在生產之前其原材料或零部件跨越了多個國界）。據此分類進行測算，則從 2000 至 2007 年，全球價值鏈特別是複雜價值鏈的增長速度超過了全球 GDP 其他組成部分的增速。金融危機期間全球價值鏈出現萎縮，之後的 2010 至 2011 年出現快速復甦，但此後（除 2017 年外）基本上又呈現放緩的態勢。[3]

表 4-1 前向全球價值鏈參與度指數變動（增加值比重）（%）

	全球價值鏈參與度			簡單全球價值鏈			複雜全球價值鏈		
	2000 年	2007 年	2017 年	2000 年	2007 年	2017 年	2000 年	2007 年	2017 年
高技術部門	25.3	30.7	28.8	13.8	16.1	15.6	11.5	14.6	13.2
中技術部門	22.5	21.6	23.7	14.5	16.4	14.7	8.0	9.7	9.1
低技術部門	12.4	15.8	15.3	7.9	9.9	9.5	4.5	5.9	5.8

數據來源：World Bank, "GLOBAL VALUE CHAIN DEVELOPMENT REPORT 2019", https://www.worldbank.org/en/topic/trade/publication/global-value-chain-development-report-2019.

---

1 聯合國貿發組織：《世界投資報告 2019》，2019，https://unctad.org/en/PublicationsLibrary/wir2019_overview_ch.pdf。

2 世界銀行報告雖然使用了價值鏈的概念，但是由於其分析數據主要是基於投入產出意義上的增加值，因此我們認為其實際上分析的是供應鏈，而不是價值鏈問題。

3 World Bank, "GLOBAL VALUE CHAIN DEVELOPMENT REPORT 2019".

全球直接投資增速和全球供應鏈參與度下降表明，驅動全球供應鏈開放的因素正在弱化，而抑制全球供應鏈開放的因素在逐步強化。在 2008 年金融危機以前的 20 多年中，在多種技術經濟因素的共同作用下，全球貿易和投資開放經歷了產業間分工向產業內分工、進而向產品內分工不斷深化的過程，供應鏈體系變得越來越複雜和全球化。

推動這種結構性變化的原因，一是全球基礎設施的完善和信息技術的快速發展，大大降低了跨國生產和貿易的運輸、管理成本，使得商品的可交易性大幅提升；二是電子信息技術的發展以及主要工業國家的技術創新，驅動了產品設計和生產的模塊化，製造業垂直分解和全球分散生產的經濟性大大提高；三是在以上兩種因素所驅動的製造業全球化的效率空間被打開的背景下，各國紛紛採取了更加開放的貿易和投資政策，從而進一步加速了全球製造業的開放和分工。特別是在電子信息、汽車等複雜產品領域，由於產品架構變得越來越複雜，生產製造過程需要更高的專業技能，以及全球化市場要求企業擁有更靈活的產能，都促使發達國家的製造業越來越多地採用外包的形式進行全球化採購和生產，從而形成了供應商利用其供應商、而供應商又利用自己的供應商網絡進行多階段生產的複雜全球生產體系。

然而金融危機以後，逆全球化的趨勢不斷加強：一是受金融危機衝擊，美國希望通過減稅、推廣智能製造、採取更加保護性的貿易投資政策來促進製造業回流，從而強化本國經濟增長和就業創造的動力。二是特朗普上台以後，為了遏制中國的技術進步和產業趕超，不斷以信息安全和產業安全為由，採取關稅、非關稅甚至政治手段破壞以 WTO 為中心的多邊貿易和投資體制，進一步推動了逆全球化和保護主義的興起，導致全球供應鏈朝著萎縮和封閉的方向發展。而新冠肺炎疫情的爆發及其導致的全球供應鏈破壞，會進一步加劇美歐對供應鏈安全的擔憂，從而促使其在保障產業鏈安全和公共衛生安全的政策口號下，進一步推動供應鏈的本地化和採購地多元化，從而加速推動全球供應鏈的封閉和萎縮。

如何從理論層面理解金融危機前後影響全球製造業供應鏈佈局的兩種力量的相對變化，以及金融危機前後美國對全球供應鏈體系的政策導向變化呢？經濟學關於貿易自由化和貿易保護的爭論從來沒有停止過。經典研究之間的交鋒主要不是在邏輯和主要影響變量上存在認識差異，而是對影響貿易福利的關鍵假設存在分歧。對於理解 2000 年以來美國全球貿易和投資政策的變化，以下兩種理論尤為重要。以

Grossman、Helpman、Feenstra 為代表的主張支持全球化供應鏈的學者認為，以外包為主要形式的貿易全球化有利於增進美國福利。外包使美國原先非貿易活動轉化成為貿易性服務，同時美國向中國、印度等發展中國家外包出去或進口的產品一般是低價值產品，而美國由於掌握核心技術、複雜集成能力和品牌能力因而向全球提供高附加值的產品或服務，因此，如果計算外包過程中美國進出口的貿易淨值，美國必然是全球化生產的贏家。雖然他們也指出全球外包對美國的可能風險，即外包過程中的技術溢出可能使中國、印度等發展中國家的技術能力提升，從而對美國的貿易條件產生不利影響，但由於美國可以通過不斷開發新的技術和新產品來提高經濟效率，因而後發國家對美國的貿易損害總體上小於美國的貿易福利。[1]

然而正是在這一點上，Samuelson 等 "有條件保護論" 學者提出了異議。他們認為，全球化並不總是提高美國的福利，在特定的條件下，全球化會損害美國的福利。這裏所謂的特定條件主要是指美國與其貿易夥伴國的相對技術能力。Samuelson 分析了美中自由貿易的三種可能情境：一是互惠，二是美國單方受益中方受損，三是中國通過貿易改進生產率而單方面享受到自由貿易的益處，即如果中國通過技術學習和趕超以更快的速度提高生產率的話，則中美的生產分工會損害美國的福利。[2] 按照這樣的理論進行政策推論，則一方面美國要加快推動新產品和新產業的發展，從而確保自身的生產率優勢，另一方面，美國在利用全球供應鏈體系的過程中要儘可能通過戰略性的政策抑制後發國家的技術趕超，而後者恰恰是特朗普執政期間對華經濟政策的核心內容。因此可以說，對後發國家與發達國家（主要是中美）技術能力提升的相對速度的不同判斷，分別構成了主張和反對供應鏈全球化的經濟學理論依據。而中國在長期技術學習和技術能力積累的基礎上，正向設計能力和原始創新能力顯著提升，從而不斷在高技術、高附加值產品領域對美國形成替代，以及相應的美國對中國技術趕超的遏制，是美國推動保護主義和逆全球化的根本原因。需要補充的一點是，主流經濟學主要是從勞動成本、技術能力、市場規模等相對穩定的 "慣常性" 的成本和收益因素來分析供應鏈全球化問題的，而管理學則進一步將

1　Grossman, Gene and Elhanan Helpman, "Outsourcing in a Global Economy," *Review of Economic Studies*, 2005, Vol.72, No.1:135–159; Feenstra, Robert C., "Integration of Trade and Disintegration of Production in the Global Economy," *Journal of Economic Perspectives*, 1998, Vol. 12, No.4: 31–50.

2　Samuelson, Paul A., "Where Ricardo and Mill Rebut and Confirm Arguments of Mainstream Economists Supporting Globalization," *Journal of Economic Perspectives*, June 2004, pp.135–146.

突發性的風險因素（如地震、新冠肺炎疫情等）以及相應的供應鏈安全問題引入到全球供應鏈佈局和調整分析中，對於更加全面理解全球供應鏈調整問題形成了重要的理論補充。

第二節　從效率到安全：
疫情加速全球供應鏈本地化和多元化

　　新冠肺炎疫情對全球供應鏈的影響表現為相互聯繫的三個層面，一是由於上游停工停產以及物流承載量和物流效率下降而導致的訂單交付延遲，二是由於上游供應中斷或下游需求萎縮導致的生產規模和生產效率下降，三是企業出於對供應鏈安全的戰略性考慮而對供應鏈結構和關係進行的調整，包括增加或替換供應商／採購商、調整全球投資佈局等。疫情對全球供應鏈的影響，在短期主要表現為訂單交付遲滯和生產規模下降，而在長期則主要表現為供應鏈結構和關係的深層次變化。

一、短期影響：全球供應鏈中斷風險不斷加大

　　根據疫情擴散以及各國應對疫情政策的變化，疫情對全球供應鏈的影響大致會經歷三個階段。第一階段是 2019 年底中國國內疫情開始逐步惡化，到 2020 年 3 月中旬中國國內疫情得到相對有效控制但疫情在國際範圍大規模爆發的階段。在該階段，當中國供應鏈按下暫停鍵後，不僅國內的供應鏈體系出現放緩甚至阻斷，並且很快對全球供應網絡形成衝擊。停工停產之外，運力短缺（特別是是海運和空運）進一步惡化了中國供應鏈阻滯對全球供應鏈的衝擊。根據全球最大的商業協作平台 Tradeshift 交易量支付數據的分析，剔除 2020 年 1 到 2 月份春節前後的影響，2 月 16 日至 23 日的一週內，中國的總體貿易活動下降了 56%，中國企業之間的訂單下降了 60%，而中國企業與國際公司之間的交易數量下降了 50%。根據 2020 年 2 月中旬美國供應鏈管理協會對美國企業的問卷調查結果，62% 的受訪企業遇到來自中

國的訂單交付延誤，53% 的受訪企業難以從中國獲取供應鏈信息，48% 的受訪企業在中國境內的貨物運輸出現延誤，46% 的受訪企業在中國港口裝貨出現延誤。2 月初，由於來自中國的零部件短缺，韓國現代汽車在國內的生產線大面積停產，日產汽車在國內的生產線也在 2 月中旬暫停了部分生產線。由於來自中國的零部件供應中斷，日產和豐田汽車在日本的一些工廠不得不停產。美歐手機、電腦等消費電子企業來自中國的平均訂單交付時間較正常時期延誤 4 到 6 週。總體上看，該階段疫情對全球供應鏈的影響表現為中國國內供應鏈的阻斷和中國對全球供應鏈的單向影響，這種單向的負面影響主要體現為延遲交付和訂單萎縮。

第二階段是進入 3 月中旬以後海外供應鏈梗阻與需求回落反過來影響中國的供應鏈安全和效率。進入 3 月份後，日本、韓國，進而意大利、德國、法國、美國等大部分歐洲、北美地區都面臨巨大的疫情考驗和挑戰。3 月中旬，已經有多家汽車公司紛紛關閉了在歐洲、北美的生產。雖然中國復工開工率快速恢復——根據 3 月 17 日工信部對外發佈的調查數據，除湖北外，全國規模以上工業企業復工率達到 95%，其中浙江、江蘇、上海、山東、廣西、重慶等已接近 100%，但由於國外供應鏈中斷和訂單萎縮，國際疫情大規模爆發對供應鏈的負面影響開始"倒灌"中國，中國供應鏈與全球供應鏈開始產生交互性的負面影響。與此同時，由於高度分散和複雜的全球生產網絡，企業和政府很難監測供應鏈上存在的潛在風險點，使得企業和政府都很難為維持穩定的供應鏈而做出準確的判斷和決策。由於疫情在全球範圍內的爆發，以及對疫情持續週期預期的不斷惡化，全球的生產和投資開始大規模萎縮。根據聯合國貿發組織 3 月份的預測，[1] 新冠疫情將使得全球的對外直接投資下降 40%，達到過去 20 年的最低水平。

隨著疫情在全球的擴散和影響累積，疫情對全球供應鏈的影響逐步從第二階段向第三階段演進，即疫情對全球供應鏈影響的性質和方向發生了重要變化，不僅導致更加嚴重的貨物交付遲滯和訂單萎縮，而且可能使得全球供應鏈出現大範圍中斷，從而在供應鏈結構和供應鏈關係層面對全球供應鏈體系產生根本性的影響。根據 2020 年 3 月中旬美國供應鏈管理協會對美國企業的問卷調查結果，36% 的受訪企業表示遇到了供應鏈破壞問題，28% 的受訪企業表示正在國際上尋找替代性的供應

1　UNCTAD, *Investment Policy Monitor*, 2020, No.23, https://unctad.org/en/PublicationsLibrary/diaepcbinf2020d1_en.pdf.

商（疫情初期該數值為 8%）。可見，隨著疫情的持續擴散，疫情對全球供應鏈的影響正逐步由短期影響向長期影響升級。

二、長期影響：加速全球供應鏈本地化和多元化進程

雖然疫情本身是一個外生的短期衝擊，疫情並未改變各國的成本結構和技術能力，各國的要素成本和中美貿易摩擦走向仍然是未來影響全球供應鏈走向的最主要因素，但疫情的長期影響在於，促使美歐企業家、研究者和政策制定者真正開始在戰略層面對供應鏈安全因素給予高度的關注，具體表現為加快改變目前所謂的"以中國為中心的全球供應鏈體系"格局。從長期看，美歐的供應鏈戰略調整必然會對中國供應鏈的優勢地位產生深層次的影響，而這也正是未來中國戰略調整和政策部署最需要關注的問題點。

雖然美國主導著全球創新體系，但不可否認，全球製造體系的中心卻在中國──中國是全球最大的製造中心，工業增加值佔全球工業增加值比重近四分之一，中國在全球中間品市場的份額高達三分之一，中國是 120 多個國家的最大貿易夥伴，以及大約 65 個國家的第一大進口來源國。加入 WTO 以來，中國在全球供應鏈體系中的主導地位逐步形成並不斷強化，而且呈現出中國對全球供應鏈的依賴度不斷下降，而全球供應鏈對中國供應鏈的依賴度逐步上升的趨勢。全球價值鏈分析顯示，儘管美國和德國仍然是複雜全球價值鏈網絡中最重要的樞紐，但作為傳統貿易和簡單全球價值鏈網絡供需中心的中國，在全球生產網絡中發揮了越來越重要的作用。[1]

聯合國商品貿易數據庫的廣義經濟分類法（BEC）將國際貿易商品分為中間品、資本品和消費品。2003 至 2018 年期間，中國三類商品進出口規模佔全球同類商品進出口規模的比重均呈現顯著上升的態勢：其中，中間品、資本品和消費品進口額佔比分別上升了 7.8、2.1 和 3.1 個百分點，出口額佔比則分別上升 7.1、15.2 和 7.6 個百分點。從中國進出口商品結構來看，2003 至 2018 年期間，中國中間品和資本品進出口額合計佔進出口總額的比重下降了 2.7 個百分點，出口額比重則上升了 13

---

1   World Bank, "GLOBAL VALUE CHAIN DEVELOPMENT REPORT 2019".

圖 4-1　中國中間品和資本品進出口規模佔全球比重變化情況（%）

數據來源：聯合國商品貿易數據庫。

個百分點。這顯示中國在進一步融入全球供應鏈的同時，逐漸從依賴外部投入，轉向對外輸出供應能力（見圖 4-1）。此外，中國幾乎每一個地區都深度嵌入在全球供應鏈體系中，以此次中國疫情爆發的中心區武漢為例，根據美國商務信息公司鄧白氏的統計，全球約有 5.1 萬家公司在武漢擁有一家或多家直接供應商，《財富》一千強企業中有 938 家在武漢地區擁有一級或二級供應商。

　　由於中國企業在亞洲、歐洲和北美三大生產體系的廣泛、深度參與，各國的供應鏈安全甚至公共衛生安全（如製藥和防護用品）都高度依靠中國供應鏈。早在 2020 年 2 月中旬全球疫情大爆發以前，根據世界衛生組織的預測，全球對醫療防護物資的需求量就已經增長了 100 倍，價格上漲了 20 倍。到 3 月中旬全球疫情開始進入大爆發階段，歐洲、亞洲在內的多個國家禁止口罩、手套、防護服等關鍵防護物品的出口，美歐部分國家甚至出現了截留其他國家防護用品的現象，防疫物資短缺可見一斑。而到了 3 月中旬以後，中國企業開始逐步復工復產，中國幾乎成為解決全球防護物資短缺的唯一希望。也就是說，在疫情爆發的第一階段，中國供應鏈阻斷造成全球供應鏈的阻斷，而在疫情爆發的第二階段，全球公共衛生安全又高度依賴中國的醫療物資供應。在這樣的背景下，美歐政府和企業對其供應鏈安全和公共衛生安全高度依賴中國製造的顧慮不斷升溫。法國經濟和財政部長布魯諾・勒梅爾甚至提出："這次疫情是全球化的'遊戲改變者'，因為它暴露了國際供應鏈的脆弱性。疫情暴露出對中國的‘不負責任和不合理的’依賴。全球供應關係，特別是醫療和汽車行業的供應關係，需要重新考慮。”因此，疫情對全球供應鏈體系的長期影響主要表現為，供應鏈安全逐漸成為美歐企業調整全球產業鏈佈局的重要商業訴求，而保障國內的產業安全和公共衛生安全，成為未來美歐政府政策調整的重要導向。

　　未來美歐提高其供應鏈安全性的戰略措施主要包括兩個層面，一方面是利用現代製造技術提高其生產製造的反應性。在新冠肺炎疫情大規模爆發期間，美歐高技術公司表現出極高的生產靈活性，為全球製造企業樹立了標桿。西門子、通用電氣、波音等公司紛紛利用 3D 打印技術生產口罩。全球最大的 3D 打印機供應商惠普，利用其在美國和西班牙的打印機群生產口罩調整器和防護面罩等醫用器材。航空航天零部件企業 Aenium 在約兩週時間內就能夠轉產並提供急需的醫用口罩過濾層，該公司利用其生產超輕金屬零件的激光技術開發了一種由醫用級別聚合物製成的四層過濾層，可以放進惠普開發的 3D 打印口罩中，也可以用於呼吸機。可以預期，疫情之後美歐國家和企業將進一步加快推動 3D 打印、智能製造、可重構生產系統等新型製造技術的應用和推廣，從而提高其供應鏈對重大疫情和災害的及時調整和反應能力。

　　另一方面，更重要的，美歐將推動改變目前“以中國為中心的全球供應鏈體系”，即通過調整全球供應鏈結構來提升其供應鏈安全性，具體包括：一是推動多元化的全球採購，即通過增加中國大陸以外採購來源地或者通過多國投資，來提高其供應鏈的多元性，降低從中國集中採購的風險。如在越南、印度尼西亞、泰國、印度等其他亞洲經濟體增加採購和生產。美歐國家擴大多元化採購的一個重要形式是通過擴大周邊國家的生產和供應，在增加供應鏈多元性的同時縮短供應鏈，從而在提高供應鏈安全性的同時也提升供應鏈的效率，如美國將採購和生產更多地轉移到墨西哥、巴西等拉美國家，歐洲將採購和生產更多地轉移到東歐或土耳其。美國商務信息公司鄧白氏甚至利用聯合國的經濟信息數據計算出美國從中國進口最多的產品以及最有希望替代這些進口產品的供應國（見表 4–2）。

表 4-2　美國從中國進口最多的產品以及可能的替代供應國

產品	可能的替代供應國
電力機械、裝備及零部件	巴西
核反應堆、鍋爐及零部件	智利、新加坡
家具及零部件	墨西哥
玩具、遊戲及運動必需品	墨西哥、巴西
塑料及塑料製品	墨西哥、巴西
摩托車及零部件	智利、哥倫比亞、印度
服裝及服裝配件	巴西、加拿大
光學、醫療和外科器械	哥倫比亞、巴西、印度

數據來源：美國鄧白氏公司網站，https://www.dnb.com。

　　二是促進製造業回流，加強本地化生產。事實上，在全球新冠肺炎疫情爆發之前美歐已經出現了強烈的本地化製造的政策訴求。2019 年初期德國政府發佈的《國家工業戰略 2030》以及德法共同發佈的《面向 21 世紀歐洲工業政策宣言》，都將供應鏈安全和生產本地化作為產業政策調整的重要內容。而促進製造業回流更是美國發起中美貿易摩擦的重要政策目標。2016 年特朗普競選總統時就提出讓製造業回流美國，為此推出稅改方案，鼓勵跨國公司將業務搬回美國。然而美歐的政策調整是否真的會導致製造業的大規模回流呢？以美國為例，雖然在特朗普稅收和貿易政策調整的驅動下，有些美國企業為了滿足國內需求將部分製造產能回遷至美國，但迄今為止並沒有出現美國製造業企業大規模回流的趨勢。截至 2019 年底，美國製造業就業佔比 8.5%，較上年回落了 0.1 個百分點，較奧巴馬任內的平均值下降 0.3 個百分點，為過去 80 年來最低水平。截至 2019 年第三季度末，美國製造業增加值佔 GDP 的比重為 11.0%，較上年回落 0.3 個百分點，較奧巴馬任內的平均值低 0.8 個百分點，創下了戰後以來的新低。另外，2019 年 8 月美中貿易全國委員會發佈的《中國商業環境調查報告》顯示，絕大部分美國企業會選擇繼續留在中國市場，即使向外轉移投資，更多企業也是選擇搬到其他地區，選擇搬回美國的企業比重較 2018 年甚至下降了 1 個百分點。

因此，各國要素成本變化和中美貿易摩擦將推動全球供應鏈向著分散化和本地化的方向發展，而新冠肺炎疫情將進一步加速這個過程。但總體上看，由於美歐國家的高製造成本，製造業特別是勞動密集型和資本密集型製造業大規模回流的可能性並不大，但分散化生產或供應鏈多元化將成為未來全球供應鏈調整的重要方向。過去幾十年，由於中國製造業的快速崛起，全球供應鏈集中化的趨勢不斷加強。我們利用 29 個國家和地區（28 個主要工業國家，其他國家視為 1 個地區）的工業品出口份額計算了全球工業品出口的 HHI 指數，顯示中國工業品出口佔全球的份額，以及全球工業品出口的 HHI 指數均呈現上升趨勢，特別是 2000 年中國加入 WTO 以後，全球 HHI 指數上升的趨勢更加明顯（見圖 4-2）。但未來隨著中國要素成本上升、美國貿易政策調整和新冠肺炎疫情等因素的影響，越來越凸顯的產業鏈安全因素將驅動全球供應鏈朝著分散化的方向調整和演進，HHI 指數預計將出現下降趨勢。特別地，美國推動製造業向墨西哥、巴西等拉美國家轉移，德法英等歐洲國家推動製造業向東歐和土耳其等國家轉移的 "周邊化生產"，很可能成為未來美歐推動全球供應鏈本地化和生產化的戰略重點：一方面這些國家地理上毗鄰，可以提高供應鏈的經濟效率，另一方面，政治上美歐工業強國對這些國家具有很強的影響力，可以確保其供應鏈安全。

圖 4-2　中國中間品和資本品進出口規模佔全球比重變化情況（%）

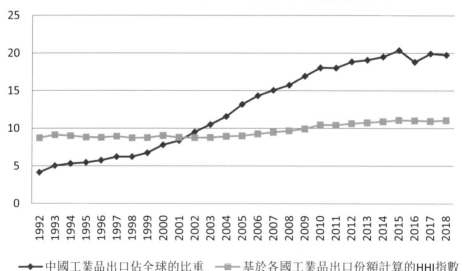

————中國工業品出口佔全球的比重　————基於各國工業品出口份額計算的HHI指數

數據來源：世界銀行和國家統計局。

第三節 多米諾效應：
對未來全球供應鏈調整機制的猜想

在分析了新冠肺炎疫情對全球供應鏈調整可能產生的影響後，一個隨之而來的有趣問題是，對供應鏈安全的擔憂是否真的會驅動美歐政府和企業推動全球供應鏈調整？事實上，外生衝擊對全球供應鏈的影響並不是第一次發生。2011 年日本福島發生了毀滅性的海嘯和地震，而位於福島的很多高科技公司是全球供應鏈的關鍵環節部分——世界上約 22% 的 300 毫米半導體矽晶片、60% 的關鍵汽車零部件以及大量用於平板液晶顯示器的鋰電池化學品和導電膜由位於福島的日本製造商生產，這些製造商很多是美歐企業的單一採購來源。日本福島地震對美歐供應鏈產生衝擊時，美歐的學術界和企業界同樣存在著關於供應鏈安全的激烈討論。然而當福島日本企業逐漸恢復生產後，供應鏈安全並沒有驅動美歐企業實質性的推動供應鏈多元化。為什麼美歐高管們事實上並沒有從福島地震和核事故中吸取教訓？原因是作為逐利資本的美歐企業並不會為極小概率事件犧牲供應鏈效率和競爭力。

因此我們不禁要問，此次對於供應鏈安全的擔憂是否也只是新冠肺炎疫情大規模爆發導致全球供應鏈暫時性中斷時美歐企業的一時喧囂，而一旦未來全球新冠肺炎疫情得到有效控制、全球供應鏈恢復正常運轉，美歐企業仍然會延續既有的供應鏈佈局思路，所謂的以中國為中心的全球供應鏈體系並不會發生根本性的改變？我們的答案是，新冠肺炎疫情極可能是全球供應鏈體系調整的一個重要轉折點，即新冠肺炎疫情會促使美歐政府和更多的美歐企業改造其供應鏈，與中美貿易摩擦等因素交互作用，推動全球供應鏈體系朝著多元化和分散化的方向發展。而新冠肺炎疫情之後的全球供應鏈調整，很可能由以下兩個導火索引起：一是製藥、醫療器械和防護用品行業的本地化生產，二是美國對中國高技術行業和企業的打壓升級，這兩個事件都會加劇美歐貿易和投資政策的保護主義，並通過示範效應和反制效應，引發全球供應鏈的加速調整。

首先，新冠肺炎疫情將推動製藥和醫療器械等行業首先啟動全球供應鏈的本地化，而美歐的公共衛生安全顧慮極可能向產業安全甚至國家安全擴大，從而出現供應鏈安全問題的泛化現象，並最終導致逆全球化進程和全球供應鏈體系本地化的加速。藥品、呼吸機、防護服、醫用口罩、手套、消毒液等醫療物資短缺成為各國疫情防護過程中面臨的最為嚴峻的挑戰，就連美國、德國這樣的製造業強國也出現了需要向中國採購和求助的現象，甚至不惜違背國際規則通過截留別國援助物資和訂單的方式來保障本國的醫療防護用品供應。疫情爆發期間，美國美國食品藥品監督管理局（FDA）局長史蒂芬·哈恩在一份聲明中稱，美國有 20 種藥物短缺，而這些藥物的原料藥或者成品來自中國。根據中國商務部統計，2019 年美國進口的 95% 的布洛芬、91% 的皮質醇、70% 的對乙醯氨基酚、40% 的肝素和 45% 的盤尼西林的製藥原料、中間品或最終品來自中國廠商。美國 FDA 在 2018 年時曾做過統計，美國市場上的藥品中，原料藥有 88% 來自海外，中國的份額佔到 14%，24% 的成品藥和31% 的原料藥來自印度，但印度製藥原料 70% 又來自於中國。鑒於公共衛生安全，FDA 前局長曾向參議院作專題報告，建議國會賦予 FDA 相關權限，以強制要求美國醫藥行業的各家企業評估並提交其供應鏈面臨的潛在風險。法國經濟和財政部長布魯諾·勒梅爾也公開發言：“我們不能繼續在 80% 到 85% 的藥物活性成分上依賴中國。”可以預期，疫情過後，來自於公共衛生安全的政治壓力會驅使歐美政府加快推動製藥和醫療器械產業生產製造的本地化。而一旦這些產業在美歐的本地化生產成為趨勢並逐步形成高效率的本地產業鏈，這些產業全球供應鏈調整的示範效應很可能誘使美歐產業政策和商業政策隨之進行調整，從而形成由點到面逐步擴散的全球供應鏈分散化和本地化格局。

其次，新冠疫情過後全球供應鏈加速本地化和分散化的另一個重要原因是美國將以產業安全和信息安全為由，進一步升級對中國高技術產業的打壓。新冠疫情以前美國已經開始通過加增關稅和針對性的打擊中國高技術產業和企業，抑制中國高技術產業的發展和技術趕超。可以說，美國發起貿易戰的根本原因不是消滅貿易逆差，而是中美從貿易中獲得利益的相對份額的變化，而這種變化正如前文 Samuelson提出的“有條件保護理論”所揭示的那樣，是由兩國之間的相對技術能力決定的，因此對中國的技術打壓是美國進一步推動中美貿易摩擦的根本目標，也是未來全球供應鏈調整的根本推動力。根據世界知識產權組織（WIPO）發佈的最新報告，2019年中國通過世界知識產權組織的《專利合作條約》體系（PCT）共提交了 58990 件申請（2018 年 53345 件），自 1978 年 PCT 運行以來首次超越美國，位列全球第一。而美國 2019 年以 57840 件申請（2018 年 56142 件）位列全球第二。針對中國不斷加快的技術趕超節奏，一旦疫情得到有效控制，美國的政策重點必將加速由疫情控制轉向對華遏制。特朗普上台後，美國迅速將供應鏈安全問題上升為國家層面的產業鏈安全問題，在遏制中國的新戰略焦點下，美國政府改變了各部門分散應對不同領域內產業鏈安全事項的傳統體系，推動形成"政府一體化"（whole-of-government）體系，通過設立和強化相關跨部門機構（如外資投資委員會、供應鏈工作組）以及建立經常性跨部門協調機制（如新興和基礎技術預見機制）等措施，將產業鏈安全問題系統納入各部門政策，確保所有部門的整體視野和全面協同。在不斷強化其產業鏈安全管理體系的同時，美國打擊中國高技術產業的節奏不斷加快、力度不斷加大。一旦美國針對中國高技術產業特別是 5G 的技術打壓觸碰到中國維護技術進步和產業發展的核心利益，則中美在 ICT 等高技術產業領域的壓制和反制，很可能逐步升級為更大範圍的技術戰和貿易戰，從而加速全球供應鏈、價值鏈和創新鏈的重新佈局調整。

也就是說，新冠肺炎疫情所推動的全球製藥和醫療器械產業全球供應鏈重構，以及美國對中國高技術產業的強力打壓，很可能強化全球保護主義，並促進形成越來越多的行業供應鏈本地化和分散化的多米諾效應。

第四節　應對全球供應鏈調整的短期政策和長期戰略

雖然疫情本身是短期衝擊，但疫情對全球供應鏈的影響卻是長期性的。面對全球供應鏈分散化和多元化的挑戰，短期內中國要加快供應鏈恢復的節奏和效率，長期看要加強中國外資和技術戰略的統籌部署，從根本上提升中國主動適應全球供應鏈調整的能力。

一、短期政策應對：加快產業鏈協同恢復

針對新冠肺炎疫情對全球和中國供應鏈的衝擊，短期內應以儘快恢復中國供

應鏈的運營效率為目標，顯示中國供應鏈的韌性和對國際需求的快速反應能力，儘可能將疫情對中國供應鏈的負面影響控制到最小。一是全面加快有序復工復產，加強面向國外廠商的信息公開，充分展示中國供應鏈體系的韌性和活力，維持和強化中國在全球供應鏈體系中的有利地位，力爭把握國內外供應鏈恢復的"時間差"轉危為機。隨著疫情惡化，越來越多的美歐國家開始採用更加嚴厲的封閉和隔離措施（如意大利2020年3月23日起停止生產活動），美歐的本地供應鏈體系遭到更加嚴重的打擊。如果中國疫情控制得當，美歐市場對中國工業品的需求將大幅上漲。特別地，在電子、汽車等供應鏈體系比較複雜的行業以及石化、製藥等連續流程行業，下游美歐企業為了保證生產的連續性，甚至會採取戰略性儲備和採購政策，從而進一步加大對中國工業品的需求。如果中國企業能夠及時有序復工復產，則美歐市場需求增長有利於帶動中國國內供應鏈的儘快恢復甚至升級。鑑於此，一方面中國各級政府應通過加強政策協調和保障，在儘快修復供應鏈的同時，提高中國產業鏈現代化水平和向價值鏈高端攀升，在全球供應鏈中佔據更加有利的位置；另一方面，通過充分利用美歐和中國既有的電子商務平台、舉辦網上中國進出口商品交易會等形式，加強中國工業恢復生產的積極信息向美歐市場的傳遞，向全球充分展示中國工業體系在面對重大疫情和災害時的韌性和恢復能力，以對衝美歐企業多元化供應鏈的負面影響，再創"非典"之後中國供應鏈在全球地位不降反升的奇跡。

二是積極與國際社會建立更加全面系統的抗疫合作治理機制，在加強聯合抗疫的同時，進一步推動全球供應鏈國際合作體系和治理機制的形成，提升中國在全球供應鏈體系中的話語權和主動性。一方面通過加快產能恢復，加大在防疫物資的全球供應保障，有力支持世界防疫。另一方面，推動供應鏈安全領域的國際合作，包括與主要貿易夥伴形成供應鏈安全聯合聲明，建立多渠道、多層次供應鏈安全體系，探索"供應鏈反恐夥伴計劃"、"供應鏈自然災害應對計劃"等。與國際海關組織、國際海事組織、萬國郵政聯盟等國際組織，在海事、航運、郵政等領域建立長效合作機制，共建跨區域的富有彈性的供應鏈。將全球供應鏈合作與"一帶一路"建設有機結合，鼓勵中國企業通過對外直接投資"走出去"在全球佈局供應鏈，以中國供應鏈的當地化響應美歐本地化生產的訴求，減少與其他國家的"零和博弈"，形成高度協同、更加友好合作的供應鏈戰略夥伴關係。

三是加強針對小微企業的政策扶持，抓住薄弱環節提高中國供應鏈的免疫力。

與大企業相比，小微企業的資金實力、供應鏈管理能力和訂單談判能力都更加弱小，是供應鏈中的薄弱環節。為了保持中國產業鏈的健康運行，應當針對小微企業開展有針對性的服務和政策扶持，包括對確實存在還款困難的中小微企業給予貸款展期和續貸，引導保險機構針對小微企業提供復工復產保險、營業場所封鎖救助保險和員工感染法定傳染病保險，在企業服務雲上搭建勞動力供需對接平台，等等。

二、長期戰略調整：積極推動 "融入本地化"

面對不可逆轉的全球供應鏈分散化和本地化趨勢，中國應當積極調整對外戰略和技術創新戰略，主動適應全球供應鏈調整的趨勢要求，力爭在全球供應鏈調整過程中佔據更加積極有利的位置，將全球供應鏈調整對中國的負面影響降到最低。

一是以 "融入本地化" 為戰略主線，加快中國製造業戰略性的對外投資佈局。面對全球供應鏈調整的巨大挑戰，目前中國學術界主流的觀點是通過構建更加開放、公平的競爭和投資環境來鞏固中國作為全球製造業中心的區位吸引力。我們認為，維護中國全球工廠地位、進一步提升中國投資吸引力的政策導向固然重要，但不可否認，隨著新冠疫情過後美歐供應鏈安全意識的進一步強化、以智能化和自動化生產為核心特徵的新一輪科技革命和產業變革的深入推進，以及中國不可逆轉的要素成本上升勢頭，未來中國在全球進一步提升供應鏈參與度的空間已經十分狹窄，全球供應鏈本地化和分散化將是未來不可逆轉的趨勢。基於此，未來中國全球供應鏈戰略的核心和重點應當是加速中國製造業企業對外直接投資，以中國企業的主動走出去，順應全球供應鏈本地化的訴求，確保中國製造業在全球供應鏈調整過程中損失最小、獲益最大。基於此，未來應主動推動中國製造業對外直接投資。雖然近年來中國對外直接投資明顯加速，但由於中國製造業企業或者過度依賴國內市場，或者過度依賴出口方式佔領國外市場，都使得中國製造業產能在中國本土高度集中，中國製造業對外投資的相對規模水平較低——統計數據顯示，2014 年以後中國製造業對外直接投資的相對增速才開始提升，2017 年中國製造業對外直接投資與製造業國內固定資產投資之比也僅為 1.58%（見圖 4-3）。在對外投資目的地的選擇方面，隨著美歐企業在中國直接投資節奏放緩，中國企業在本土開展技術吸收和學習的難度不斷加大，中國企業應以直接投資的方式進入美歐市場，通過佔領高端市場或領先市場繼續深度嵌入美歐主導的全球創新網絡，確保繼續深度嵌入全球創新網絡；另一方面，對於傳統密集型製造業和高技術行業中的低技能環節，應以直接投資的方式主動進入東歐、東南亞和拉美市場，充分利用這些國家的相對勞動成本優勢。在鼓勵中國製造業對外直接投資的同時，加強中國本土製造業"母工廠"建設，依託"母工廠"建設確保中國先進製造技術和工藝能力的持續創新和提升。

二是面對美國不斷升級的技術打壓，未來中國的技術創新環境將發生根本性的變化，必須加快完善中國自身的技術創新體系，提升中國製造業的原始創新能力。加強中國應對全球供應鏈調整能力的關鍵是提高中國自身的技術能力，特別是在美國的技術打壓使得中國技術學習難度越來越大的時候，通過構建更加有效的國家創新體系，開闢新的技術創新路徑，切實提高中國的原始創新能力和自主創新能力至關重要。Grossman 等學者的理論假定了發達國家和發展中國家的分工邊界是清晰的，即發達國家從事高價值的活動，而發展中國家從事低價值的活動。然而一旦將技術能力動態性引入全球價值鏈分工分析，則後發國家和發達國家的分工邊界並不是靜態的，當後發國家的技術能力加速累積並逐漸接近技術前沿時，發達國家來自於貿易的福利可能受到損害，而這也正是 Samuelson 的"有條件保護理論"所強調的貿易對發達國家產生損害的條件。說到底，無論是發達國家還是後發國家，確保一國在全球供應鏈體系和價值鏈體系中佔據有利位置的根本，都是不斷提升其技術

圖 4-3　中國製造業對外投資與製造業固定資產投資之比（%）

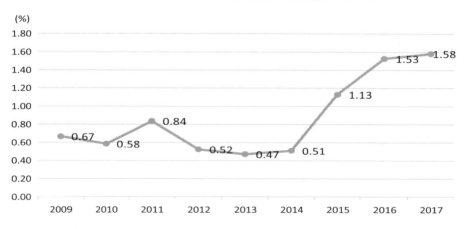

數據來源：世界銀行和國家統計局。

創新能力。但隨著全球生產體系和創新體系的調整，後發國家的技術能力需要由吸收能力向原始創新能力轉型。而這兩種能力對後發國家創新體系和政策範式的要求是不同的。當中國逐步進入原始創新能力階段，一方面要切實加強知識產權保護，鼓勵原始創新而不是技術模仿；另一方面，要著力完善中國的國家實驗室、共性技術研發機構和研究型大學的科研體制，在強化基礎研究能力的前提下，積極推動科研機構與企業的合作，形成自主創新和原始創新導向的創新體系和政策體系。需要強調的一點是，在全球貿易保護主義和逆全球化盛行的時期，要特別注重主要依靠市場手段和競爭來提升中國的自主創新能力，防止對美反制演變為國內產業政策和創新政策的嚴重保守，從而造成政府過度干預和集中力量辦大事模式的濫用。

三是完善中國的產業鏈安全管理體系。完善中國產業鏈安全管理體系，建立中國的供應鏈安全評估與風險預警長效機制。設立國家產業鏈安全委員會，對因外交事件、國外技術封鎖、重大災害和疫情等導致的中國產業鏈安全問題進行戰略決策和部署。建議該委員會由國務院牽頭，由工信部、發改委、外交部、商務部、財政部、科技部、知識產權局等相關部門組成，由工信部作為具體執行單位。加大資金和人員投入力度，形成專業的產業鏈安全評估隊伍和機構。組織經濟學者、技術專家、產業專家、法律專家，共同構建專業的產業鏈安全評估委員會，開展長期、持續、系統、科學嚴謹的產業鏈安全研究，建立中國產業鏈評估知識體系和方法體系，研究形成中國的產業鏈安全應對策略庫，針對不同的產業鏈安全情境從技術、市場、資本、產業政策、外交等各個層面形成應對預案。完善供應鏈評估和風險預警體系，科學評估重大事件、災害、疫情等對中國供應鏈衝擊的溢出效應和傳導效應，分析評估供應鏈整體以及重點領域、重點地區（集群）對於疫情等不可抗力的抗衝擊能力，使中國的產業鏈安全管理決策更加科學系統。加強產業鏈安全監測數據和信息向供應鏈參與者的及時反饋，強化產業鏈協同，提升中國供應鏈面對重大災害和疫情時的韌性和協同性。

（本章執筆：賀俊）

參考文獻

[1] Feenstra, Robert C., "Integration of Trade and Disintegration of Production in the Global Economy", *Journal of Economic Perspectives*, 1998, Vol. 12, No. 4.

[2] Grossman, Gene and Elhanan Helpman, "Outsourcing in a Global Economy", *Review of Economic Studies*, 2005, Vol. 72, No.1.

[3] Samuelson, Paul A., "Where Ricardo and Mill Rebut and Confirm Arguments of Mainstream Economists Supporting Globalization", *Journal of Economic Perspectives*, June 2004.

[4] UNCTAD, *Investment Policy Monitor*, 2020, No. 23, https://unctad.org/en/PublicationsLibrary/diaepcbinf2020d1_en.pdf.

[5] World Bank, "GLOBAL VALUE CHAIN DEVELOPMENT REPORT 2019", 2019, https://www.worldbank.org/en/topic/trade/publication/global-value-chain-development-report-2019.

[6] 聯合國貿發組織：《世界投資報告 2019》，2019 年，https://unctad.org/en/PublicationsLibrary/wir2019_overview_ch.pdf。

第五章

疫情下的第三產業：

衝擊與應對

新冠肺炎（COVID-19）疫情是中華人民共和國成立以來，在中國境內發生的傳播速度最快、感染範圍最廣、防控難度最大的一次重大突發公共衛生事件。本次疫情正在全球擴散和大流行，覆蓋幾乎世界上所有的國家和地區，成為一起百年不遇的公共衛生危機，截至 2020 年 7 月 4 日，全球累計確診超過 1100 萬人，死亡超過 53 萬人。第三產業（服務業）已經是中國國民經濟的“半壁江山”，對 GDP 貢獻率高達 59.4%，剖析疫情大流行對第三產業衝擊的表現和特徵，創新第三產業發展方式，尋找化解對策，促進第三產業修復性增長，增強第三產業發展韌性，有著重要的理論價值和現實意義。

第一節　疫情下的第三產業：衝擊與分化

一、對依賴客源和物理場所的特定服務業衝擊嚴峻

本次疫情期間，餐飲、航空、旅遊、娛樂、零售等嚴重依賴客源和物理場所特別是封閉物理場所的那些服務業行業受到了嚴重衝擊，這類企業的收入幾乎是斷崖式下跌，相關從業人員暫時失去了工作。2020 年春節以來，中國鐵路、道路、水路、民航共發送旅客比上年同期大幅度下降，文化娛樂、體育和旅遊相關行業（旅行社、住宿酒店和景區等）幾乎陷入冰凍狀態。服務業門類眾多，性質迥異，疫情衝擊的影響差異較大。由於掌握的材料限制，本章只選擇航空業、娛樂業、餐飲業、旅遊業，估算疫情衝擊可能造成的經濟損失。這四個行業是人口高度集聚和流動的行業，也是需要特定物理場所甚至是在封閉的物理場所才能完成消費的服務業行業，當然也是是疫情大流行影響最嚴重、衝擊面最廣、衝擊力度最大的服務行業。因此，這四個服務業行業具有較強的代表性。

1. 民航企業遭遇巨額虧損

人群在封閉的物理空間最容易被傳播新冠病毒。機場，作為公共服務屬性強且

人流密集的公共場所，在疫情期間具有較高的病毒傳染風險，必須採取得力措施加強安全管理和公共衛生防疫，大幅度減少這個特定場所的人群流動，就是必然的選擇。無論是機場，還是航空公司，或者一些相關企業，2020 年一季度的二三月份都遭遇嚴重虧損。根據《中國民航 2020 年 2 月份主要生產指標統計》有關數據：2020 年 2 月份，國內航線旅遊運輸量同比下降 84.8%，國際航線則下降 82.4%。目前，疫情在國內大大緩解，但由於疫情在全球大流行，各國紛紛關閉邊境以及出台飛行禁令，國際航班大幅度下滑甚至處於停擺狀態。根據民航局新聞發言人熊傑介紹，因受新冠肺炎疫情影響，2020 年第一季度，航空業運輸總周轉量同比下降 46.6%；航空旅客運輸量同比下降 53.9%，全行業累計虧損 398.2 億元，其中，航空公司虧損 336.2 億元。[1]

2. 疫情對娛樂業的影響

根據工信部《2019 中國泛娛樂產業白皮書》有關數據，2019 年中國泛娛樂核心產業產值約 4155 億元。疫情的持續影響對各行業不盡相同，娛樂業很有可能是最晚復工復市的，即便按照 4 個月計算，該行業的損失將達到 1385 億元。根據《中歐商業評論》發佈的調查結果，娛樂企業的現金流普遍很緊張，34% 的企業現金只能維持 1 個月，33.1% 的企業可以維持 2 個月，17.91% 的企業現金可以維持 3 個月。即使假設只有 30% 的企業存在倒閉風險，最終對全年經濟的影響將達到 831 億元。因此，關停和後續由此帶來的倒閉，使得全年娛樂業經濟損失可能高達 1741 億元。[2] 疫情對娛樂業的衝擊可見一斑。

3. 疫情對旅遊業的影響

旅遊業是國民經濟綜合產業，涉及 "吃住行遊娛購" 諸多方面，既包括國內市場，也包括國際市場，疫情大流行對其影響是全方位的。旅遊業收入包括兩類，國內旅遊收入和國際旅遊收入。受疫情影響，很多國家已經停飛國內航班，並宣佈了旅遊警告，國際旅遊收入將銳減。2018 年國際旅遊外匯收入 1271.03 億美元，按照

---

1   民航局：〈2020 年 Q1 民航全行業累計虧損 398 億元〉，2020 年 4 月 15 日，新浪網（http://finance.sina.com.cn/stock/relnews/hk/2020-04-15/doc-iirczymi6521935.shtml）。

2   陸暘、夏傑長：〈疫情對服務業衝擊的影響及對策〉，《中國經濟時報》，2020 年 3 月 2 日。

疫情持續影響 4 個月來計算，2020 年國際旅遊收入將至少減少 424 億美元，約合 2968 億元人民幣。[1] 此外，2018 年全年國內旅遊總花費是 51278 億元，2020 年疫情爆發後，保守估計，按照疫情影響時間 4 個月計算，國內旅遊全年收入很有可能減少三分之一，將減少 17076 億元。[2] 2020 年，旅遊市場萎縮在所難免，會展、會議、遊學、商務旅遊、體育旅遊和醫療旅遊等相關業務被迫相繼延期或取消。"疫情" 對旅遊業的影響還具有 "長尾效應"，有一定的滯後性。消費者在遭受疫情衝擊後，心理恐懼短期內難以消除，出遊意願很可能有所下降。疫情全球大流行，歐美國家控制疫情的時間節點很可能明顯晚於國內，所以，出境遊和入境遊或將經歷低迷，影響程度取決於疫情後果和境外反應措施、旅遊重振計劃的實施。

4. 疫情對餐飲服務業的影響

民以食為天，中國也是美食之國。餐飲業，在中國有著特殊的地位。隨著人們收入水平提高，在外就餐越來越普遍，單筆費用也在不斷提高。餐飲服務業是典型的勞動密集型服務業，在吸納服務業就業和解決地方稅收等方面發揮了重要的作用。這幾年，外賣已經漸成氣候。因此，部分餐飲行業在疫情期間可以通過送餐服務減少部分損失，因此與航空業、旅遊業和娛樂業有所不同，疫情衝擊的損失會相對少一些。2019 年 1 至 12 月全國餐飲收入 46700 億元，平均每月 3892 億元。春節前後，一般是餐飲業收入增長最快的時節，然而受疫情衝擊的影響，全國各地的大型酒店、連鎖餐飲企業還是小餐館在二二月份都普遍停業。即使未來疫情緩解，由於心理恐懼等因素，居民在外面就餐的意願普遍下降，眾人聚餐這種國人偏愛的習慣很有可能不會再現。餐飲業的完全正常運營，可能要等到疫情全面消減時才會完全恢復。考慮到外賣的發展程度，我們不妨按照連續 3 個月損失 50% 的比率計算，這期間餐飲業的損失大約為 5838 億元。如果考慮到 3 個月的資金壓力和部分餐飲企業倒閉，全年餐飲服務業的經濟損失很可能超過 10000 億元。[3]

自 2020 年 3 月份以來，新冠肺炎疫情在中國得到了有效遏制，形勢明顯好轉，大多數地區實現 "零疫情"，生產和市場逐漸恢復。但是，全球疫情又大爆發大流

1　　陸暘、夏傑長：〈疫情對服務業衝擊的影響及對策〉。

2　　夏傑長、豐曉旭：〈新冠肺炎疫情對旅遊業的衝擊與對策〉，《中國流通經濟》，2020 年第三期。

3　　陸暘、夏傑長：〈疫情對服務業衝擊的影響及對策〉。

行。截至 2020 年 4 月 26 日，海外新冠肺炎感染者超過了 280 萬人，死亡超過了 20 萬人。疫情全球大流行疊加了中國服務業受疫情衝擊的長度、深度和廣度。如果全球疫情在較短時間內得到有效控制，中國服務業短期內就可以恢復正常運營，那麼服務業市場的供需、服務業要素流動和資源配置等基本面不會明顯改變，服務業修復性增長下半年就很可能實現。如果全球疫情大流行不能控制且蔓延到非洲、南美和東南亞等地區，服務要素的國際流動就會進一步阻隔。信息技術進步改變了服務本地生產本地消費的特點，極大地推進了服務全球化，國際市場萎縮必然傳導到國內市場，國內服務業企業將遭受第二波衝擊，近年發展勢頭很強勁的服務貿易有可能遭受重創。因此應未雨綢繆，充分利用好龐大的國內市場，立足於擴大內需，儘可能減緩服務業遭受疫情衝擊的損失。

二、分化衝擊傳統服務業和新興服務業

疫情大流行，直接衝擊了服務業的供需或產銷兩端。一般地，我們可以把服務業分為傳統服務業和新興服務業。疫情對傳統服務業衝擊的是需求端。疫情對交通運輸、旅遊、餐飲和酒店等傳統服務業帶來的負面影響將更為直接和明顯。疫情衝擊導致服務行業短期負增長在所難免。2020 年第一季度中國服務業負增長 5.2% 就是明證。中國服務業佔比超過經濟總量的一半，服務業從業人員佔比 47% 左右，疫情嚴重衝擊有可能導致服務業行業數以千萬計的從業者暫時失去就業崗位。待疫情解除和服務業修復性增長後，這些人員可能重返就業崗位，也可能因為原來的企業轉型升級而減少就業機會，也有部分從業者因為這段時期企業倒閉而失去了就業崗位，就業壓力異常嚴峻。傳統服務業，比如交通運輸、物流、旅遊業和會議會展服務等，需要異地流動才能完成其服務行為，但因為各地有嚴格隔離或管制措施而幾乎停滯；對那些既需要地理空間集聚又需要閒暇時間的行業，比如商貿業、餐飲、體育賽事和娛樂業等，因為擔憂人群密集而引發病毒傳播，這些服務業行業基本是停業狀態或有限分時開放，他們遭受的衝擊特別嚴峻。

與此同時，此次新冠肺炎疫情對數字服務業的衝擊則不大。網絡與數字技術緩解了疫情對新型服務業的影響，也給數字服務業提供了新的發展機會和環境。新冠肺炎疫情發生在一個網絡與數字時代，基於現代信息技術的數字經濟、共享經濟和

平台經濟飛速發展，網絡信息技術與數字經濟技術正在深度和全方位融入服務業發展，技術進步和商業模式創新，既深度改造了傳統服務業，又催生了許多新興服務業業態。目前，中國服務行業數字化改造和升級備受重視，發展迅猛，正在重構服務供應和消費方式。服務業數字化轉型，可以緩解一些服務業的經濟損失，使得原本必須通過自然人流動或者異地消費而實現的消費行為和生產活動，可以通過互聯網遠程這樣的“無接觸式服務”實現。

在新冠肺炎疫情影響下，由於網絡和數字技術大大降低了服務行業成本，反而有可能使得疫情期間遠程服務行業更加繁榮，如遠程教育、在線娛樂、線上廣告、網絡直播、視頻會議、雲會展和雲旅遊等。此外，由於疫情為網絡空間的服務活動帶來發展機會，有助於網絡空間的服務業規模擴大，有助於繼續幫助中國相關服務領域形成自己的競爭優勢，不斷升級技術和產品創新，從而得到更好的發展機會和前景。比如，在這次疫情影響下，酒店、景區等旅遊業各環節及時推出了網絡預約、機器人等無接觸服務。國內疫情基本控制之後，景區即將有序開放，為了防止人群過度集聚，必將更多地依賴那些對行業具有顛覆性變化的無接觸服務。這樣做，既促進了旅遊業提質升級，又開闢了旅遊業新業態，培育了旅遊業新增長點。通過對互聯網和網絡技術的應用，一些旅遊目的地在疫情期間推出了許多各具特色的網絡“雲旅遊”活動，消費者可藉助微信或微博平台，足不出戶就可以“雲遊”中國著名風景區。根據調查，71.5% 的受訪者表示疫情結束後穩定一段時間會外出旅遊，20.7% 表示疫情過去後儘快外出旅遊。線上旅遊項目為線下旅遊積蓄了力量。從在線觀看到互動直播，形式多樣的“雲旅遊”為旅遊業提質升級做了全新嘗試，旅遊業全面復甦之後將會為線下旅遊大量引流。[1] 又比如，2020 年春節之後“全民隔離”期間，傳統影視公司遇冷之際，互聯網影業、直播視頻則逆勢發展。遊戲、直播和短視頻行業迎來新的發展機遇，手機遊戲用戶規模較疫情前增長 30%。[2]

國家統計局公佈的 2020 年第一季度服務業發展數據也印證了上面的分析和判斷。2020 年第一季度，服務業下降 5.2%，但信息服務和公共衛生等服務業較快增長，一定程度對衝了傳統服務業下滑影響。比如，疫情防控期間，電子商務、在線

1　劉旭穎：〈“雲旅游”搭建新消費場景〉，2020 年 3 月 20 日，中國商務新聞網（http://www.comnews.cn/article/ibdnews/202003/20200300041214.shtml）。

2　范周：〈文化產業中小微企業利用直播技術迎來發展機遇期〉，《中國經營報》，2020 年 3 月 20 日。

教育、網上會議、遠程診療等信息需求大幅增加，基於互聯網技術為依託的信息服務業增長較快，信息服務業增加值同比增長了 13.2%，發展勢頭非常迅猛。但是，傳統服務業下降較多，住宿和餐飲業、批發和零售業、交通運輸倉儲和郵政業增加值則同比分別下降 35.3%、17.8% 和 14.0%。[1] 可見，疫情衝擊中國服務業，總體影響很大，但結構性體徵特別明顯，疫情下的中國服務業，很有可能在發展中分化和裂變，要因勢利導，把握其結構升級的趨勢，不斷完善服務供給和消費方式。

三、嚴重衝擊服務業就業吸納能力，改變服務業就業方式

應對疫情大流行，"隔離" 是最有效的抗疫手段。但較長時間的 "隔離" 或 "不接觸"，對生產、投資、市場交易、商務交往和居民生活都有嚴重影響，從而很可能讓部分從業者失去就業崗位，尤其是在受衝擊較大的交通運輸、文化娛樂、體育賽事、餐飲和旅行酒店等行業。2018 年全國服務業的就業人數約 3.6 億，假如這次疫情使得服務業領域 6% 左右的從業人員因此失去工作或處於半失業狀態，涉及就業人口就有 2 千萬人左右。當然，如果疫情較快被控制，市場和商務活動得以恢復，大部分暫時失去工作崗位的從業者很可能再次返回原來崗位或者尋找新的就業機會。

疫情大流行以來的一段時間，餐飲、旅遊和酒店住宿等服務業幾乎進入停業狀態，這些服務業的停業帶來大量勞工閒置，而這些行業基本是勞動密集型產業，陡然增加了就業壓力。而本地外賣、物流等生活服務行業，由於大量需求轉移到線上導致訂單暴漲，出現員工短缺的現象。疫情期間，不同類型的服務業企業達成共享用工合作，一定程度緩解了就業市場的壓力，創新了就業新形式。疫情期間，遠程線上辦公興起，線上協作成為普遍的工作模式，這一做法很可能催生復工後用工模式的變化。可以預計，疫情期間工作方式的改變以及隨著平台經濟、分享經濟的發展，"靈活就業"、"自雇型勞動者" 等非正規就業，將成為許多服務業領域就業的新方式，從而不斷豐富就業形式，減輕勞動就業壓力。

1　付凌輝：〈對一季度部分指標變化的幾點看法〉，2020 年 4 月 20 日，國家統計局網站（http://www.stats.gov.cn/tjsj/sjjd/202004/t20200420_1739722.html）。

第二節　中國服務業應對疫情衝擊能力不足

一、供應鏈薄弱影響服務業 "抗疫" 的可持續性

數字服務業在疫情期間出現了井噴，也喻示了服務業數字化是應對突發公共衛生事件的轉型主要方向和模式創新。要實現服務業數字化轉型，關鍵是線下的生產和物流能否對消費者及時供應和高效配送。疫情蔓延直接影響了服務業的供應鏈和配送鏈，這兩個環節斷裂了，市場萎縮和消費銳減就在所難免，這是服務業在此次疫情蔓延中遇到的嚴峻挑戰。比如，國家郵政局 2019 年發佈的《2019 年全國快遞從業人員職業調查報告》顯示：76.31% 的快遞員來自農村，15.89% 的快遞員來自縣城，僅有 7.8% 來自城市。在疫情防控與春節返鄉潮的雙重作用下，這些快遞從業人員不能或不願從老家返回工作地點，導致了快遞企業遲遲不能全面復工。比如，圓通快遞宣佈自 2020 年 1 月 28 日起全網正式恢復運營，但不包括疫情嚴重的地區。德邦快遞是從 2020 年 2 月 3 日起陸續開通互發快遞服務；申通快遞宣佈 2020 年 2 月 10 日起全網全面恢復運營；部分快遞公司全面復工並沒有發佈明確時間表。[1] 物流是供應鏈的核心環節，是鏈接生產和消費的樞紐，物流不打通，"復工復產" 就不可能落到實處。

二、工時剛性抑制服務業 "抗疫" 的復工效率

服務業面臨日益個性化和不確定的需求變化，包括疫情的外部衝擊。但是，當前中國的服務業（傳統服務業和新興服務業）絕大部分採取固定工時制度，生產機制和人員配置方式過於固化。與發達國家相比，中國在就業靈活性上嚴重滯後，就業體制機制嚴重僵化，抑制了特殊時期服務業就業靈活反應、快速反彈和柔性生長的能力，也固化了企業承擔的人力成本，亟待對此進行機制調整和政策輔助，比如在社保、勞動關係的安排上要有更加靈活的處理方案。在疫情防控期間，為減少人

1　楊霞：〈疫情下的快遞業：短期全面復工難，加盟網點壓力大〉，2020 年 2 月 9 日，搜狐網（https://www.sohu.com/a/371749978_313745）。

員聚集，要鼓勵符合規定的復工服務企業實施靈活用工措施，創造條件實現遠程—現場交互協作的彈性辦公機制，或者與員工協商採取錯時上下班、彈性上下班等方式靈活安排工作時間。這對提高復工效率、保證復工可行性具有重要作用，也得到了國際經驗的驗證。因此，適時改革就業方式，推出更多的彈性就業和靈活就業，勢所必然。

三、粗放模式降低服務業 "抗疫" 的反彈力度

數字服務業（比如在線旅遊、在線預訂等）在內的新興服務業，的確是衝抵疫情影響的重要力量，但他們在這次疫情衝擊下會受到資本匱乏和人員稀缺的雙重制約。而現代服務業無論是線上還是線下，均依靠創意的內容和創新的產品來實現增長。中國目前大部分網絡平台服務和線上服務對流通效率提升不少，但缺乏內容創新。不管是在線訂票、訂餐，還是共享出租和共享住宿等服務，都是通過網絡實現了渠道拓展，但服務質量和服務內容依然與過去沒有實質性區別，服務升級只是一個 "幻覺"。這次疫情衝擊，更加凸顯中國服務業需要在服務內容和產品創新上有所突破，利用特有國情和產業特點，尋求到迅速提高服務業創意內容和創新產品的方式，才能抵禦外部突發事件的衝擊，提高自身的修復能力。

四、醫療配置扭曲減弱服務業 "抗疫" 的均衡效力

從供給模式來看，由於醫療服務產出屬公共物品或外部性明顯的准公共物品，醫療服務完全公有化會使政府負擔沉重、效率低下，而完全私有化又會導致市場失靈、消費者福利下降。[1]中國醫療衛生體制經過多年多輪改革，取得了一定成效，但是公共醫療服務中的績效與資源配置的公平性問題依舊突出，市場失靈和分配不公的問題依舊沒有根本解決。[2]因此，醫療服務體系建設需要政府承擔主要責任，並通

1　Karsten. S. G., "Health Care: Private Good vs. Public Good", *American Journal of Economics and Sociology*, 1995, 54(2):129–144.

2　趙建國、李賢儒：〈投資進入規制改革是否提升了公共醫療服務質量？〉，《財經問題研究》，2019年第十一期。

過公私合作的方式實現緩解醫療資源短缺、促進醫療服務可及性、滿足醫療服務多元需求的目的。在混合供給的均衡狀態下，私人醫療服務於高端需求，公共醫療服務於基本需求，與嚴格的私人供給相比，混合供給帶來了福利的改善，而且比純粹的公共供給成本更低。[1]目前，中國的醫療服務業主要依靠公立醫院資源，市場定價機制也很不到位，缺乏引入有激勵和有監管的私人醫療服務作補充。因此，當疫情大爆發，疾病發病率有很多不確定性，醫療需求大幅增加和醫療服務供應緊張這對矛盾就很凸顯。[2]從配置結構來看，中國醫療資源的"倒三角"配置結構與疾病的發病規律不匹配。世界衛生組織認為，公共衛生醫療資源配置應該是"正三角"，即80%左右的病患在基層醫療機構解決，高端醫療機構則主要承擔疑難重症"。[3]新冠肺炎疫情發生以來，高端醫療機構患者"人滿為患"，基層醫療機構患者"門可羅雀"。究其原因，主要是醫療衛生資源配置和對社區衛生服務從業者醫療水平的信任問題，這種資源錯配和對社區衛生服務工作者缺乏信任，導致了高端醫療機構過度擁擠和社區衛生服務資源嚴重閒置。

五、社區服務和社區管理低效削弱了服務業"抗疫"的保障能力

生活性服務業是指滿足居民最終消費需求的服務活動，是現代服務業的重要組成部分，具有拉動經濟發展、增加社會就業、提高居民生活水平的重要作用。一般而言，生活性服務業既服務於社區，也根植於社區，比較理想的要求是滿足社區居民75%以上的基本民生需求。[4]然而，中國的社區建設在治理聯結上相對鬆散，社區服務一直是服務業發展的短板。以養老服務業為例，與其相關的服務要素供應就基本脫離了社區，產銷的脫節讓本應生機勃勃的養老服務業失去了活力，嚴重抑制了社區養老的消費需求。老年人是這次疫情衝擊最嚴重的人群，社區管理、社區服務和養老服務等是老年人群最需要的生活性服務業，長期以來，我們在這幾個方面都

---

1 Jofre-Bonet, M., "Health care: private and public provision", *European Journal of Political Economy*, 2000, 16: 469-489.

2 Rothschild, M. and Stiglitz, J.E., "Increasing risk: I. A definition", *Journal of Economic Theory*, 1970, 2: 225-243.

3 趙建國、李賢儒：〈投資進入規制改革是否提升了公共醫療服務質量？〉。

4 夏傑長：〈開創現代服務業發展新格局〉，《財貿經濟》，2015年第十二期。

比較薄弱，在這次 "抗疫" 中難以發揮出相應的保障能力。要提高社區治理和社區服務水平，必須提高根植於社區需求特別是老年人群需求的生活性服務業，不斷創新生活性服務業營造模式，積極推進社區商圈及服務業的多元化、便捷化、安全化和輻射化等服務模式。

第三節　疫情衝擊不改第三產業穩中向好的大趨勢

一、正視疫情對服務業的嚴重衝擊

新冠肺炎疫情大流行作為二戰以來最嚴重的全球公共衛生事件，對全球經濟社會正常運行和人員流動帶來了難以估量的影響，對中國經濟社會發展的衝擊前所未有。2020 年 4 月 17 日國家統計局公佈的第一季度宏觀經濟數據也驗證了疫情的嚴重衝擊。2020 年一度國內生產總值同比下降 6.8%，其中，第一產業下降了 3.2%，第二產業下降了 9.6%，第三產業下降了 5.2%，其他宏觀經濟指標都出現了明顯下滑。但是，我們不能簡單地或機械地跟以往對比經濟數據，更不能以此就判斷中國經濟從此步入蕭條或遭遇經濟金融危機。更何況，中國抗擊疫情已取得階段性勝利，本土疫情已基本阻隔，經濟運行正常秩序正在有序恢復，復工復產也在積極全面推進、商務和市場活躍度正在逐漸恢復。根據國家發改委 2020 年 4 月 20 日新聞發佈會公佈的數據，自 3 月份以來，用電量、貨運量等實物量指標明顯恢復，3 月份工業降幅比 1 至 2 月收窄了 12.4 個百分點，服務業生產指數降幅收窄了 3.9 個百分點，4 月上旬用電量已同比增長 1.5%。3 月份製造業採購經理指數（PMI）、非製造業商務活動指數分別回升 16.3 個、22.7 個百分點，雙雙重回榮枯線以上。[1] 這意味著，中國經濟度過了疫情期間最困難的時光，服務業的修復性增長也指日可待。

不可否認，疫情對經濟社會發展的方方面面衝擊十分嚴峻，對佔據中國經濟半

1　發改委：〈一季度中國經濟負增長：不具有歷史可比性〉，2010 年 4 月 20 日，新浪網（http://finance.sina.com.cn/roll/2020-04-20/doc-iirczymi7317912.shtml）。

壁江山的服務業影響更加凸顯。但是，經過 40 多年的改革開放，中國服務業發展有了長足的進步，有強大的韌勁和迴旋空間。疫情衝擊，是一個外生因素，短期的重挫不改服務業發展的厚實基礎。更何況，疫情對服務業的衝擊更多的是結構性的影響。隨著"互聯網 +"的快速推進，餐飲、出行、酒店、旅遊、家政、洗浴、金融保險等行業正加速擁抱互聯網無接觸外賣、生鮮到家、在線娛樂、在線教育、互聯網金融、視頻會議和雲會展等新興服務業態被社會廣泛接受。

二、疫情衝擊不改服務業穩中向好的大趨勢

2019 年中國人均 GDP 首次超過 1 萬美元，標誌著中國居民生活水平提高進入新的發展階段。國際經驗表明，人均 GDP 步入 1 萬美元關口，是邁入消費升級和服務提質的新階段，中國服務業正迎來發展史上千載難逢的歷史機遇期。服務業線上線下深度融合，新模式、新業態層出不窮，業態和內容不斷推陳出新，創新在一定程度抵消了疫情衝擊的影響。依託龐大的國內市場、滲透力更強的技術進步、日益寬鬆的市場准入機制以及豐富的人力資源，中國服務業穩中向好、創新升級的態勢依舊可期，服務業持續穩定健康發展的格局不會改變。人類社會發展的歷史進程中，經歷過多次傳染病大流行，疫情的大流行對經濟社會的衝擊巨大且影響長遠，但社會經濟活動並不會因疫情衝擊而長久停滯不前，經濟社會進步的步伐不會因此而停頓。

更為重要的是，這次抗擊疫情中廣泛運用現代信息技術，很可能扭轉這些年在結構調整中出現的"逆庫茲涅茨過程"。庫茲涅茨（Simon Kuznets）把經濟發展中產業結構變化看作是勞動力等要素從低生產率部門轉向高生產率部門，因而勞動生產率不斷提高的過程。因此，隨產業結構變化而生產率提高的過程被研究者稱為庫茲涅茨過程，而未能導致生產率提高的產業結構變動，則被稱為逆庫茲涅茨過程。[1]近些年，中國經濟結構調整的基本趨勢就是第三產業的比重不斷超過第二產業，但從生產率視角看，第三產業的生產率始終低於第二產業，儘管兩者有所收斂。第三產業生產率相對偏低的根本原因還是在技術進步和規模經濟等方面有差距。這次疫

---

[1] 蔡昉：〈城市發展中的人口、政府和公共服務〉，《國外社會科學》，2020 年第二期。

情衝擊改變了服務的生產和交付方式，有可能更加廣泛運用現代信息技術，從而提高第三產業生產率。這正是高質量發展目標。所以，既要正視疫情衝擊的巨大影響，也要發掘其中的機遇，儘可能"化危為機"，推進服務業發展邁向新階段。

第四節　培育第三產業修復性增長的新動能

一、推進服務業數字化、平台化和智能化

以新一代信息技術為基礎的這次技術變革必然導致第四次工業革命，其特點是互聯網無處不在，移動性大幅提高以及大數據和人工智能的廣泛運用。[1] 這次技術革命正在對服務業進行重構和迭代，服務業創新發展的節奏明顯加快，中國服務業正在邁向"新服務"時代。在技術革命和商業模式催生下，服務方式、服務範圍、服務交付、服務體驗等領域的創新，既是服務業高質量發展的客觀要求，也是促進服務業修復性增長的新動能。

1. 加快服務業數字化改造

（1）加快服務業供給側數字化改造

要在加強信息通信服務業發展的基礎上，大力推動數字中國建設，重點加快數字技術與金融、科技服務、設計創意、現代物流、人力資源開發和售後服務等行業的融合發展，加快形成"互聯網＋"生產服務體系，促進生產模式和組織方式變革，形成網絡化、數字化和協同化的產業發展新生態。生活性服務業數字化同樣重要和緊迫，這次疫情更加凸顯了生活性服務業數字化供給的重要性。生活性服務業數字化，不僅提升城鄉居民的消費便利和效率，還可以從需求端的消費數據反哺精準生產，互聯網消費平台端的大數據就可以支持工業互聯網發展，實現個性化定製或柔

1　蔡昉：〈經濟學如何迎接新技術革命？〉，《勞動經濟研究》，2019 年第二期。

性製造。數字技術在公共服務業領域的運用和普及也日益緊迫。加強公共服務業的數字化改造，實現基礎教育、基本醫療和社會化養老等公共服務更便捷、更高效供應，更好地滿足民眾對美好生活的期待，提升民生福祉。

（2）推進服務貿易數字化

世界經濟格局和貿易方式正在發生巨大變化，發達國家紛紛走上數字化轉型的快車道，致力於推動服務貿易的數字化，搶佔新的戰略競爭點。[1]中國是貿易大國，也是數字經濟大國，互聯網網民高居世界第一，信息基礎設施顯著改善，處在全球比較領先的水平，具備加快發展數字貿易的基礎條件。服務業的數字化提供，意味著企業或居民可以將原本不可貿易的服務實現了可貿易和可交換，從而輕鬆地進行跨境服務與數據的購買、消費與支付。在數字經濟時代，依託移動互聯網、大數據、人工智能和雲計算等新一代信息技術的創新發展，數字貿易正在成為主要經濟體爭奪控制權或制高點的關鍵所在。

（3）積極推動線上線下深度融合

數字化改造服務業，並不意味著服務供求都搬到網絡或者"雲"上，而是要線上線下融合發展。疫情在衝擊部分服務業的同時，也催生出新的市場機會，加快了線上線下融合發展步伐，推動網絡購物、在線娛樂、網絡教學、遠程辦公、雲會展和雲旅遊等新興服務業態逆勢增長。在線消費，不是今天才有的新事物，但是，疫情衝擊可能使得在線消費常態化，因此，要以此為契機，不斷完善"互聯網＋消費"生態體系。在線消費，不能是空中樓閣，需要線下的支撐和配套，尤其是要建設好物流配送、智慧商店和智慧街區等。線上線下融合發展的結合點是"展示"和"體驗"。為此，要鼓勵有條件的城市和企業建設一批線上線下融合的新消費展示館和消費體驗館，為服務消費提供新場景。

2. 以平台經濟引領服務業轉型升級

在網絡技術和大數據的推動下，服務供需兩端越來越多地依託平台經濟來完成。藉助平台的作用，海量的服務供需不僅增強了供需雙方的多樣選擇，更極大地降低了交易成本和成倍地放大交易規模。平台經濟，正在成為推進服務業轉型升級

---

[1] 夏傑長、譚洪波：〈服務貿易之商業存在：規模、競爭力和行業特徵〉，《財經問題研究》，2019 年第十一期。

和提質增效的重要力量。

（1）生產性服務業平台化

走平台化發展道路，是提升生產性服務業控制力的重要途徑。要以龍頭企業為依託，打造基於互聯網的生產性服務業發展平台，引導上下游企業參與，構建集信息、採購、物流、金融、電商等為一體的網上服務平台，實現物流、資金流、信息流、工作流集成，提高研發、製造、服務等環節協同發展能力。

（2）生活性服務業平台化

隨著大數據、移動互聯網、人工智能等現代信息技術的發展，生活性服務業平台化現象越來越凸顯。有了生活性服務平台，服務供應和需求完全可以時空分離。生活性服務業平台化將分散的海量供給和需求通過自身的平台進行撮合成交，提高了資源配置效率，擴大了服務和交易的邊界。生活性服務業發展的平台化，還增加生活服務業的技術含量，改善了居民的服務體驗，是生活性服務業轉型升級的重要突破。

（3）創新對平台經濟的治理方式

營造服務業創新發展的良好環境，構建有利於平台經濟發展的生態圈。網絡技術和大數據廣泛運用，對政府履行經濟調節、市場監管、社會治理等基本職能有積極的影響，同時也帶來若干問題和挑戰，需要與時俱進。順應服務經濟發展新趨勢，改革監管思維、創新治理方式，按照統一高效、開放包容、多方參與、協同制衡的原則重新構築服務業監管體系，提倡"政府管理平台、平台自律、多方參與共治"的原則來監管平台經濟等新興服務形態。[1]

3. 提升服務業智能化水平

（1）充分認識服務業智能化的戰略意義

2019 年的政府工作報告正式提出"智能＋戰略"，人工智能技術在服務業的滲透已非常廣泛。無論是交通運輸、金融、零售、醫療、教育和網絡安全等數據密集型行業，還是在諸如法律服務、人力資源管理、翻譯等勞動密集型領域，人工智能的替代服務正在崛起。智能服務帶來的積極效應和可能衝擊，正在被社會認知和接受，培育人工智能的產業生態圈刻不容緩。

1　劉奕、夏傑長：〈共享經濟的理論和政策研究動態〉，《經濟學動態》，2016 年第四期。

（2）積極推動大數據分析、機器學習、物聯網等人工智能技術與服務業的滲透和融合

人工智能技術在金融、零售、醫療、教育等數據密集型行業已經廣泛運用，取得了初步成效。接下來，要著力推動人力資源優化、輔助預測、資產定價和個性化訂製服務等基於人工智能技術的服務業智能化模式發展壯大，促進人工智能服務規模化，豐富移動智能服務內容，以服務業智能化推動服務業提質升級，豐富居民消費方式，優化消費結構，拓寬消費領域，提高服務業生產率。

二、形成靈活高效的就業結構

靈活就業發展的決定因素是產業、技術和勞動者技能的有機結合，三者缺一不可。從產業角度來看，服務業逐漸成為中國經濟主導產業，服務業和傳統製造業的組織結構和方式有很大區別，服務業的組織更加靈活。從技術層面來看，中國專業勞動市場資源日漸豐富，隨著教育的不斷完善，中國的勞動力市場水平和素質有了很大的提高，專業知識技術型人才的比重在服務業中不斷提升，為形成靈活高效的就業結構提供了雄厚基礎。

1. 釐清服務業靈活就業的範疇、屬性和作用

靈活就業是指在工作時間、勞動報酬、工作場所等方面不同於傳統正規或標準雇傭方式的其他就業形式的總和。比如，自營就業、非全日制就業、臨時就業、兼職就業、遠程就業、獨立就業、承包就業等。由於服務業企業經營的需要，發展和倡導勞動力靈活就業有著重要的作用和意義。一是由於服務業的季節性和節律性特點，傳統固定用工方式中，人員和工資模式成本相對較高，並且會帶來勞動資源的剩餘和浪費現象。二是隨著共享經濟和數字經濟的不斷發展，靈活就業和靈活辦公可以有效節省時間，提高工作效率，從而提高生產力。三是面對就業市場不景氣，失業率不斷上升，除了創造就業崗位和出台促進就業的政策外，政府也應該通過改變人們的就業觀念的方式，鼓勵勞動力進入靈活就業市場中，從而緩解就業市場壓力。

2. 完善服務業靈活就業的相關法律法規

服務業產業結構與互聯網平台發展帶動了新的工作模式。除了被大家所熟知的"滴滴"、"美團"這類互聯網平台就業外，隨著互聯網技術的發展，相關數字文化產業平台也催生帶動了大量不同於傳統就業形式的工作方式，比如泛娛樂直播、遊戲直播、電商直播等。鼓勵發展服務業靈活就業，需要在明確界定靈活就業標準的基礎上，建立以勞動力調查為基礎的法律法規。為此，在此建議各地可根據自身需要，建立"服務業人工智能提升實驗區"，探索服務業彈性工作的規範化發展。

3. 需要重塑服務業人才培訓理念和培訓體系

改革教育培訓體系，順應新經濟新服務新業態的變化，多方發力培養複合型和靈活型人才。對服務領域的創新就業崗位給予專項獎勵。地方政府可聯合第三方出台"服務業反彈指數"，指導行業信心，穩定員工流失率。保障家政服務業、批發市場、菜市場、超市賣場保民生、保供應密切相關服務人員的安全健康。

4. 穩定服務業供應鏈體系

服務業的可持續發展關鍵是線下的生產、消費和物流能否實現無縫對接、及時供應和高效配置。為此，既需要在產業供給端發力，也需要在政策供給端發力。

（1）積極有序復工復市、保持服務產業鏈穩定

服務業應率先在做好防控工作的前提下，全力推動民生類服務業企業復工復產、恢復生活供應鏈、保持服務產業鏈穩定。對不裁員或少裁員的參保企業，可返還其上年度實際繳納失業保險費的 50%。對面臨暫時性生產經營困難且恢復有望、堅持不裁員或少裁員的參保企業，返還標準可按 6 個月的當地月人均失業保險金和參保職工人數確定。將失業保險金標準上調至當地最低工資標準的 90%。

（2）強化政府的財稅金融政策應對

第一，努力減稅降本，適當減免一季度受疫情影響嚴重的服務業部門（尤其是交運、旅遊、餐飲、住宿等行業）的增值稅，虧損金額抵減盈利月份的金額以降低所得稅。進一步降低生活性服務業保繳費率，養老、醫療繳費率可分別降低 1 個和 2 個百

分點。連續兩個季度給予受損服務行業以財政貼息，增加補貼性、建設性支出。[1]

第二，組織民生性和生活性服務業人員及時返崗復工，用足當地的"援企穩崗"政策，用具體辦法解決當下勞動密集型生活服務業用工難、用工貴問題，最大限度穩定企業用工。在同等條件下，建議政府優先受理受疫情影響、面臨暫時性生產經營困難的中小服務企業社會保險補貼、崗位補貼和在職培訓補貼的申請，經審核符合條件的，優先予以批准。

第三，強化金融支持，對受疫情影響較大的行業企業，要靈活運用無還本續貸、應急轉貸等措施，支持相關企業特別是中小微服務企業穩定授信，對其到期貸款予以展期或續貸。防止出現資金鏈斷裂。繼續壓降交通、餐飲、旅遊、體育、教培、服裝等短期受疫情衝擊較大的服務業企業的成本費率，通過實行貸款市場報價利率、內部資金轉移定價優惠、減免手續費等方式，確保小微企業融資成本同比下降。同時優化業務流程，開闢服務綠色通道，加大線上業務辦理力度，簡化授信申請材料，壓縮授信審批時間，及時為企業提供優質快捷高效的金融服務。[2]

第五節　構建第三產業發展長效機制，提高抗擊疫情能力

目前，我們重點考慮的是如何應對疫情衝擊和實現服務業修復性增長。但長遠看，則要構建起長效機制，推動服務業高質量發展增強服務業的抗擊疫情能力。

一、以制度型開放為引領深化服務業改革和政策創新

中國服務業改革進入了"深水區"，必須有非同尋常之力量撬動之。制度型開放是其最有效手段。服務業高效優質發展，必須釐清政府和市場作用的邊界，政府和

1　魏翔、夏傑長：〈減損失降成本助中小企業渡難關〉，《經濟日報》，2020 年 2 月 9 日。
2　同上。

市場各歸其位，確保競爭政策的基礎性地位，避免過度運用產業政策影響服務市場的要素配置與流動，力促形成統一開放的市場環境。加快擴大服務業對外開放，大幅削減服務貿易領域的政策和准入壁壘，促進各類服務要素流動便利化。推動與發達國家在相關領域的標準互認和職業資質互認，增強中國服務業企業在國際市場的認可度和參與度，帶動服務業企業在參與國際競爭中成長，深度融入全球產業鏈、供應鏈、價值鏈和創新鏈，促進服務業競爭力提升和創新升級。

二、科學謀劃數字服務發展戰略

第三產業已經是中國國民經濟最大產業。但是，大部分第三產業還是依賴傳統服務模式，只有部分領域完成了數字化轉型，第三產業整體競爭力和抗風險能力較弱。在此次疫情中，服務業數字化起到了重要的作用，疫情之下，數字化和網絡化能力較強的新型服務業有了更好的發展。在新冠肺炎疫情期間，廣大民眾積極配合政府工作，居家隔離，遠程辦公以減少不必要的外出集聚已成為新的生活方式。雖然線下餐廳、旅遊、酒店、銀行等服務業都在不同程度上受到衝擊，但多種新型服務模式也應運而生。藉助互聯網的發展，服務業數字化逐漸被接受，如"無接觸配送"、"線上雲旅遊"、"遠程教學"等服務在疫情期間得到了很好的發展並在逐步被接受。政府應引導大型互聯網平台履行其社會責任，充分發揮其資源、科技、數據等方面的優勢，不斷加強全服務行業的數字服務基礎設施建設，實現服務業向數字化網絡化轉型。

以這次疫情應對為契機，建議政府進一步將自動化人工智能技術和信息技術等數字技術與現代服務業進行深度融合，以服務業豐富 5G 技術應用場景，帶動電子商務、電子政務和網絡文化的終端消費。以這次疫情應對為起點，通過數字化的理念宣傳，建立居民健康生活習慣，充實美好生活的內涵，擴大康養、運動休閒、綠色農莊、健身中心、戶外體育的數字消費市場。

數據是服務業數字化、平台化和智能化的核心要素，建立良好的數據生態是發展基於數字經濟的服務創新和推進服務業轉型升級的基礎支撐。從本質上看，互聯網的數據主要來源於研發、設計、仿真、採購、生產、銷售、供應鏈、金融、物流、消費、訂單、支付與社交等各個過程。這些數據對定製化生產和精準營銷、更好地實現供需匹配，降低交易成本，有著重要的作用與意義。但是，這些數據到底應屬哪個主體，是生產企業、消費者還是互聯網系統的運營商、數據收集方，需要在政策法律層面進行明確。在政策層面，要建立適應互聯網發展的數據權利、交易、共享等方面的法律政策規則，構建形成良好的數據治理環境。在國家層面應建立產業互聯網大數據中心，打通各種數據來源，統一規範數據格式與接口，集中收集相關數據，面向應用特點形成可用的數據集以及相應的數據資源目錄，供製造商、服務供應商、互聯網運營商和研究機構等共享使用，從而形成發展合力。

三、推動社區治理體系和社區服務體系

社區作為城市的基本社會單元，是國家治理體系和治理能力現代化建設的基石。國外學者的研究表明，人民的幸福和健康，很大程度上取決於社區的治理水平。在治理水平較低的國家，公共衛生支出效率相對較低。低質量的社區對居民的健康危害很大。[1] 因此，未來應重構社區治理體系，提升社區治理能力，將社區智聯、公共衛生服務和生活性服務業平台經濟相結合，積極推動“智慧社區”和“數字小區”建設，提升基層社會治理水平，構築服務經濟持續穩定發展的微觀基礎。

“智慧社區”建設應當基於社區的基礎性應用，既要面向社區的政府行政服務和政府主導的公共服務，如社區治安、養老、教育、衛生和公共空間管理等，又要面向社區居民生活需要的商業服務，如社區周邊服務、社區居民所需要的衣食住行等服務。例如，可以在社區建立統一的電商網絡平台和便民蔬菜服務，實現在線選購、統一配送服務，滿足居民對淨菜配送等服務的需求，解決商業信息傳遞和物流網絡通聯的障礙，使消費突破時間和空間的障礙，從根本上提升社區生活服務水平。

此外，針對家政、洗衣等生活服務行業可探索開展電子商務應用，帶動家政等行業協同發展，並通過小區物業與家政服務互補、連鎖服務進社區等創新，進一步促進社區生活服務多樣化發展，使傳統服務向現代服務轉變。

---

1 Rajkumar, A. S. and Swaroop, V., "Public spending and outcomes: Does governance matter?" *Journal of Development Economics*, 2008, 86: 96–111.

四、提升公共衛生服務體系抗擊疫情的能效

1.建立公私互補的衛生醫療服務市場

通過醫療服務供給的 PPP 模式，解決醫療資源配置不合理、政府對公立醫院投入嚴重不足和公立醫院經營效率不高的問題。充分利用公共部門和私營部門各自的優勢發展夥伴關係，使雙方揚長避短，讓政府、醫療服務供給者、公眾以及私營部門受益。同時，管理部門應通過構建績效目標改善醫療衛生部門績效。[1] 健全的治理是提高醫療服務績效的核心，而標準、信息、激勵和責任對治理而言是至關重要的。[2]

2.加快醫療體系的科技進步，提升公共衛生服務體系抗疫能力

人類社會與疾病包括疫情大流行進行鬥爭，是一個系統工程，需要堅實的經濟基礎和有效的社會治理，但科技進步是最為關鍵的因素。科技進步，特別是信息技術和生命科學技術更是國家提高公共衛生保障能力和應對流行病威脅的關鍵資源。這次抗疫，以新一代信息技術為代表的科技進步發揮了極為重要的作用。[3] 要以科技為依託，加快科技研發攻關，加大藥品和疫苗研發力度，為公共衛生提供科技支撐；加快人工智能和大數據等新技術在疫情防控等公共衛生領域的運用，確保及時完整報送公共衛生體系信息、科學敏銳監測可能發生的疫情，切實提升公共衛生服務體系抗疫能力，造福民生福祉。

（本章執筆：夏傑長）

1　胡善聯：〈在國家治理體系框架下加強醫藥衛生體系治理能力的建設〉，《衛生經濟研究》，2020 年第一期。

2　Lewis, M. and Pettersson, G., "Governance in Health Care Delivery Raising Performance", *World Bank Development Economics Department & Human Development Department*, Policy Research Working Paper 507, 2009.

3　劉奕：〈以大數據築牢公共衛生安全網：應用前景及政策建議〉，《改革》，2020 年第四期。

參考文獻

[1] Jofre−Bonet, M., "Health care: private and public provision European", *Journal of Political Economy*, 2000, 16: 469−489.

[2] Karsten. S. G., "Health Care: Private Good vs. Public Good", *American Journal of Economics and Sociology*, 1995, 54(2): 129−144.

[3] Rajkumar, A. S. and Swaroop, V., "Public spending and outcomes: Does governance matter?" *Journal of Development Economics*, 2008, 86: 96−111.

[4] Rothschild, M. and Stiglitz, J.E., "Increasing risk: I. A definition", *Journal of Economic Theory*, 1970, 2: 225−243.

[5] 蔡昉:〈城市發展中的人口、政府和公共服務〉,《國外社會科學》,2020 年第二期。

[6] 蔡昉:〈經濟學如何迎接新技術革命?〉,《勞動經濟研究》,2019 年第二期。

[7] 范周:〈文化產業中小微企業利用直播技術迎來發展機遇期〉,《中國經營報》,2020 年 3 月 20 日。

[8] 付凌暉:〈對一季度部分指標變化的幾點看法〉,2020 年 4 月 20 日,http://www.stats. gov.cn/tjsj/sjjd/202004/t20200420_1739722.html。

[9] 胡善聯:〈在國家治理體系框架下加強醫藥衛生體系治理能力的建設〉,《衛生經濟研究》,2020 年第一期。

[10] 劉奕:〈以大數據築牢公共衛生安全網:應用前景及政策建議〉,《改革》,2020 年第四期。

[11] 劉奕、夏傑長:〈共享經濟的理論和政策研究動態〉,《經濟學動態》,2016 年第四期。

[12] 劉旭穎:〈"雲旅遊"搭建新消費場景〉,2020 年 3 月 20 日,http://www.comnews.cn/ article/ibdnews/202003/20200300041214.shtml。

[13] 陸暘、夏傑長:〈疫情對服務業衝擊的影響及對策〉,《中國經濟時報》,2020 年 3 月 2 日。

[14] 民航局:〈2020 年 Q1 民航全行業累計虧損 398 億元〉,2020 年 4 月 15 日,http:// finance.sina.com.cn/stock/relnews/hk/2020−04−15/doc−iirczymi6521935.shtml。

[15] 魏翔、夏傑長:〈減損失降成本助中小企業渡難關〉,《經濟日報》,2020 年 2 月 9 日。

[16] 夏傑長、豐曉旭:〈新冠肺炎疫情對旅遊業的衝擊與對策〉,《中國流通經濟》,2020 年第三期。

[17] 夏傑長、譚洪波:〈服務貿易之商業存在:規模、競爭力和行業特徵〉,《財經問題研究》,2019 年第十一期。

[18] 楊霞:〈疫情下的快遞業:短期全面復工難,加盟網點壓力大〉,2020 年 2 月 9 日,
      https://www.sohu.com/a/371749978_313745。

[19] 趙建國、李賢儒:〈投資進入規制改革是否提升了公共醫療服務質量?〉,《財經問題
      研究》,2019 年第十一期。

[20] 〈2020 年在新型冠狀病毒疫情影響下,中國手機遊戲下載量及用戶規模分析〉,http://
      www.chyxx.com/industry/202003/838945.html。

第六章

疫情的需求側影響及應對

第一節 "世紀性"疫情衝擊:生存還是毀滅?

"生存還是毀滅,這是一個問題。"如果說,面對一般的經濟蕭條、金融動盪,喊出"生存還是毀滅",或有牽強之處,但面對這次"世紀性"、"百年不遇"的新冠肺炎疫情衝擊,莎士比亞的這句台詞儼然成為人們的共同心聲。原因在於:其一,疫情導致每天有成千上萬的人在失去生命。截至 2020 年 7 月 1 日,全球新冠肺炎累計確診病例超過 1056 萬例,達到 10,563,221 例,累計死亡病例超過 51.3 萬例,達到 513,032 例。50 多萬人死於新冠肺炎,顯示出"生存還是毀滅"最原初的含義。其二,受疫情影響,很多人,特別是那些低收入的脆弱性人群,必須直面生存壓力。因為一兩個月、一兩個季度甚至更長時間無法就業,沒有收入,可能就真的活不下去了。其三,不少企業受疫情影響,特別是遏制疫情所採取的關門歇業或大封鎖的嚴厲舉措,導致經濟活動按下暫停鍵,給員工的工資都開不出,更不要說還要還債(企業都是負債經營)。企業的生存成了問題。因此,從"生存還是毀滅"角度,疫情經濟學與一般性的經濟金融危機經濟學有著根本不同:活下去是第一位的;而討論疫情對經濟的衝擊,也不得不面對疫情防控(保護生命)與復工復產(企業生存)之間的矛盾。

2020 年初新冠肺炎疫情的爆發及其造成的後續影響,均是令人始料未及的。將之類比於 100 年前的西班牙大流感,也並不為過。甚至有不少研究認為這次疫情衝擊可能會超過西班牙大流感,因此完全可以用"世紀性"或"百年不遇"來描述。

疫情爆發不可避免地要求遏制,包括中國在內的世界各地採用了各種辦法。但無論是封城還是社交隔離(social distancing),無論是關門(shutdown)還是封鎖(lockdown),為了防止疫情擴散所採取的程度不同的遏制政策,必然會給經濟帶來直接的負面衝擊,需求面與供給面都會受影響。從經濟表現來看,消費與產出的下滑是無可避免的了。

巴羅的研究表明,[1] 西班牙大流感造成了典型國家 GDP 下降了 6%,消費下降了

---

1 Barro, R. J., J. F. Ursúa and J. Weng, "The Coronavirus and the Great Influenza Pandemic. Lessons from the 'Spanish Flu' for the Coronavirus's Potential Effects on Mortality and Economic Activity", NBER Working paper 26866, 2020.

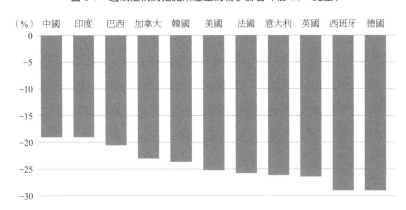

圖 6-1　遏制疫情的措施所產生的初步影響（佔 GDP 比重）

資料來源：OECD updates G20 summit on outlook for global economy。

8%。有限的數據表明，本次疫情對金融市場的短期衝擊影響將超過 1918 年西班牙大流感、1929 年的大蕭條以及 2008 年的國際金融危機。

OECD 在 2020 年 3 月底提交給二十國集團（G20）峰會的預測數字表明：對於遏制的每個月，年度 GDP 增長將損失 2 個百分點；一年下來，遏制行動將直接影響主要經濟體 GDP 總量的四分之一（見圖 6-1），僅旅遊部門就面臨高達 70％的產出下降。許多經濟體將陷入衰退。

2020 年 4 月 14 日，國際貨幣基金組織（IMF）的旗艦報告《世界經濟展望》預測：2020 年全球增長率降至 –3%，與 1 月的預測相比下調幅度高達 6.3 個百分點；並認為這是大蕭條以來最嚴重的經濟衰退，遠超 2008 年金融危機。2020 年 6 月《世界經濟展望》最新預測，將全球增長率進一步下調至 –4.9%，比 2020 年 4 月的預測低 1.9 個百分點。新冠疫情對 2020 年上半年經濟活動的負面影響比預期的更為嚴重，預計復甦將比之前預測的更為緩慢。2021 年全球增長率預計為 5.4%。總體而言，這將使 2021 年 GDP 比 2020 年 1 月疫情之前的預測低 6.5 個百分點。

我們將《世界經濟展望》2020 年 6 月關於疫情大流行衝擊的最新預測數據與"大蕭條"和"大衰退"作了一下對比，以發達經濟體為參照系（見圖 6-2）。因為無論是"大蕭條"還是"大衰退"，發達經濟體受到的衝擊都是更大的。結果發現，"大流行"導致的產出下降衝擊最大，遠甚於 2008 年的"大衰退"，但會有一個 V 型反彈。相比而言，"大蕭條"延續的時間最長，"大衰退"次之，而"大流行"最短。這一對比不過是想說明，大流行對產出的衝擊有足夠的 "深度"，但未必有足夠的 "長度"。原因在於：疫情導致的危機與經濟金融體系自身的危機，其作用機理是不一樣的。疫情及遏制所帶來的經濟停擺或是暫時的，經濟體未受到根本損傷，而大蕭條和大衰退都是因為經濟體本身出了問題。

伯南克將新冠疫情稱之為一場自然災害（如一場暴風雪），而不會是 1930 年代的大蕭條。事實上，伯南克認為疫情帶來的衝擊幾乎與金融危機相反。當時是銀行體系的問題影響到整體經濟；而在這一次是新冠病毒給實體經濟領域帶來了問題，並正在 "感染" 銀行。

也有學者認為，本次疫情衝擊與 2008 年全球金融危機並非一回事，前者是外生的風險，而 2008 年是內生的風險。換句話說，2008 年是市場參與者之間的內在互動推動了全球系統性金融危機，根子在金融體系自身。而新冠疫情是對經濟的外生衝擊，問題的根源在金融業之外。因此，較為普遍的觀點認為：如果疫情得不到控制，任何主要關注金融體系的解決方案都將失敗。美國 2020 年 3 月份推出一系列救市措施但市場初期並不買賬，恰恰就印證了這一點。這也體現出疫情經濟學的特別之處。

圖 6-2 "大蕭條"、"大衰退" 與 "大流行" 對發達經濟體產出的衝擊

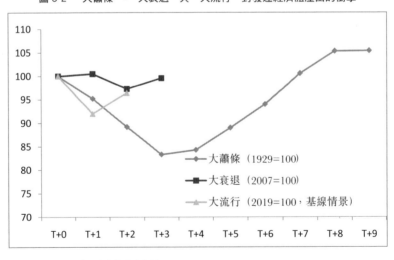

資料來源：Maddison (2010)，[1] 國際貨幣基金組織。

---

1 Maddison, A. *Historical Statistics of the World Economy*, 2010, 1–2008AD, http://www.ggdc.net/maddison.

第二節　疫情對經濟衝擊的基本機制

疫情對經濟的衝擊通過總需求和總供給兩方面發生作用。供給面的影響在於，疫情使那些正在工作的人群暴露在病毒感染之下，人們通過減少勞動力供應來應對這種風險。需求面的影響在於，疫情使那些購買商品或服務的人群暴露在病毒感染之下，人們通過減少消費來應對這種風險。供求關係共同作用，導致持續的大衰退。[1]

我們可以通過圖 6-3 來更細緻地刻畫疫情影響經濟的基本機制。

現代經濟是由相互關聯的各方組成的複雜網絡：員工、公司、供應商、消費者、銀行和金融中介機構。每個人都是別人的雇員、客戶、貸方等。如果這種買賣雙方關聯中的任何一方因疾病或隔離政策而斷裂，結果將是一連串的中斷。圖 6-3 是在大多數入門經濟學教科書中都可以找到的收入循環流程圖的一種形式。在其簡化形式中，家庭擁有資本和勞動力，然後將其出售給企業，企業利用資本和勞動力來製作家庭購買的產品，並通過企業支付給他們的收入來購買，從而完成循環並保持經濟增長。

現在來考察疫情衝擊如何導致經濟的循環流程發生中斷並產生傳導效應。

可以先從需求端衝擊講起。由最左側住戶開始，順時針移動，我們發現沒有領取工資的住戶會遇到財務困境，從而減少支出。接下來，國內需求的衝擊導致進口下降以及減少收入向國外的流出。雖然這並不能直接減少國內需求，但會減少外國收入，並進而減少外部需求（右上角的紅叉）。需求減少和 / 或直接供應衝擊可能導致國際國內供應鏈中斷（最右側的兩個紅叉）。由此，大批企業面臨歇業、裁員，考慮到遏制疫情的需要，有些企業直接關門了。只有等到疫情得到有效控制才會陸續復工復產。當然，這個故事也可以從供給端即最右側的企業講起。為防止疫情擴散，企業停產、裁員（兩個紅叉），於是導致員工收入下降，支出減少，國內消費下降，花費在進口品上的支出也下降，從而接續上面的故事。

以上從需求端與供給端的分析只是為了更好地理解經濟運行，而並不存在孰先孰後的問題。在現實經濟中，需求、供給衝擊應該是同時發生，並且相互加強的。

1　Eichenbaum, Martin S., Sergio Rebelo and Mathias Trabandt, "The Macroeconomics of Epidemics", *NBER Working Paper 26882*, March 2020.

圖 6-3　疫情對經濟衝擊的基本機制

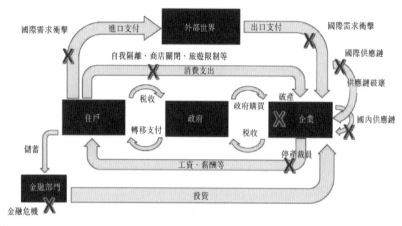

資料來源：Baldwin, R. "Keeping the lights on: Economic medicine for a medical shock", 2020b, VoxEU.org, 13 March.

　　為了更好地理解疫情對經濟影響的作用機制，可以將疫情衝擊分為三類或三波衝擊。

　　第一波衝擊：對國內消費與生產的直接影響。這一點在圖 6–3 中有很好的反映。而且，無論是從住戶部門講起還是企業部門講起，首先討論的都是疫情的直接衝擊，或者說第一波的影響。而後續的傳導機制就涉及到第二波甚至第三波的衝擊了。

　　第二波衝擊：外部渠道。這既涉及到外部需求的萎縮也涉及到國際供應鏈的中斷，以及國際金融市場波動的影響。隨著疫情在全球範圍內迅速蔓延，疫情的影響將從外部進一步對國內產生影響，其影響途徑包括：國際貿易方面，疫情拖累世界經濟增長，影響貨物貿易的外部需求；同時疫情造成國際航線中斷或減少，對疫情的恐懼也使得國際旅遊業客源銳減，服務貿易受到衝擊。國際資本流動層面，隨著不確定性的增加以及對經濟活動按下暫停鍵，金融市場進行劇烈的價值重估。資金流向傳統的避險港灣，疫情重災區國家則面臨資本外流，若疫情持續，甚至 FDI 等長期資金也可能加快撤出。供應鏈方面，國內很多產業或企業的供應鏈已經全球化佈局，國外生產或國際物流環節受到疫情的擾動，必然會影響到處在同一產業鏈上的國內企業的正常生產經營。

　　第三波衝擊：資產負債表渠道。圖 6–3 的流程圖出於簡化的需要，有一個重要的忽略，就是沒有將各部門資產負債表的放大效應考慮進來。比如，1. 金融市場動盪，居民資產縮水，會進一步壓縮消費。2. 企業受疫情影響不能開工，現金流出現問題，流動性緊張。貸款人擔心企業無法償還貸款，拒絕擴大信貸額度，加劇流動性短缺。3. 隨著疫情導致金融資產價格暴跌，金融中介為滿足投資者的資金撤回要求，進行資產清償，可能會引發資產拋售。為滿足資本充足率等監管要求，金融機構不得不收縮資產負債表，從而進一步加劇金融市場的流動性危機。這恐怕是導致2020 年 3 月份美國金融市場雪崩式現象的一個重要原因。

第三節　疫情對需求側的衝擊

我們完全可以基於圖 6-3 的疫情衝擊機制來分析疫情對中國經濟的影響。這裏重點探討疫情對需求側的衝擊。

2020 年第一季度經濟社會發展數據充分體現了疫情對總需求衝擊的力度。初步核算，一季度 GDP 同比下降 6.8%。就單季來看，這恐怕是改革開放以來最大的跌幅。不過，相比此前各方的預測，這個數據是好於預期的。其中，3 月份的復工復產，以及貿易回落沒那麼嚴重，都對經濟表現起到了關鍵性的支撐。但消費投資的大幅下降、工業生產者出廠價格降幅進一步擴大，均表明未來的復甦之路還佈滿荊棘。

一、對消費的衝擊

根據統計局公佈的數據，2020 年一季度，社會消費品零售總額同比下降19.0%。其中，3 月份下降 15.8%，降幅比 1 至 2 月份收窄 4.7 個百分點；商品零售下降 12.0%，降幅比 1 至 2 月份收窄 5.6 個百分點。按消費類型分，餐飲收入下降最多，達 44.3%；商品零售下降 15.8%；但與居民生活密切相關商品呈現增長態勢，限額以上單位糧油、食品類，飲料類和中西藥品類商品分別增長 12.6%、4.1% 和

2.9%，比 1 至 2 月份分別加快 2.9、1.0 和 2.7 個百分點。需要強調的是，3 月份以來關於消費的各項數據均有所改善。5 月份，社會消費品零售總額同比下降 2.8%，比上月收窄 4.7 個百分點；其中商品零售額下降 0.8%，規模接近上年同期水平。基本生活品消費繼續增長，升級類商品消費較為活躍，汽車、家具等住行類商品零售改善。在疫情影響下，消費是首先受到負面影響的。特別是那些接觸密集度（contact-intensive）高的行業如餐飲、住宿、交通、旅遊、電影院線等受到的衝擊最為嚴重。不過，疫情衝擊也催生了"無接觸經濟"這樣的新增長點，正如 2003 年的非典催生了電商大發展一樣。圖 6-4 顯示，2020 年 3 月，全國網上零售額累計同比上升 5.9%（而社會消費品零售總額累計同比下降 19%），比 1 至 2 月份加快 2.9 個百分點；佔社會消費品零售總額的比重為 23.6%，比 1 至 2 月份提高 2.1 個百分點。1 至 5 月份，網上商品零售額同比增長 11.5%，比 1 至 4 月份加快 2.9 個百分點；佔社會消費品零售總額比重達 24.3%，比上年同期提高 5.4 個百分點。相比其他經濟活動摁下暫停鍵，"無接觸經濟"在疫情期間得到加速發展。第三方數據監測顯示，2018 年中國本地生活服務線上交易規模就已超過 1.5 萬億，且比上年增長 56.3%；依照這樣的速度，再加上本次疫情的影響，當前在線生活服務消費規模將會超過 2 萬億。QuestMobile 發佈《2020 中國移動互聯網春季大報告》顯示，2020 年一季度疫情期

圖 6-4　社會消費品零售總額累計同比變化（%）

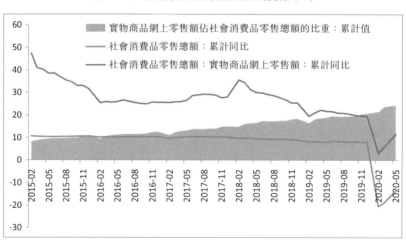

資料來源：Wind 數據庫。

間，娛樂、教育、辦公、公益、醫療、資訊等快速線上化、"雲化"，移動互聯網月活躍用戶數在 2019 年春節觸達 11.38 億且進入長達一年的穩態波動後，於 2020 年 3 月突破 11.56 億。同時，月人均單日使用時長從去年的 5.6 小時增加至 7.2 小時，增幅 28.6%。受疫情影響，用戶資訊、生活娛樂等需求轉移到線上，移動互聯網同比增速反彈至 1.5%，月活躍用戶規模較 2019 年末增長 1700 萬。

制約消費的因素，除了疫情本身，還有居民收入。在當前收入差距較大背景下，富人消費能力強，但邊際消費意願低、儲蓄意願高，可釋放的消費潛力有限；窮人邊際消費意願高，但收入低、流動性約束大，消費能力難以得到提升，這是制約消費總量增長的關鍵性因素。西南財經大學中國家庭金融調查與研究中心針對新冠疫情的專項調查顯示，[1] 疫情造成居民對就業形勢和收入增長預期悲觀，可能導致整體預防性儲蓄上升，家庭資產資金流動性不足，尤其是低收入階層受到的衝擊較大，受上述因素影響 2020 年家庭預期總消費支出將減少 11%。總體看，疫情影響就業、降低收入，導致消費者信心不足，社會總消費恢復增長的前景並不樂觀。從這個角度，穩定就業，通過轉移支付的方式（或現金支付或消費券）對低收入群體進行補貼，既是托底的社會政策，也是支持消費的總需求政策。

二、對投資的衝擊

2020 年第一季度，全國固定資產投資（不含農戶）84145 億元，同比下降 16.1%，降幅比 1 至 2 月份收窄 8.4 個百分點。其中民間固定資產投資下降 18.8%，降幅收窄 7.6 個百分點。從投資的 "三駕馬車" 看，基礎設施投資下降 19.7%，製造業投資下降 25.2%，房地產開發投資下降 7.7%，降幅分別比 1 至 2 月份收窄 10.6、6.3 和 8.6 個百分點（見圖 6-5）。分產業看，第一產業投資下降 13.8%，第二產業投資下降 21.9%，第三產業投資下降 13.5%；民間投資 47804 億元，下降 18.8%，降幅分別比 1 至 2 月份收窄 11.8、6.3、9.5 和 7.6 個百分點。1 至 3 月份，全國固定資產投資（不含農戶）84145 億元，同比下降 16.1%，降幅比 1 至 2 月份收窄 8.4 個百分點。

1　新冠疫情對恩格爾係數和家庭消費行為的衝擊（http://finance.sina.com.cn/zl/china/2020-04-17/zl-iirczymi6918895.shtml）。

圖 6-5　投資的 "三駕馬車"（％）

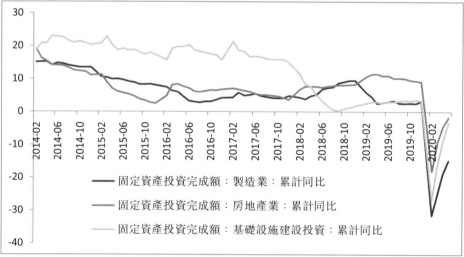

資料來源：Wind 數據庫。

　　受疫情影響，投資總體大幅下降。但也有些領域的投資具有一定 "韌性"，比如高技術產業投資以及與抗疫相關的投資。高技術產業投資下降 12.1%，降幅小於全部投資 4.0 個百分點，其中高技術製造業和高技術服務業投資分別下降 13.5% 和 9.0%。高技術製造業中，計算機及辦公設備製造投資增長 3.2%。高技術服務業中，電子商務服務投資增長 39.6%，專業技術服務投資增長 36.7%，科技成果轉化服務投資增長 17.4%。社會領域投資下降 8.8%，其中衛生領域投資下降 0.9%，降幅低於全部投資 15.2 個百分點，生物藥品製品製造業等與抗疫相關行業投資保持增長，重點防疫工程建設快速推進。從環比看，3 月份固定資產投資（不含農戶）比上月增長 6.05%。

　　1 至 5 月份，固定資產投資（不含農戶）同比下降 6.3%，比 1 至 4 月份收窄 4.0 個百分點；其中基礎設施投資下降 6.3%，收窄 5.5 個百分點。高技術產業、社會領域投資均由降轉升。採購經理人指數（PMI）是經濟活動的晴雨表。隨著疫情的控制和復工復產的有序推進，採購經理人指數在 2020 年 3 月份強勁反彈。數據顯示（見圖 6-6），製造業採購經理人指數為 52.0%，較上月上升 16.3 個百分點。非製造業商業活動指數為 52.3%，較 2 月上升 22.7 個百分點。5 月份，製造業採購經理人指數為 50.6%，非製造業商務活動指數為 53.6%，均連續 3 個月保持在臨界點以上。其中，製造業生產經營活動預期指數、非製造業業務活動預期指數分別為 57.9%、63.9%，比上月上升 3.9、3.8 個百分點，保持在較高景氣區間。

圖 6-6　採購經理人指數（PMI）（%）

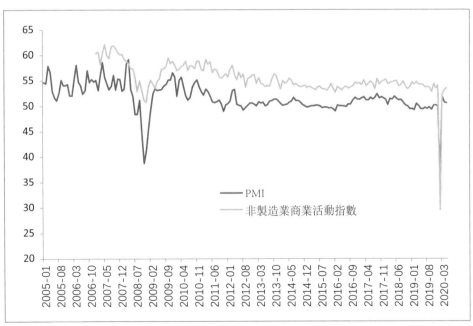

資料來源：Wind 數據庫。

三、對外需的衝擊

國際貨幣基金組織最新預測（2020 年 4 月）結果顯示，本次疫情衝擊將導致全球產出損失達 9 萬億美元。這刻畫了全球總需求的下降幅度，無疑也意味著外需的大幅回落。

受外需大幅回落的影響，2020 年一季度，中國貨物進出口同比下降 6.4%。其中，3 月份進出口同比下降 0.8%，降幅比 1 至 2 月份收窄 8.7 個百分點。出口下降 3.5%；進口增長 2.4%，其中一般貿易進口增長 4.0%。一季度，出口下降 11.4%；進口下降 0.7%。進出口相抵，貿易順差 983 億元（見圖 6-7）。

就出口區域分佈而言，本次外需萎縮嚴重區域集中分佈於疫情較為嚴重的區域，而疫情發展較為溫和或已得到有效控制的區域成為中國出口需求恢復的主力。具體從 3 月的數據看，相較於 1 至 2 月，3 月中國疫情蔓延較為溫和的區域如東盟及日本出口增速回升較為顯著，其中對東盟出口增速回升至 7.7%，共拉動整體出口增速回升 1.6 個百分點；此外對日本出口增速回升至 −1.4%，拉動整體出口增速回升 1.4 個百分點；3 月上半旬疫情集中爆發於歐洲，以意大利為代表的歐洲經濟體陸續採取隔離措施，3 月中國對歐盟出口增速繼續下探至 24.3%，共拉低中國整體出口增速 1.0 個百分點。

境外疫情肆虐，世界經貿嚴重萎縮。二季度，WTO 貨物貿易晴雨表指數為 87.6，創歷史新低；聯合國貿易和發展會議預測，二季度全球商品貿易額將比一季度下降 26.9%。儘管如此，3 月份以來，中國出口降幅在大幅收窄，由 3 月的 −13.3% 到 5 月的 −7.7%；但進口降幅卻在擴大，由 3 月的 −2.9% 到 5 月的 −8.2%。這一定程度上也反映了內需的疲弱。

儘管從數據上看，外需下降幅度比外界預測的要小，展現出中國外貿增長的韌性，但仍要注意以下三點：其一，儘管外需（以淨出口來衡量）對增長的貢獻率這些年來不斷下降，有些年份甚至為負，但並不意味著外需不重要。尤其是，出口部門創造了大量就業，如果出口因外需減弱而下降，將會帶來失業加劇。其二，外需萎縮恐怕還未完全展現出來。因為歐美疫情影響還在持續，特別是考慮到中國的疫情得到了較好控制（不排除第二波，但概率要小很多），而歐美疫情結束時間將會晚於中國。歐美可能需要接近兩年才回到疫情之前的生產總值水平，所以 V 型反彈較難實現。其三，外需衝擊不能只關注歐美日，還要關注新興經濟體。因為疫情衝擊以及由此產生的國際金融市場動盪情況下新興經濟體更加脆弱，這包括貨幣貶值、資本外逃、企業槓桿率過高、貨幣錯配（外幣債務較多）等方面，可能引發危機，這是中國在促進出口多元化過程中需要密切關注的。

圖 6-7　進出口累計同比增速（%）

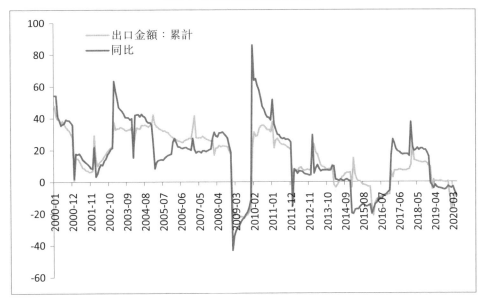

資料來源：Wind 數據庫。

第四節　政策應對：擴大消費、聚焦新“增長極”

在當前疫情嚴重衝擊下，保增長的任務可謂異常艱巨。各種富有想像力的政策建議都已經出來，比如制定系統性的復甦規劃、“新四萬億”，實行中國版的 MMT（即現代貨幣理論，核心觀點在於財政赤字貨幣化）等等。保增長的大方向固然沒錯，但問題在於：怎麼保，保到什麼程度，能不能“不惜一切代價”？不少觀點認為，畢竟，經濟不能休克，增長不能崩盤，因此可以“不擇手段”。如果這時候再講

"成本、代價、後遺症"等等，顯得太過學究了。

我們認為，儘管疫情何時結束尚屬未知，特別是境外疫情擴散帶來輸入性風險，V 型反彈難以保證，但從 2020 年第一季度下滑 6.8%，且 2020 年 3 月份以來大多經濟數據均有所好轉來看，增長還不至於崩盤。記得年前還在"保 6"問題上爭個不休，現在普遍認為 GDP 增長率能到 2% 就已經屬樂觀情景了（國際貨幣基金組織 2020 年 6 月份對中國 GDP 增長率的最新預測為 1%）。從 2020 年初疫情爆發至今，疫情演化及其對國內外經濟金融的衝擊，在不斷"刷新"各方的預測判斷，也呈現出總體上對於情況嚴峻程度的估計不足。因此，一方面我們要實事求是，淡化增長目標；另一方面，從底線思維出發，保就業保民生，把握好擴大內需的方向，增強逆週期調控的有效性，努力實現穩增長。

一、促消費應放在更重要的位置上

第一，促消費應放在更重要的位置上。首先，疫情對消費的衝擊更大。2020 年一季度的數據顯示，疫情導致社會消費品零售總額下降了 19%，固定資產投資卻下降了 16.1%。從截至 2020 年 5 月份的數據來看，中國復工復產推進相對順利，但需求恢復卻非常滯後，需求（特別是消費需求）成為矛盾的主要方面。其次，穩投資固然有必要，但當前也面臨投資刺激乘數小、效率低、擠出效應明顯、融資渠道受限等一系列問題，且投資擴張比促進居民消費，更易造成結構扭曲和債務積累風險。再次，消費已經成為中國增長的主要驅動力。而在最終消費中，居民消費佔比接近四分之三，最近 5 年（2015–2019）最終消費對中國 GDP 增速的貢獻率平均為 61.5%。

第二，擴大消費的重點是服務消費。2019 年，中國服務消費佔居民消費的比重達到 50.2%，與發達經濟體的 60% 左右相比，還有較大發展空間。從近年來的服務貿易逆差看，服務業發展恰恰是我們的短板。服務消費需求上不去，根子在服務業供給跟不上，特別是質量上有差距。制約服務業高質量供給的因素主要有兩條：一是金融、電信、鐵路、航空，以及教育、醫療、養老等領域，還存在較多的壟斷和管制；二是與製造業不同，服務業的發展要更加突出制度與標準，而這方面我們還有很多不足。因此，擴大服務業消費，要注重消費與產業雙升級，從供給側入手，加速推進服務業對內對外開放，儘快完善服務業標準體系，持續提高教育、醫療、文化、體育等公共服務水平。

第三，"無接觸經濟" 是新增長點。推動"無接觸經濟" 更快發展，還需要做到：一是要加快制定相關標準，包括外賣、快遞、遠程服務等行業"無接觸服務" 的標準和規範，以及在線教育課程認證、家庭醫生電子化簽約等制度；二是搭建"無接觸經濟" 基礎設施和支撐平台；三是推進無接觸社會服務的發展，促進教育、醫療健康、養老、託育、家政、文化和旅遊、體育等服務消費線上線下融合發展，拓展服務內容，擴大服務覆蓋面。

第四，汽車消費仍有潛力。儘管近兩年汽車銷售遇到困難，但這並不意味著汽車市場已經飽和。我們認為汽車消費仍有較大潛力。首先，中國人均汽車保有量並不高。2018 年日本每千人汽車保有量 619 輛，韓國為 450 輛，美國在 2017 年則達到 811 輛，而中國目前每千人汽車保有量只有 179 輛。中國的這一數字不僅低於美日等發達國家，還低於伊朗、泰國等發展中國家。其次，結合日韓經驗，中國汽車消費仍有空間。中國目前的人均汽車保有量僅相當於日本在 1970 年、韓國在 1994 年的水平，而這兩個國家在達到此人均汽車保有量水平後又維持了約 20 年的汽車銷量長期增長。再次，當前疫情衝擊對於汽車消費或是新機遇。可以類比的是 2003 年的"非典"。當時人們為了避免感染，紛紛購車，以致當年汽車銷量同比增幅達到了70%。此外，本次疫情衝擊導致油價暴跌，這至少在短期會對汽車消費形成推動。因此，放寬車輛限購政策、降低車輛購置稅、擴大汽車消費信貸、重視縣域汽車市場等政策，將會釋放出汽車消費潛力。

第五，適當增加公共消費。當前中國的公共消費率（公共消費佔 GDP 的比重）相對偏低，大約低於世界平均水平 2 個百分點，低於經合組織國家 3 個百分點，低於歐元區近 6 個百分點。但考慮到發達經濟體最終消費佔 GDP 比重遠高於中國，因此，僅就公共消費佔最終消費的比重在 2018 年達到 27.5% 來看，並不算低。因此，增加公共消費應該"適度"且是權宜之計，主要是擴大面向居民的社會性公共服務消費支出，這包括增加社保醫療方面的公共消費支出，以及增加低收入群體的消費補貼等，而不是擴大政府自身消費如"三公經費"。

二、不宜推出大規模投資刺激計劃

疫情衝擊致經濟下行壓力加大，擴大投資是必選項，但不宜推出大規模投資刺激計劃。

一是投資效率在下降。我們一般用邊際資本產出比（ICOR）來衡量投資的效率。該數值越高，增量資本所帶來的增量產出就越少，表明投資效率越低。1981 至 1997 年，亞洲金融危機之前，ICOR 年度平均為 2；1998 至 2008 年，本輪危機前，ICOR 年度平均上升到 3.7；而本輪國際金融危機以來，2009 至 2019 年，ICOR 年平均值則達到了 7.9。從 20 世紀 80 年代至今，ICOR 不斷攀升，投資效率一路下滑；特別是 2009 年以來，投資效率下滑最為顯著（參見圖 6-8）。這種情況下，過於倚重投資，甚至又出來 "新四萬億" 刺激計劃恐怕是欠妥的。

圖 6-8　邊際資本產出比（ICOR）的變動走勢（1981-2019）（%）

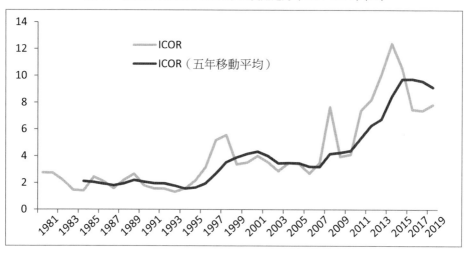

資料來源：Wind 數據庫。

二是政府投資的擠出效應明顯。2009 年固定資本形成的增長率幾乎是危機前的兩倍，當年投資對 GDP 增長的貢獻也接近 90%。儘管這樣刺激了增長，但也導致對民營經濟的擠出效應。一方面，四萬億和 "十大產業振興規劃" 使得國有經濟全面出擊，和民營經濟爭奪資源和市場；另一方面，金融信貸資源向國有經濟傾斜，使得民營經濟只能通過影子銀行等渠道獲得成本更高的資金，加劇了民企的融資難和融資貴。中國社會科學院國家資產負債表研究中心的估算數據顯示，自 2010 年以來，國有企業資產在企業部門資產中的佔比一直上升，體現出較為明顯的「國進民退」，這也充分反映出四萬億投資刺激計劃所帶來的擠出效應。

三是激發民間投資，避免「日本化」。「日本化」有多重含義，這裏主要是指在市場內生動力不足情況下，主要依靠增加政府債務、擴大政府投資來支撐經濟增長。「日本化」所帶來的問題就是公共部門債務大幅攀升，形成風險的積累與集聚。全球範圍看，私人部門槓桿率遠高於公共部門槓桿率，二者相差 60 多個百分點。而日本自本世紀初實施（質化）量化寬鬆政策以來，公共部門槓桿率開始高於私人槓桿率，二者的差距現在已達 70 個百分點左右。當前，中國公共部門槓桿率也高於私人部門槓桿率近 40 個百分點。就當前中國的發展階段而言，還需要激發私人部門的活力和依靠市場內生的動力來支撐增長，從而在槓桿資源配置上要向私人部門傾斜。如果公共部門槓桿資源配置突出的是防風險，那麼私人部門槓桿資源配置則更加強調的是效率原則和穩增長。因此，投資方面如果要發力，也要更多激發民間投資：一方面，從效率角度，民間投資有優勢；另一方面，民間投資的積極參與，會促進風險的市場化分擔，有利於緩解公共部門的高槓桿。所以，要進一步推進市場開放、政府與社會資本合作（PPP）以及混合所有制改革，給民營經濟以更大的發展空間；同時，實質性推進私有產權保護，穩定預期，給民營企業家以信心，激發企業家精神和民間投資的活力。

三、聚焦城市群／都市圈，打造新「增長極」

改革開放以來要素資源優化配置帶來中國的增長：首先是城鄉之間要素流動，特別是從所謂傳統部門到現代部門勞動力的流動，大大提高了勞動生產率，這是改革開放之初的增長動力源泉；20 世紀 90 年代以來，特別是社會主義市場經濟的確立以及外向型經濟發展，要素資源更多轉向可貿易部門，使得出口導向成為新的增長引擎；與以上兩個過程同時發生的，則是要素資源從國有部門向非國有部門的轉移，也帶來效率的提高，這是市場化改革的成效。目前，中國在這三個方面都遭遇到一定的瓶頸：1. 農業勞動力轉移不會有過去那樣大的規模，而且現在是城鄉一體化、鄉村振興，要素資源不再是單向的流動了；2. 2008 年國際金融危機以來，全球價值鏈貿易擴張受阻，加上逆全球化潮流以及中美之間的貿易戰，外向型經濟發展被強制調整；3. 危機之前，總體上還是民營經濟大發展時代，但 2008 年之後，這個形勢有了較大變化，民營經濟發展空間受到了制約。

現在看來，下個階段一個重要的"結構性紅利"，將出現在要素資源的空間優化配置上，聚焦城市群／都市圈，打造新的增長極。聚焦城市群／都市圈，一可以拉動投資：城市群與智慧城市的基礎設施建設，以及圍繞城市群和都市圈的人口遷移及住房建設；二可以促進消費：大城市帶來的收入效應；三可以提高生產率：規模效應和集聚效應。聚焦城市群／都市圈是新時代區域發展戰略的新方向，強調了優勢互補，特別是促進產業和人口向優勢區域集中，形成以城市群／都市圈為主要形態的增長動力源，進而帶動經濟總體效率提升。這是對過去"平衡"發展戰略的調整，體現了動態平衡的新發展思想。擴大內需必須基於這一重要的戰略變化，釋放增長新動能。

重點城市群和都市圈是中國當前消費的絕對主力和未來消費的潛力所在。摩根士丹利預測，到 2030 年，中國的城市化率將從目前的 60% 增長到 75%，城市居民增加 2.2 億。這些增加的城市人口中有一半將居住在五個超大城市群中（長三角、京津冀地區、粵港澳大灣區、長江中游地區和成渝地區等五大城市群）。中國這五大城市群的平均人口數量超過大多數歐盟國家。在戶籍制度改革方面，探索推動在長三角、珠三角等城市群率先實現戶籍准入年限同城化累計互認，也將有利於人口向城市群／都市圈的流動。基於京東平台大數據，十二大都市圈近幾年的消費在全國總消費中的佔比均高達 80% 以上，佔絕對主導地位。而目前人均 GDP 過 2 萬美元的 13 個非資源型城市，均處於長三角、珠三角、京津冀、長江中游等城市群中，意味著這些地區是未來消費增長的重點區域。

投資方面集中於重要城市群和都市圈的基礎設施。這包括公路、鐵路、航運、航空等一體化綜合交通體系，電力、天然氣主幹網等跨區域能源基礎設施建設，防洪、供水等省際重大水利工程建設，光纖寬帶、5G 網絡等信息基礎設施建設，以及保障房建設和基本公共服務的完善。這方面的投資，無論從穩定當前增長還是提升長遠發展能力角度，都非常重要。因此，需要從土地、資金等方面給予更大力度的支持，體現優勢互補的區域發展戰略。2020 年 3 月，北京、天津、上海、重慶、江蘇、浙江、安徽和廣東 8 個省市開展土地審批的試點，強調城鄉建設用地指標使用應更多由省級政府負責，事實上為打造新增長極提供了有力的支撐。因為這些試點省市基本上涵蓋了幾個最重要的城市群。土地審批一直是投資項目落地的關鍵制約，通過試點，給土地鬆綁，將較快拉動這些區域的投資，促進經濟增長。

（本章執筆：張曉晶）

第七章

疫情的供給側影響及應對

新冠肺炎疫情大流行對全球經濟影響是全方位的，無論是從生產、分配、交換、消費的經濟維度看，還是從供給和需求的經濟分析框架看，經濟的諸項活動和各個方面都在短期內受到了極大衝擊，而從長期看可能發生的深遠影響也在逐步顯現。如果說，從需求側分析應該更加重視疫情的短期影響及其應對，那麼從供給側分析疫情對經濟的影響，則在認識到諸如勞動力停工、企業停產、供應鏈中斷等短期衝擊的同時，更需要看到技術變革、生產方式變化的長期影響及其政策啟示意義。

第一節　疫情的經濟供給衝擊：機理與特徵

從醫學史上看，在 20 世紀 60 年代後有許多醫生和衛生政策分析專家都認為，由於抗生素、疫苗和其他治療方法的使用，微生物疾病實質上是可被徹底消滅的。但是到 20 世紀末，隨著人類傳染病"目錄"不斷發展，例如艾滋病、軍團病、萊姆病、瘋牛病、埃博拉病毒熱、里夫特裂谷熱、嚴重急性呼吸綜合症（SARS）、禽流感、猴天花、尼帕病毒、狂犬病、金迪普拉病毒病等，人們認識到可以消滅傳染病的預測過於樂觀了。20 世紀末大約每年有 600 萬人的死亡都是各種傳染病引起的，在發展中國家每兩例死亡就有一例是傳染病引起的。[1] 而且，隨著全球化的推進，傳染病對人類社會的威脅實際上是更為嚴重了，"人類、動物和植物的全球遷徙帶來了經濟繁榮、文化融合和社會轉變，然而這是有代價的，疾病以前所未有的速度與範圍傳播。"[2] 2019 年新冠疫情的全球大流行，又一次證明了這一點。在疫苗研發出來之前，最有效的抵禦流行病的方法就是減少人與人的接觸，而這種抗擊疫情的方法對經濟產生的影響無疑是巨大的。在生命、死亡與經濟之間進行選擇無疑是十分艱難的。雖然生命是無價的，需要全力以赴去抗擊疫情保護生命，但仍需要分析疫情對經濟的影響，以最小的經濟影響代價實現最大化的抗擊疫情效果。

1　〔美〕洛伊斯 . N. 瑪格納著，劉學禮主譯：《醫學史》，上海：上海人民出版社，2017 年，頁 472。

2　〔英〕普拉提克．查克拉巴提著，李尚仁譯：《醫療與帝國——從全球史看現代醫學的誕生》，北京：社會科學文獻出版社，2019 年，頁 174–175。

一、疫情對經濟供給衝擊的機理分析

經濟運行變化可以有三類，一是**趨勢性變化**，二是**週期性變化**，三是**外生衝擊性變化**。突如其來的疫情對經濟的影響無疑屬衝擊性變化。由於疫情最為直接的影響是對人的生命以及為了保護生命而使人的行為改變、減少人與人接觸，勞動力是經濟供給最為基本的要素，無疑疫情對經濟的影響直接表現為供給衝擊。供給衝擊不僅僅是指由於勞動力供給不足造成製造業停工停產，也表現在服務業提供的消費服務停止，因為服務具有消費和生產同時性的特徵，服務業消費服務停止在一定意義上仍可以歸為供給衝擊。實際上除了連續流程性的製造業外，大多數製造業具有庫存，因而疫情影響會有一定的緩衝時間，而服務業因消費即時性，反而最先受到衝擊。外生衝擊往往需求衝擊為多，並由需求傳遞至供給，如中美貿易摩擦的衝擊等。而疫情引起的經濟影響最先表現為因對勞動力行為的各種約束而產生了明顯的生產要素供給約束，供給端出現一系列被動收縮。當然隨著疫情供給衝擊的持續，也會造成需求端的投資、消費、出口亦被動收縮，形成需求衝擊，供給衝擊和消費衝擊互相作用最終引起經濟衰退。

在經濟學教科書中，供給衝擊一般是指影響企業的生產成本，從而影響企業提供產品和服務價格的事件，例如石油價格的大幅上漲。供給衝擊按照其在既定的價格水平下對產出的影響，可以劃分為有利的或正向的供給衝擊、不利的或負向的供給衝擊。供給衝擊會使得總供給曲線和菲利普斯曲線移動，正向的供給衝擊會使得總需求曲線右移和菲利普斯曲線左移，而負向的供給衝擊會使得總需求曲線左移和菲利普斯曲線右移。當然這些變化的前提是供給衝擊是短期的。[1]疫情影響是一種典型的負向供給衝擊，由於勞動力等生產要素短期供給大幅減少，物品和勞務供給數量下降，造成總供給曲線會產生左移。從理論上說，供給曲線的左移意味著失業增加——失業率提高，而物品和服務供給數量減少也意味著物價提高——通貨膨脹率提高，供給衝擊會引發較高失業率和較高的通貨膨脹率，通貨膨脹率和失業率的短期取捨線——菲利普斯線就會右移。也就是說，疫情形成的供給衝擊能引發短期滯脹，造成經濟衰退。為了解決這個宏觀經濟的滯脹問題，需要相應的財政政策和貨

1　〔美〕曼昆著，梁小民、梁礫譯：《經濟學原理——宏觀經濟學原理（第五版）》，北京：北京大學出版社，2009 年，頁 302。

幣政策來保持經濟運行穩定。這正可以說明疫情發生後，各國政府為什麼要不斷出台各種財政政策和貨幣政策來修復疫情供給衝擊的影響。

疫情產生的勞動力供給衝擊可以細分為三個層面，一是直接勞動力損失，這主要是指疫情造成的人員傷亡，使得勞動力短缺。現代醫學和公共衛生防疫體系現在一般可以保證不會發生使得總供給曲線左移的巨量人口死亡，但在歷史上的確出現過，在 14 世紀的歐洲黑死病曾導致三分之一至三分之二的歐洲人口死亡。甚至有研究認為，正是由於黑死病導致的勞動力的短缺、資本和土地相對豐裕而促進了歐洲封建經濟的崩潰、產生了歷史 "大分流"。[1] 這足以看出這個層面供給衝擊的影響力度之大。二是勞動力轉崗，為了抗擊疫情會有大量勞動力從原有崗位轉向圍繞抗擊疫情的工作，例如直接醫療一線救治工作，醫療設施、物資和生活必需品的生產及運輸，人群隔離、維護秩序等方面的社會治理工作，等等。這會產生勞動力結構性變化，也會有大量的成本支出。三是勞動力要素供給中斷。為了避免疫情傳播，必須盡可能在一段時間內隔斷人與人的接觸，這意味著除生活必需外，大量的勞動力將暫時停止提供勞動。從企業與家庭之間的經濟循環流量圖看，除生活必需和不需要人與人當面接觸的經濟活動外，家庭將不再通過要素市場提供勞動要素給企業，企業也無法通過產品和勞務市場提供產品和服務給家庭，很多企業和家庭的投入產出流和貨幣流將被迫中斷，大量生產和服務活動都將停止。在當今高度分工協作的現代經濟體系下，這種源自於非接觸、居家隔離的抗擊疫情要求造成的企業生產要素勞動力供給減少或者中斷，會迅速引起企業資金流、物流的減少或中斷。產業鏈和供應鏈會協調不暢甚至中斷，經濟循環流量圖中的資金循環和投入產出循環將難以正常循環，如果疫情持續時間較長而政府救助不力，可能造成大量企業倒閉、失業和整體經濟衰退。在全球化價值鏈分工的背景下，一個經濟體的供給衝擊可能會迅速擴展到全球產業鏈和供應鏈，從而對全球經濟造成巨大影響。顯然，第三層面是疫情勞動力供給衝擊對經濟影響最為嚴重的層面，也應該是從供給側分析疫情影響經濟的最主要方面。以往歷史疫情也證明了這一點，2003 年 SARS 疫情造成的社會經濟遭受的損失，90% 以上是因人們行為模式改變而導致的，並非疫病帶來的直接

1　Sevket Pamuk, "The Black Death and the Origins of the 'Great Divergence' across Europe, 1300–1600", *European Review of Economic History*, 2007 (12): 289–317.

生命財產損失。[1]

二、新冠疫情供給衝擊的基本特徵

基於上述認識，進一步從供給側深入分析本次疫情對經濟影響，需要對本次疫情供給衝擊的時間、範圍和程度有一個基本的判斷，現在看來，本次疫情產生的供給衝擊具有短期性、全球性和高強度的三個基本特徵。

1. 短期性的供給衝擊

雖然現在對疫情持續的時間還無法準確判斷，但是基於以下幾點原因，可以基本判斷疫情引發的供給衝擊應該是短期的。首先，從疫情持續時間看，一般不超過一年。中國本土疫情演變實際情況也證明，從整體上採取禁止社交活動、社會隔離措施開始，包括停止舉辦有規模的群體活動、禁足令、保持社交距離、關閉商舖、學校停課、航班減少甚至停飛等一系列措施，一個地區的疫情基本上可以在半年左右得到控制。更為關鍵的是，隨著疫情時間延續到一年以上，一般疫苗會出現，最終徹底結束疫情。

其次，由於社會隔離而產生的勞動力供給衝擊，一般情況下會短於疫情傳播持續時間，最多是同步。由供給衝擊和需求抑制而產生的需求萎縮，如果不是經濟體系固有問題，一般也會伴隨著疫情衝擊的結束而結束，甚至不排除由於一段時間需求壓抑及政府有關刺激政策，疫情結束後經濟可能產生"井噴"。另外，即使考慮到無症狀感染者等原因本次疫情防控可能會常態化，那麼現有的非常嚴格的社交隔離

1 　徐飛彪：〈疫情衝擊，世界經濟前景如何？〉，《半月談》，2020 年第六期。

等防控措施也不可能長期化，[1] 人類社會要探索出與疫情共處的生產生活方式，統籌防疫和社會經濟發展，這也會使得現有因勞動力嚴格隔離而產生的供給衝擊逐步平滑。這意味著，即使抗擊疫情是常態化的，也不能允許疫情供給的衝擊長期化。從 2020 年中國經濟一季度的數據看，雖然總體上第一季度經濟增速下降 6.8%，但是如果對比 3 月份和 1 至 2 月份的數據，可以看出，無論三次產業的增加值，還是就業、投資、消費等其他各項經濟指標，都出現了增速呈現反彈、降幅明顯甚至大幅度收窄的特點。這說明這次衝擊雖然強度很大，但是是短期的外生衝擊，1 至 2 月份影響很大，但 3 月份已經呈現快速恢復的趨勢。

最後，歷史也表明，疫情這種災害性供給衝擊作為一種外生衝擊，如果不是經濟體本身具有內在經濟結構性問題，如果不是經濟的趨勢性、週期性影響，外生供給衝擊不會長期持續。例如 1918 年西班牙流感、1957 年亞洲流感、2003 年 SARS、2001 年的 "911" 事件等，都沒有對經濟產生長期的衝擊。[2] 當然，對於善於反思的人類社會而言，不排除一個災害事件會對未來經濟社會具有長期性的影響，甚至改變生產生活習慣。總之，由於疫情產生的供給衝擊的短期性，如果不是經濟結構自身問題，本次疫情不應該產生類似於 1929 年大蕭條、2008 年國際金融危機那樣的長期性的經濟衰退。[3]

2. 全球性的供給衝擊

本次疫情已經在全球大流行，世界衛生組織已經將其定性為 "全球流行病"

---

[1] 從經濟學意義看，因嚴格隔離而產生的經濟損失大於如果不嚴格隔離而造成犧牲生命的經濟損失，那麼嚴格隔離措施就應該解除。有初步估算表明，美國如果採取隔離措施會減少 8 萬億美元、佔 2019 年 GDP 40% 的損失，因此在隔離措施還沒有造成經濟大衰退到 –40% 的情況下，隔離政策是有意義的。同理估算，中國的第一季度的隔離政策挽回 25 萬億到 40 萬億的損失，而經濟隔離造成經濟損失約 2.5 萬億，隔離政策是非常成功的（具體參見陳玉宇：〈少損失 40 萬億！中國的 "疫情賬" 是怎麼算出來的〉，2020 年 4 月 1 日，https://www.sohu.com/a/384887496_99982005）。當然，生命是無價的，這種估算很難準確。但是必須考慮到，如果因防控疫情過度嚴格而引起經濟衰退，進一步也會影響防控疫情，乃至產生更多的社會經濟和國家安全問題。基於流行病曲線針對性選擇復工復產的時機和程度、一攬子經濟政策出台的次序和力度是統籌抗疫和經濟社會發展的關鍵（具體參見蔡昉：〈疫情衝擊下關於經濟應對政策的五個特徵化事實〉，2020 年 4 月 14 日，http://finance.sina.com.cn/zl/china/2020-04-14/zl-iircuyvh7793923.shtml）。

[2] 雪球：〈回顧百年歷史上的六次災難，給我們帶來什麼啟示？〉，《巴倫週刊》，2020 年 4 月 4 日，https://xueqiu.com/9487181048/146068566。

[3] 滕泰、劉哲：〈經濟不會 "大蕭條"，救助政策出手要快〉，《經濟觀察報》，2020 年 4 月 1 日。

（pandemic）。在全球化的今天，雖然各國採取社會隔離等防控措施會因疫情流行時間不同而存在時間差，但其措施大同小異，都會因降低社會交往而形成勞動供給衝擊。在全球價值鏈分工的今天，全球流行的疫情會很快對全球產業鏈和供應鏈產業形成破壞，從而形成全球性的供給衝擊。

現在值得擔心的是由於全球產業鏈、供應鏈的中斷會不會進而引發逆全球化高潮。[1] 根據疫情擴散以及各國應對疫情政策的變化，同時，從產業鏈和供給鏈角度看，疫情形成的供給衝擊大致會經歷三個階段。第一波是中國國內疫情爆發後中國經濟受到巨大供給衝擊，國內產業鏈和供應鏈按下暫停鍵，不僅國內的供應鏈體系出現放緩甚至阻斷，並且很快對全球供應網絡形成衝擊，出現大量延遲交付和訂單萎縮。第二波是隨著疫情蔓延，海外一些國家供應鏈梗阻與需求回落反過來進一步形成的對中國經濟的供給衝擊。進入 2020 年 3 月份後，日本、韓國，進而意大利、德國、法國等歐洲國家以及北美地區都面臨巨大的疫情考驗和挑戰。3 月中旬，已經有多家汽車公司關閉了在歐洲、北美的生產廠商。雖然中國復工開工率不斷提升，但供應鏈並未全面恢復，此時外部疫情影響又"回灌"，中國供應衝擊與其他國家供給衝擊開始產生交互性的負面影響。第三波是全球供應鏈、產業鏈出現全局性的中斷而形成對全球經濟的供給衝擊。

從全球製造網絡看，世界製造業可以分為三大網絡：以美國、加拿大和墨西哥為核心的北美自由貿易區，以德國、法國、荷蘭、意大利為核心的歐盟區，以及以中國、日本和韓國為核心的東亞地區。進入 3 月中旬以後，全球三大製造網絡都受到巨大衝擊，全球價值鏈分工下供給和需求互相疊加衝擊，疫情對全球供應鏈影響的性質和方向正發生根本性的變化，不僅會導致更加嚴重的貨物交付遲滯和訂單萎縮，還將使全球供應鏈出現大範圍中斷，從而形成全球性供給衝擊。

3. 高強度的供給衝擊

這直接體現在全球多個國家出現的大面積企業停工停產、職工失業、產業鏈和供給鏈大範圍中斷。2020 年 2 月，中國製造業採購經理人指數（PMI）為 35.7，這成為有該數據以來的最低點，單從經理人採購指數看，這可以說是一個"創歷史"

1　何帆等：〈新冠疫情四重衝擊，全球化要倒退？〉，《財經》，2020 年 3 月 18 日。

的衝擊強度。疫情蔓延到歐美後，3 月意大利 PMI 僅為 17.4，為有史以來最低。美國製造業和服務業 PMI 初值分別僅有 49.2 和 39.1，日本分別為 44.8 和 32.7，英國分別為 48 和 35.7，均位於枯榮線之下。受疫情影響，中國 1 到 2 月份服務業生產指數和工業增加值都下降了兩位數，分別同比下降 13% 和 13.5%。基於國際勞工組織 2020 年 4 月 7 日發佈的報告，在全球 33 億勞動人口中，已有 81% 受到新冠疫情影響，其工作場所被全部或部分關閉。[1]

考慮到供給衝擊的巨大力度，各國紛紛推出高強度的經濟救援或者刺激措施。僅 2020 年第一季度，時任美國總統特朗普便簽署 2 萬億美元經濟救助方案支持中小企業和中低收入居民，經濟救助規模已經遠超 2008 年國際金融危機時期，這是有史以來最大規模的經濟救助計劃，而且各類援助刺激計劃還在不斷出台中。2020 年 3 月 17 日，英國發佈 3300 億英鎊的政府貸款計劃，並直接向企業提供 200 億英鎊的稅收減免和資金補助。日本政府在 2020 年 4 月 7 日也推出的史無前例的 108 萬億日元緊急經濟刺激計劃，規模相當於日本 GDP 的 20%，已經超過美國出台的 2.2 萬億美元刺激方案佔 GDP 10% 的比重。

第二節　疫情對中國經濟供給側影響：短期與長期

雖然疫情產生的供給衝擊是短期性的，但這樣一個具有全球性的高強度外生衝擊對中國經濟供給側的影響絕非僅僅是短期的勞動力停工失業增多、企業停產倒閉風險上升、供應鏈中斷概率加大等，還會對長期技術進步、生產方式等產生影響，甚至影響在全球化分工體系中的地位。

1　凌馨、陳俊俠：〈國際勞工組織：疫情已影響全球超八成勞動人口〉（http://finance.sina.com.cn/roll/2020-04-08/doc-iimxyqwa5704636.shtml）。

一、疫情對中國經濟供給側影響：短期視角

從供給側角度看，新冠疫情對經濟的影響可以分為要素、企業和產業三個系統層面。

1. 要素層面："斷崖效應"與"替代效應"疊加

疫情供給衝擊的根源在於因疫情勞動力無法提供面對面接觸或者積聚性勞動，這一方面出現了勞動供給的斷崖式下降——"斷崖效應"，另一方面，也出現通過技術、資金等要素供給以替代、彌補勞動供給不足，以及勞動供給內部的不同類型勞動替代而發生就業結構的變化——"替代效應"。

從"斷崖效應"看，基於國家統計局數據，2020 年 1 至 2 月份，全國城鎮新增就業 108 萬人，2 月份，全國城鎮調查失業率為 6.2%，比正常情況下約提高了一個百分點。3 月份，全國城鎮調查失業率為 5.9%，比 2 月份下降 0.3 個百分點，但仍明顯高於正常情況。從中國採購經理人指數看，2020 年 2 月份製造業和非製造業的從業人員指數分別是 31.8 和 37.9，都創有數據以來歷史最低，雖然 3 月份恢復較快，但仍沒有進入到正常運行水平。[1] 有研究表明，基於中小企業調查復工率的數據推算，中國一季度總共損失工作日約為 22.5 天，佔一季度原有 61 個工作日的 36.9%，2020 年全年有 251 個工作日，如果二季度除湖北以外地區的生產經營活動能完全恢復正常，則 2020 年全年實際有效工作日為 228.5 天，相當於勞動時間同比 2019 年減少了 8.6%。[2]

從"替代效應"看，世界各國都在通過財政金融措施給企業提供大量的資金供給，保證企業在勞動供給斷崖下降、企業不能正常生產經營的情況下有基本的現金流，這可以理解為一種意義的"替代"。另外就是通過新技術供給來減少勞動力的使用以及接觸式生產活動，最典型的是通過網上活動替代網下活動，利用在線會議替代面對面會議。但從勞動就業看，疫情影響下因很多企業無法開工產生了大量的職

---

[1]　國家統計局服務業調查中心、中國物流與採購聯合會：〈2020 年 3 月中國採購經理指數運行情況〉，2020 年 3 月 31 日，http://www.stats.gov.cn/tjsj/zxfb/202003/t20200331_1735877.html。

[2]　張平、楊耀武：〈疫情衝擊下增長路徑偏移與支持政策——基於對企業非均衡衝擊的分析〉，《經濟學動態》，2020 年第三期。

業替換，一些勞動被另外的勞動所替代。以外賣為例，2020 年 1 月 20 日到 2 月 23 日，美團平台新增 7.5 萬配送外賣騎手，這些新增的騎手中，18.6% 來自於工廠工人，14.3% 為企業銷售人員，服務業從業人員為 19.2%。新增騎手中只有 14.3% 在春節前就沒有職業，這意味絕大多數人都是從以前職業轉換為外賣騎手的，因為原來工廠、餐飲店和服務店面一直沒能開工營業，他們無事可做而不得不進行職業轉換。[1]

2. 企業層面：從迅速停產停工到艱難復產復工

因社會隔離等疫情防控措施需要，造成企業生產迅速大面積停工停產，從而生產供給大幅減少或者部分中斷，企業許多生產經營活動被迫中止。根據全球最大的商業協作平台 Tradeshift 交易量支付數據的分析，剔除一般 1 到 2 月份春節前後的影響，截取 2 月 16 日開始的一週數據，可以看出中國的總體貿易活動下降了 56%，中國企業之間的訂單下降了 60%，而中國企業與國際公司之間的交易數量下降了 50%。[2] 這種迅速停工停產造成的損失是巨大的，根據中國企業聯合會 2020 年 3 月 3 日到 5 日對中國服務業五百強的調查，疫情對服務業五百強企業一季度的經營產生了明顯的不利影響，除未進行損失評估的企業外，幾乎所有企業都遭受了損失，其中約 55% 企業遭受了很大損失，約 90% 的企業一季度營業收入和盈利下降。[3] 對於中小企業而言，這種影響會更加致命，可能會有大量中小企業破產倒閉。根據清華大學經濟管理學院商業模式創新中心調研組在 2020 年 2 月初期對 1506 家中小企業的調查，受疫情影響，31.81% 的企業估計 2020 年營業收入下降幅度超過 50%，27.22% 的企業預計營業收入下降 20% 至 50%；合計 59.03% 的企業 2020 年營業收入下降 20% 以上。如果疫情影響持續時間較長，85.74% 的中小企業將難以為繼。[4] 如果考慮到當時對疫情蔓延程度估計還不會充足，實際上疫情對中小企業影響會比

---

1 美團研究院：〈月增 7.5 萬註冊騎手，外賣成為就業蓄水池——新冠肺炎疫情期間美團新增騎手就業報告〉，《美團研究院調查研究報告》，2020 年第十四號，2020 年 3 月 8 日。

2 劉裘蒂：〈疫情衝擊性的全球供應鏈重組〉，《中國新聞週刊》，2020 年 3 月 16 日。

3 中國企業聯合會課題組：〈中國服務業 500 強企業超一半受明顯損失，多數企業對二季度較樂觀〉，2020 年 3 月 31 日，http://www.somac.org.cn/article/849/2.htm。

4 清華大學經濟管理學院商業模式創新中心調研組：〈疫情之下，如何為中小企業紓困解難〉，《光明日報》，2020 年 2 月 14 日。

這些數據顯示的更大。總體上看,對於工業企業而言,工業產能利用率在一定程度上反映了企業停工停產的程度。如 7-1 圖所示,2020 年第一季度工業產能利用率斷崖式下降到 67.3%,比 2019 年第四季度降低 10.2 個百分點。考慮到春節原因,同 2017 年、2018 年和 2019 年的第一季度工業產能利用率相比,也分別下降了 8.5、9.2 和 8.6 個百分點,仍呈現出斷崖式下降特徵。

圖 7-1　2017 年到 2020 年分季度工業產能利用率情況(%)

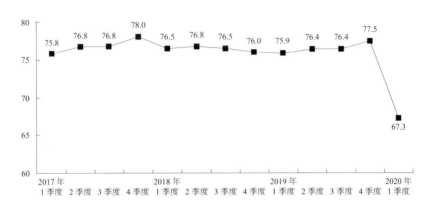

資料來源:國家統計局:《2020 年一季度全國工業產能利用率為 67.3%》,2020 年 4 月 17 日,國家統計局網站(http://www.stats.gov.cn/tjsj/zxfb/202004/t20200417_1739333.html)。

　　新冠疫情對中國企業影響雖然十分巨大,但相對於歐美國家而言有一定的有利因素,這並不僅僅指中國企業最先從疫情衝擊下恢復過來具有相應的先機,還有一個有利因素是,疫情爆發時期與中國傳統春節假期重合。按照春節慣例,除了連續性生產以及餐飲、旅遊、交通等消費服務業外,大多數行業的企業在春節期間一般都會停產休假一週。這意味著對於多數行業而言減少了一週左右因社會隔離而產生的供給衝擊損失。對於企業生產供給而言,其真正的疫情影響是在春節假期後因預防隔離等管制措施企業不能夠復工復產,企業正常的生產經營無法開展,造成企業生產供給大幅下降。從企業層面看疫情衝擊的影響,本質是停工停產後能否迅速復工復產。

　　但是,正所謂"病來如山倒、病去如抽絲",與企業迅速停工停產截然不同的是,企業復工復產十分困難。其困難的原因不僅是因各地採取的隔離、交通管制、封閉等防控措施不一而造成大量員工難以按期返崗,還包括交通物流不暢、防疫物資不足、產業鏈上下游產品交付困難、資金鏈壓力大、訂單履行和延續存在困難、項目無法推進、成本大幅上升、國際貿易受到衝擊等。這些原因可以歸結為防疫要求、企業運營、企業供應鏈三方面的原因。2020 年 2 月 14 日至 17 日，一份對 542 家企業春節後復工情況及尚未復工的原因進行問卷調查的結果表明，在防疫要求方面，員工在 100 人以下的小企業，以及餐飲、住宿、文化、旅遊業、建築業和製造業更容易受政府不允許復工的硬性規定影響；在企業運營困難方面，民營企業、小企業更容易受到資金不足及員工因家鄉或公司所在地防疫要求而無法正常返崗的困擾；在供應鏈方面，建築業和加工製造類企業更容易受到上游企業未復工或生產原料供應不足的影響。[1]

疫情對企業生產供給的影響因企業規模大小而有較大差異，與大企業抗衝擊能力較強相比，中小企業相對較弱，復工復產因疫情影響而破除倒閉的概率相對較大。有研究表明，規模越小的企業復工概率越低。隨著企業規模的增大，企業復工概率呈現上升的趨勢。與員工人數為 50 以下的企業相比，員工人數為 50 至 100 人、100 至 500 人、500 至 1000 人和 1000 人以上的企業復工概率分別平均高出 20.8%、18.7%、19.4% 和 36.9%。與企業營業收入低於 500 萬元的企業相比，營業收入為 500 萬至 2000 萬元、2000 萬至 1 億元、1 億至 5 億元和 5 億元以上的企業復工概率分別平均高出 15.9%、17.4%、31.2% 和 45.2%。[2] 實際上很多大企業很早就開始復工復產。根據中國企業聯合會對中國製造業五百強的調查，到 2020 年 2 月 20 日，這些五百強企業復工率已經達到 97%，員工到崗率平均 66.17%，下屬企業開工率平均 75.24%，產能利用率平均 58.98%。[3] 另外該調查還表明，國有企業復工復產狀況總體好於民營企業。

雖然企業復產復工中遇到眾多困難，但隨著中國疫情防控形勢持續向好，企業復工復產明顯加快。中國採購經理人指數在 3 月大幅下降基數上環比回升，其中製造業 PMI 為 52.0%，比 3 月回升 16.3 個百分點；非製造業商務活動指數為 52.3%，比 3 月回升 22.7 個百分點。截至 3 月 25 日，全國採購經理人調查企業中，大中型企業復工率為 96.6%，較 2 月調查結果上升 17.7 個百分點。[4] 到 4 月中旬，規模以上工

---

1 轉引自張平、楊耀武：〈疫情衝擊下增長路徑偏移與支持政策——基於對企業非均衡衝擊的分析〉。

2 張平、楊耀武：〈疫情衝擊下增長路徑偏移與支持政策——基於對企業非均衡衝擊的分析〉。

3 中國企業聯合會課題組：〈中國製造業 500 強企業復工復產率達 97%，產能利用率近 60%〉，《21 世紀經濟報道》，2020 年 2 月 22 日。

4 國家統計局服務業調查中心、中國物流與採購聯合會：〈2020 年 3 月中國採購經理指數運行情況〉。

業企業復工率已經接近 100%，這體現了疫情供給衝擊的短期衝擊的特徵。

3. 產業層面：供應鏈中斷與產業鏈外移風險加大

在現代全球價值鏈分工體系下，每個企業都是世界產業鏈的一個點，與其他企業相互聯繫在複雜動態的全球產業生態系統中尋求生存發展。中國是全球製造體系的中心，中國工業增加值佔全球工業增加值比重近四分之一，中國在全球中間品市場的份額高達三分之一，是 120 多個國家的最大貿易夥伴，以及大約 65 個國家的第一大進口來源國。[1] 這意味著疫情對中國製造業的衝擊，會對全球供應鏈鏈條產生巨大的影響。由於各個產業的特性不同，各個產業受疫情影響的程度會不同，但是隨著疫情從中國向全球蔓延，疫情對全球供應鏈的衝擊表現為大面積交付延遲和訂單萎縮，全球供應鏈中斷和中國產業外移的風險不斷加大。

對於化工這類典型流程式生產的產業，其上游煉化環節總體受疫情影響小，由於春節期間連續生產，只是負荷有變化。但化工行業上游環節屬於重資本行業，發展慣性大，產業鏈有著較強的粘性，供應鏈更加緊密，一旦被打散，市場恢復比較困難，所以一定要確保企業不出現重大資金風險。化工行業的下游精細化工，以中小企業為主，多採取訂單制，因全球疫情影響而產生的防疫化學用品需求有較大增長。但對於一些橡膠塑料等處於產業鏈中游的化工原料，中國對日、韓、美、意、德依賴程度較高，隨著疫情發展會影響到中國產業鏈條。應注意的是，由於精細化工終端產品的專用性過強，疫情影響會使得需求波動大。總體而言，疫情給大化工行業提供的機會大於衝擊，關鍵是要及時全面復產，抓住機會促進化工行業高質量發展。

對汽車、電子、機械、家電、服裝等離散型製造的產業，現在看來疫情影響比較大。從湖北和武漢的產業集中度看，汽車、新一代電子信息技術以及生物醫藥會受到較大影響。以汽車為例，湖北汽車行業的供應鏈影響會最為突出。湖北是中國四大汽車生產基地之一，也是零部件企業匯聚之地，規模以上車企 1482 家，2018年整車產量 220 萬輛，佔全國的 9%，湖北汽車零部件生產已經佔全國比重的 13%。第一波疫情衝擊中國汽車產業，已經對全球汽車供應鏈產生巨大影響：2 月 10 日，

---

1   蔡婷貽等：〈全球供應鏈波動：脆弱與韌性〉，《財經》，2020 年第五期。

韓國五大整車企業全部因中方提供的零部件耗盡而暫停其境外生產；2 月 14 日，日產汽車公司在日本九州工廠的兩條生產線全部停產。隨著疫情發展到對歐美企業產生劇烈衝擊，歐美已經有多家企業宣佈停產。這又對中國汽車和汽車零部件進口形成衝擊，傳導作用將致使全球汽車供應鏈受到難於估量的影響，造成全球供應鏈中斷。總體而言，中國產業的供應鏈對全球供應鏈影響比較大的行業包括紡織服裝、家具以及電子、機械和設備等領域，這些行業全球供應鏈中斷風險不斷加大。

從疫情回灌對中國產業鏈影響的角度分析，以中國作為供給方的角度看，由於訂單減少，中國服裝、半導體與集成電路、光學與精密儀器、化學品、空調、玩具、家電都會受到影響。作為需求方，機電、化工、光學儀器、運輸設備和橡膠塑料等方面對日、韓、美、意、德等國的依賴度較高，也較易受到疫情升級的衝擊。尤其是光學影像、醫療器械、車輛及零部件、集成電路與半導體等產品，自疫情國進口的高附加值零件、設備面臨中斷風險，會受到較大衝擊，但也是中國替代創新、自我升級的機會。從區域角度看，疫情蔓延和持續會沿著中國周圍新興市場和發展中國家範圍，以及歐美發達國家範圍兩條主線展開，最終全球供應鏈中斷、全球經濟陷入灰犀牛式的衝擊。[1]

隨著全球供應鏈中斷風險加大，從積極應對疫情衝擊的視角看，各國都會從供應鏈安全的角度進行供應鏈的調整，這必然會加劇去全球化的趨勢。由於近些年貿易保護主義和新一輪科技和產業革命的影響，全球供應鏈已經呈現出本地化、區域化、分散化的趨勢，而疫情對全球生產網絡的巨大衝擊，會加重這種趨勢，全球供應鏈佈局會面臨巨大調整的可能，中國在全球供應鏈的安全與全球地位受到極大挑戰。目前美歐等國都在努力試圖改變 "以中國為中心的全球供應鏈體系"，一方面通過增加中國大陸以外採購來源地或者通過多國投資，來提高其供應鏈的多元性和柔性；另一方面紛紛將本國在華企業遷回本土，通過加強本地和周邊國家的生產，提高本地供應的響應能力。疫情期間，美國和日本都出台了一些措施鼓勵企業回遷。在日本公佈的應對疫情衝擊的刺激計劃中，有 2200 億日元（合 142 億人民幣）用於資助日本企業將生產線從國外轉移回日本本土，235 億日元（合 15 億人民幣）用於

---

1   徐奇源等：〈應對全球供應鏈 "灰犀牛" 衝擊〉，《財經》，2020 年第五期。

資助日本公司將生產轉移到其他國家。[1]

二、疫情對中國經濟供給側影響：長期視角

　　從歷史上看，諸如災難、戰爭和一些突如其來的社會經濟環境巨變往往會成為促進技術創新、制度創新和管理創新的機遇。經濟學理論認為，生產要素之間是緊密關聯的，在勞動要素供給短缺、均衡供給價格提高的情況下，資本和創新要素因均衡價格下降將發揮更重要的作用。疫情衝擊會對新產業、新業態和新模式的發展有促進作用，一方面會催生一些新產業、業態和新商業模式，另外也會催化一些新產業、新業態和新商業模式更加成熟。2018 年中國新產業、新業態、新模式的經濟增加值佔 GDP 比重已達到 15.7%，疫情下這三者佔比會進一步提高。有研究預計，疫情影響下，2020 年的數字經濟增速有可能放緩 2.2 至 3.8 個百分點，但數字經濟是引領緩解疫情衝擊、帶動經濟增長的最優選擇，基於疫情持續時間不同，數字經濟增速將為 GDP 增速的 2.8 至 3 倍左右。[2]

　　在疫情衝擊下，社會經濟會對數字化技術有更深、更廣的需求，包括醫療衛生公共服務、社區治理、教育、購物的在線化需求，製造業企業的生產智能化等等，這將促進企業和經濟的數字化轉型，有助於促進產業向信息化、智能化方向升級，由此還會帶動數字化、智能化基礎設施的建設投資，這必然在一定程度上加速中國經濟動能轉換。從現有疫情影響技術要素供給看，未來數字化、智能化技術創新的應用領域具體情況將如下表（見表 7–1）所示。

1　邊際實驗室：〈日本經濟刺激計劃細節公佈：撥款扶持企業從中國撤離〉，2020 年 4 月 9 日，https://baijiahao.baidu.com/s?id=1663460652158652650&wfr=spider&for=pc。

2　孫克：〈疫情對數字經濟發展及宏觀經濟的影響如何？〉，2020 年 2 月 12 日，http://www.smartcn.cn/208052.html。

表 7-1　疫情期間數字化、智能化技術創新的應用領域

領域	疫情期間應用	疫情期間應用案例	未來發展可能
商務辦公	疫情迅速大幅度提升了遠程協同商務辦公的需求，雲服務企業加速推進了在線辦公服務。	阿里巴巴集團下的釘釘會議軟件、字節跳動公司下的協同飛書軟件、騰訊集團下的企業微信和騰訊會議等等，都迅速跟進進行各種業務推廣。2020 年 2 月 3 日復工當天，利用釘釘遠程辦公的企業達上千萬，在線辦公人數近 2 億人。騰訊在線服務超過 25 萬家企業。	疫情推動了在線辦公與生產協同，進一步加速了生產管理向數字化、網絡化、智能化發展。隨著疫情管控的常態化，用戶遠程辦公習慣會逐步形成，這會進一步促進遠程商務辦公技術成熟，加大這方面技術的供給數量和質量。
政府和社區治理	為了加強社會隔離管制和獲取個人健康方面信息，人工智能技術在政府治理和社區管理方面將得到大力的推廣應用。	推行 "健康碼"，實行人員健康核驗、軌跡跟蹤和疫情警報。各大電信公司和網絡企業通過其用戶地理移動產生的數據，提供準確的人口流動路線圖，對人員地理流動進行識別。	從未來發展看，政府治理和社區管理將更加智能化，進一步促進了社會信用體系建設和完善。在法律框架下，以智能手機為主要媒介，通過獲取移動軌跡、社交媒介、智能攝像、關聯物品等數據轉換為生物識別身份、行為、社交網絡等信息，形成社會信用建設和法律監管的重要手段。
生產性服務	疫情期間互聯網與教育、醫療、金融、交通等生產性服務領域深入融合，產生了大量的在線服務平台，創新了許多線上服務模式。	在線醫療方面，到 2020 年 2 月份已有 191 家公立醫療機構及 100 家企業互聯網醫院對疫情提高在線義診；在線教育方面，疫情期間教育部與工信部開通國家中小學網絡雲平台，在線教育平台增加超過 100 個，騰訊課程 "老師極速版" 向全國用戶提供了 10 萬份課程。	未來將極大地促進生產性服務業的數字化、智能化水平的提高，在線醫療、在線教育、虛擬銀行、智慧交通等各類商業模式和技術將不斷發展，依靠技術創新、商業模式創新推進生產性服務業的效率提升。
生活性服務	疫情期間居家隔離管制措施催生了大量的 "無接觸服務" 模式，"宅經濟" 迅速發展，互聯網、人工智能和消費服務業深度融合。	上海文旅局推出多家美術館、博物館線上 VR 展廳，建設智慧展館；美團、京東等電商平台 "無接觸配送" 訂單佔比達到 80%，無人機配送、智能機器人等高智能方式開始試水；盒馬生鮮、蘇寧生鮮、叮咚買菜等線上訂單大幅增長。	未來生活性服務業的智能化水平會進一步提升，無人零售、無人餐飲、VR 娛樂等更多 "零接觸服務" 商業模式可能會有更大的發展機遇，外賣服務業地位更加鞏固，線下企業將會創新各種線上服務模式。

生產製造	疫情期間智能製造的意義進一步拓展，既是先進製造和高效率的方向，也是降低風險的有效方式，工業互聯網、雲製造平台、工業機器人得到更多應用。	疫情期間市場對於消毒機器人的訂單需求已增長 7 至 8 倍；聯想武漢生產基地利用 5G 傳感與互聯提高生產安全和質量；工信部在疫情期間出台支持中小企業推進數字化轉型和智能製造水平的措施。	智能製造代表著製造業發展的方向，是新一輪科技和工業革命的核心技術，未來隨著 5G 網絡、人工智能、工業互聯網、物聯網、數據中心等新一代信息基礎設施不斷完善，智能製造將更加普及，將真正帶來新一輪工業革命。

資料來源：作者根據相關資料整理。

　　疫情對中國經濟長遠供給側影響不僅僅在於促進技術創新，還在於促進制度創新。疫情帶來的巨大衝擊，一方面會使人們反思整個經濟社會中存在著相應的制度漏洞，從而進行制度創新以彌補相應漏洞；另一方面，為了應對這些巨大的短期外生經濟衝擊，疫情期間會出台一系列相關制度和政策措施。例如，現在已經出台了一系列短期減少企業負擔的政策，包括稅收、金融、社會保險、物流等眾多方面的"降成本"措施，在經過疫情期的試行後，一些有效的措施就可以轉為長期政策，這客觀上促進了供給側結構性改革的深化。2020 年 4 月 10 日，中共中央、國務院發佈《關於構建更加完善的要素市場化配置體制機制的意見》，在推進土地要素市場化配置、引導勞動力要素合理暢通有序流動、推進資本要素市場化配置、加快發展技術要素市場、加快培育數據要素市場、加快要素價格市場化改革等方面提出了一系列制度設計。雖然這些制度創新並不是疫情發生後臨時出台的措施，但這會對積極應對疫情衝擊、穩定市場預期、促進經濟恢復發揮作用。可以說，疫情衝擊本身也是一個巨大的制度創新試驗場，從而長期對供給側經濟發展產生影響。

　　全球大流行的疫情不僅促進了中國國內的制度創新，也必然會對全球經濟、政治秩序產生長期重大影響，在很大程度上疫情可能會加快"百年未有之大變局"的演變。實際上在疫情之前，經濟全球化已經出現了一些重大的變革趨勢，一方面，新工業革命弱化了以勞動力成本為核心的傳統比較優勢對全球化的推動作用，全球化的演進方向和動力機制正在發生深刻變化；另一方面，全球價值鏈出現了重大的結構性調整趨勢，中國製造業價值鏈崛起，同時全球價值鏈擴張態勢正在逐步停滯，基於合作、互惠、協商的多邊主義全球治理規則正在受到侵害，多邊主義貿易體系正受到嚴重挑戰，WTO 的效率和權威性受到極大影響。[1] 這次疫情的蔓延和全球供應鏈的短期中斷，可能會使得各國長遠思考如何才能在自力更生的安全導向與全球分工的效率導向之間尋找經濟發展平衡。無論是認為疫情將成為壓倒經濟全球化的最後一根稻草或者釘死經濟全球化棺材的又一顆釘子，還是認為以美國為中心的經濟全球化將轉向以中國為中心的經濟全球化，現在還不能給出肯定的答案。可以肯定的是，疫情衝擊下，經濟全球化的秩序作為一種制度供給，可能面臨著巨大的創新機遇。

第三節　疫情供給衝擊的應對：紓困與創新

針對這次疫情產生的高強度的外生供給衝擊，以及對中國生產要素、企業與產業的巨大供給側影響，短期財政、貨幣政策和大量的社會救助政策是必要和急迫的。但在進行應對疫情供給衝擊的政策設計時，還必須考慮到中國的經濟結構調整和經濟長期發展趨勢的要求，短期衝擊應對政策與長期改革發展政策二者要協同。未來的經濟走勢應該是應對短期衝擊政策的作用和長期經濟改革發展政策的作用兩方面疊加的結果。也就是說，一方面要積極通過宏觀政策幫助企業渡過難關，另一方面要重視中國經濟增長從增長轉向高質量發展、需要深化供給側結構性改革的長期政策趨勢。這實質上要求短期應對政策更加注重採用財政和社會政策進行 "紓困" 以保護民生及企業，尤其是中小企業，應長期繼續通過制度創新和技術創新實現新舊動能轉換和經濟高質量發展，特別注意避免過度使用金融刺激需求政策使得金融體系過度槓桿化，進而對中國經濟結構調整、化解產能過剩帶來巨大負面影響。短期企業紓困與長期激勵創新，應該是當前 "一攬子政策" 的平衡點和著力點。

第一，在常態化疫情防控機制下積極促進企業復工復產，有效紓解企業尤其是中小企業困難。

企業儘快全面復工復產是應對疫情供給衝擊的關鍵，堅持應急處置與常態化防控

1　黃群慧：〈百年目標視域下的新中國工業化進程〉，《經濟研究》，2019 年第十期。

相結合，在分類指導、分區施策方針指導下，積極推進推動企業復工復產。從中央到地方，已經紛紛制定出台了一系列措施幫助企業復工復產，扶持企業渡過難關。一方面，要從全局性、系統性的角度來協同強化落地各地政府對製造業企業的稅費減免、利息減免、貸款展期、企業經營成本補貼、物流暢通、通關便利等各類政策措施；另一方面，要抓住關鍵環節、關鍵企業、關鍵問題積極推進復工復產，保證整個產業鏈的正常運轉。這具體包括幫助企業協調解決招工、原輔材料和產品發貨運輸、供應鏈對接等方面，推動上下游產業鏈協同復工，加強區域間產業協同協作機制，保障物流暢通效率。對於中小企業要加大扶持力度，尤其注重保護關鍵產業鏈中掌握核心技術"小巨人"企業的穩定運營。首先在衛生防疫方面，要加大對中小企業進行公益支持的力度，提高其衛生防疫能力，在保證其安全性的前提下，允許其及早復工復產。其次要鼓勵這些行業和企業進行商業模式創新，儘可能創新拓展其在線化、個性化服務模式。再次要充分發揮公共平台和大型平台企業對中小企業的服務支持作用，降低中小企業經營成本、提高其經營便利。另外，可設立中央和地方中小微企業紓困基金，基金來源可以是地方政府財政出資或者特許發行地方長期債券，基金可以按產業具體分設，並以過去 3 年平均交稅、"五險一金"等指標為基準，一次性或者分次支付現金給中小微企業。基金尤其可以用於中小微企業逾期或違約引發的財務危機救濟。最後，要鼓勵各級地方政府、企業和各類社會組織積極探索針對中小微企業的協同救助機制、大膽創新，充分利用稅收機制、金融機制、保險機制、國有企業社會責任機制、房產租金機制等，構建一個全社會的、多元化的紓困救助機制。

第二，加強跨產業、跨地區的全產業鏈協同復工，提高中國產業鏈安全水平和現代化水平。

鑒於受疫情衝擊中國供應鏈中斷和產業鏈外移的風險不斷加大，從產業鏈視角看，當前中國經濟需要面臨著兩方面的重大任務，一方面是儘快全產業鏈復工復產、恢復受疫情嚴重衝擊的產業鏈，另一方面是從長期的角度構建中國產業鏈安全和現代化水平體制機制，提高中國產業鏈安全和現代化水平。為此，應該重點在以下幾方面進行著力：首先，基於疫情對產業鏈的影響程度和產業自身特性，對產業鏈進行分類管理。由工信部牽頭，儘快建立跨產業、跨省的產業鏈協同復工復產機制，促進大中小企業協同復工復產。針對集成電路、基礎軟件、網絡安全等戰略性產業以及核心零部件領域的專精特新企業，在原材料保障、用工、物流等方面提供定向支持。對於化工等流程型生產的產業，要把握全球油價下跌的機會，及時全面復產，抓住機會促進化工行業高質量發展。對於紡織、服裝等勞動密集型產業，以盡快恢復專業市場和物流體系為重點，帶動國內供應鏈的全面恢復。其次，政府應該從供應鏈金融的視角幫助企業恢復產業鏈。對涉及批發零售、住宿餐飲、物流運輸、文化旅遊、汽車製造、電子信息、紡織服裝等受疫情影響較大的行業建立重點監測機制，對有發展前景但暫時受困的企業和項目，不盲目抽貸、斷貸、壓貸，延長貸款期限和減費降息。允許受災債務人的舊貸款通過庭外和解的方式予以豁免，擔保人的代償義務得到豁免，避免相關違約對其徵信資質的損害。政府出面協調核心企業、供應鏈企業及金融企業的關係，推進核心企業進行交易確權，降低金融機構的成本，同時調低對中小企業借貸的利率。再次，政府要重視培育產業鏈中核心企業和產業平台，提高核心企業和產業平台協同上下游夥伴企業、聚集各類生產要素、促進資源高效配置能力。一方面通過提高這些核心企業的創新能力，打造更強創新力、更高附加值的產業鏈，另一方面可以提高核心企業的數字化能力，帶動整個供應鏈管理信息化、現代化、系統化水平提高。政府要以數字化建設為目標，推動新一輪基礎設施建設，支持企業加強供應鏈流程數字化管理能力建設，利用數字化技術抵消供應鏈的不確定性，推動供應鏈管理的效率變革。四是作為產業基礎再造工程的一項重大任務，完善中國產業鏈安全管理體系，針對不同產業、不同地區建立中國的產業鏈安全評估與風險預警長效機制。設立國家產業鏈安全委員會，對因外交事件、國外技術封鎖、重大災害和疫情等導致的中國產業鏈安全問題進行戰略決策和部署，強化產業鏈協同，提升中國供應鏈面對重大災害和疫情時的韌性和協同性。五是加強推進全球聯合抗疫，積極參與全球價值鏈國際合作與治理，支持中國企業加快"走出去"步伐，保障全球供應鏈節點安全，建立多渠道、多層次供應鏈安全體系，協同推進全球產業鏈構建與"一帶一路"建設。

第三，把握疫情促進智能化技術創新的機遇，加大推進新型基礎設施建設，加快實現經濟新舊動能轉換。

應充分利用疫情衝擊能激發技術創新、供給增加，進而促進新產業、新業態和新模式發展的機會，尤其是重視數字化、智能化技術在社會治理、商務辦公、生產製造、生活消費等各個領域進一步深入應用，從而促進中國經濟實現新舊動能轉換、加速中國經濟高質量發展。數字化、智能化是新一輪科技和產業革命和中國產業結構轉型升級的主導方向，加速推進數字化、智能化技術應用發展，需要更為先進完善的數字信息基礎設施。2018 年中央經濟工作會議以來，中央幾次提出要促進形成強大的國內市場，加快 5G 商用步伐，加強新一代信息基礎設施建設。在 2020 年疫情衝擊下，中央有強調加快新型基礎設施建設——"新基建"，市場也在高度關注"新基建"這個熱點。雖然加快"新基建"的確有擴大內需、保增長這方面的功能，但是，不能把"新基建"作為政府應對疫情衝擊的"刺激計劃"，而是要把"新基建"內嵌於中國高質量發展的需要，使其客觀上發揮擴大內需、促進增長的作用。具體而言，新型基礎設施應該理解為新型工業化、新型城鎮化、現代化經濟體系三個層面的基礎設施，"新基建"要能夠服務於高質量工業化、高質量城鎮化戰略，要能夠堅持供給側結構性改革，這才能真正服務於中國經濟高質量發展，避免回到"大水漫灌"的老路上。[1]首先，新型基礎設施是新型工業化的基礎設施，所謂新型工業化則是在傳統工業化基礎上疊加了信息化、數字化、網絡化、智能化、綠色化等要求，是新一輪科技和工業革命的信息技術、智能技術、新能源技術等產生和應用的結果，新型基礎設施既包括新一代智能化信息基礎設施和新能源基礎設施，也包括傳統基礎設施的信息化、智能化、綠色化改造後的設施。其次，新型基礎設施建設要支撐高質量城鎮化戰略，"新基建"一方面佈局全新的信息化、智能化、綠色化的城市基礎設施，另一方面利用新一代信息技術、綠色技術與交通運輸、能源水利、市政、環保、公共衛生等傳統城市基礎設施進行融合，同時還包括建設城市群、都市圈的城市之間交通、信息等基礎設施以及各類其他公共設施。再次，"新基建"要堅持供給側結構性改革，"新基建"投資與項目更多地是尊重市場規律、市場機制發生作用的結果，而不是政府通過選擇性產業政策進行大規模投資刺激的作用的結果。"新基建"需要政府引導，但切勿過度直接介入。尤其是在當前疫情衝擊、宏觀經濟目標實現壓力增大、地方政府投資熱情高漲的背景下，更需要對此保持高度的清醒。中央提出加快"新基建"，應該更多地從促進中國經濟高質量發展角度理解和認識，而積極推進"新基建"，不能忘記供給側結構性改革的工作主線，要從優先和充分利用市場機制入手。

（本章執筆：黃群慧）

1　　黃群慧：〈從高質量發展看新型基礎設施建設〉，《學習時報》，2020 年 3 月 18 日。

參考文獻

[1] Sevket Pamuk, "The Black Death and the Origins of the 'Great Divergence' across Europe, 1300–1600", *European Review of Economic History*, 2007 (12): 289–317.

[2] 蔡昉:〈疫情衝擊下關於經濟應對政策的五個特徵化事實〉,2020 年 4 月 14 日,http://finance.sina.com.cn/zl/china/2020–04–14/zl–iircuyvh7793923.shtml。

[3] 蔡婷貽等:〈全球供應鏈波動:脆弱與韌性〉,《財經》,2020 年第五期。

[4] 陳玉宇:〈少損失 40 萬億!中國的 "疫情賬" 是怎麼算出來的〉,2020 年 4 月 1 日。

[5] 何帆等:〈新冠疫情四重衝擊,全球化要倒退?〉,《財經》,2020 年 3 月 18 日。

[6] 黃群慧:〈百年目標視域下的新中國工業化進程〉,《經濟研究》,2019 年第十期。

[7] 黃群慧:〈從高質量發展看新型基礎設施建設〉,《學習時報》,2020 年 3 月 18 日。

[8] 劉裘蒂:〈疫情衝擊性的全球供應鏈重組〉,《中國新聞週刊》,2020 年 3 月 16 日。

[9] 美團研究院:〈月增 7.5 萬註冊騎手,外賣成為就業蓄水池——新冠肺炎疫情期間美團新增騎手就業報告〉,《美團研究院調查研究報告》,2020 年第十四號,2020 年 3 月 8 日。

[10] 〔美〕洛伊斯 . N. 瑪格納著,劉學禮主譯:《醫學史》,上海:上海人民出版社,2017 年第二版。

[11] 〔美〕曼昆著,梁小民、梁礫譯:《經濟學原理——宏觀經濟學原理(第五版)》,北京:北京大學出版社,2009 年第一版。

[12] 清華大學經濟管理學院商業模式創新中心調研組:〈疫情之下,如何為中小企業紓困解難〉,《光明日報》,2020 年 2 月 14 日。

[13] 孫克:〈疫情對數字經濟發展及宏觀經濟的影響如何?〉,2020 年 2 月 12 日,http://www.smartcn.cn/208052.html。

[14] 滕泰、劉哲:〈經濟不會 "大蕭條",救助政策出手要快〉,《經濟觀察報》,2020 年 4 月 1 日。

[15] 徐飛彪:〈疫情衝擊,世界經濟前景如何?〉,《半月談》,2020 年第六期。

[16] 徐奇源等:〈應對全球供應鏈 "灰犀牛" 衝擊〉,《財經》,2020 年第五期。

[17] 雪球:〈回顧百年歷史上的六次災難,給我們帶來什麼啟示?〉,《巴倫週刊》,2020 年 4 月 4 日,https://xueqiu.com/9487181048/146068566。

[18] 〔英〕普拉提克 · 查克拉巴提著,李尚仁譯:《醫療與帝國——從全球史看現代醫學的誕生》,北京:社會科學文獻出版社,2019 年第一版。

[19] 張平、楊耀武:〈疫情衝擊下增長路徑偏移與支持政策——基於對企業非均衡衝擊的

分析〉，《經濟學動態》，2020 年第三期。

[20]　祝坤福等：〈新冠肺炎疫情對全球生產體系的衝擊與中國產業鏈加速外移的分析〉，《中國科學院院刊》，2020 年第三期。

[21]　中國企業聯合會課題組：〈中國製造業 500 強企業復工復產率達 97%，產能利用率近60%〉，《21 世紀經濟報道》，2020 年 2 月 22 日。

第八章

復工復產進程與對策

新冠肺炎已經成為全球性的大流行疾病，在國內新發病例基本得到控制後，推進復工復產、將疫情的衝擊降低到最小、奮力實現經濟社會發展的目標，成為當前最重要的任務。然而，面對百年一遇的疫情，恢復經濟活動的難度超出了很多人的預期，需要根據疫情發展的特點和經濟形勢的變化，制定相應的應對措施。

第一節　疫情衝擊的特點與階段性

疫情的防控與恢復經濟活動是既相互依賴，又相互制約的事物的兩個方面。經濟活動所受的影響來自於疫情衝擊，因此，疫情的強度與流行病學特徵就成為影響復工復產進程和方式的最主要的因素。[1] 進入 21 世紀，冠狀病毒引起的流行疾病，如 SARS、MERS、Ebola 等，已經多次襲擊人類。相形之下，此次新冠病毒疫情雖然還未結束，但其流行的範圍之廣、傷及生命之眾、影響程度之深，已經遠超上述幾次病毒流行所產生的疫情。此次疫情產生的影響範圍和程度已經可以與 1918 年"大流感"對全球產生的衝擊相類比，因此，稱之為"百年一遇"並不為過。

從目前的情況看，疫情對經濟的影響是衝擊性的。疫情會造成短期的需求萎縮，並對一些生產性行業的供給能力造成破壞，但疫情如果及時得到控制，不會對經濟發展的基本機制造成損害。把握疫情影響的衝擊性和短期性特點，才能在相應的政策措施上注重及時性。同時，只有果斷、有力的應對措施，才能使疫情的衝擊僅限於短期影響，從而不至於發展成為影響社會經濟長期軌跡的因素。疫情影響的程度決定了復工復產的進程，以及所應採取的支持政策的力度。

鑑於此次疫情尚未結束，尤其是疫情的國際蔓延以及輸入病例的影響仍然嚴峻，因此尚難以對疫情的影響程度進行具體的評估。有經濟學家認為，1918 年"大流感"對宏觀經濟的影響提供了估算此次疫情影響的基礎，也提供了分析疫情宏觀經濟影響的上限（Barro, et. al, 2020）。1918 年"大流感"使得受衝擊國家的 GDP

---

[1]　目前較為一致的看法是新型冠狀病毒對人體傷害的嚴重程度不及其他幾種病毒，但具有更強的傳染性和隱蔽性。病毒的這一特點是新冠肺炎成為全球流行疾病的重要原因。

和消費水平下降了 6% 至 8%。不過，與 100 年前相比，世界已經發生了天翻地覆的變化。從積極的方面看，與 100 年前相比，人類的科技水平取得了革命性的進步，分子生物學、基因檢測等科技手段使人們可以快速而深刻地認識病毒特性，治療手段的進步大大降低了病死率。此外，以需求管理為主的宏觀經濟治理手段也大大豐富，可以在一定程度上熨平疫情對經濟產生的衝擊。從不利的因素觀察，世界經濟的相互聯繫更加緊密，產業鏈的延伸使得世界經濟存在"牽一髮而動全身"的影響，疫情影響可能會以乘數效應發生作用。中國作為最先遭受疫情的國家，會相繼受到國內疫情和國際疫情輸入的衝擊，大大增加了經濟的波動性和復工復產的不確定性。從新冠肺炎爆發到目前，疫情對經濟活動和復產復工的影響大致可以分為以下三個階段。

一、疫情爆發初期的影響

從武漢封城到春節假期結束，是疫情爆發的初期，可以大致認為是疫情對經濟活動產生影響的第一階段。在這一階段，全中國人民眾志成城地抗擊新冠肺炎，全力抗擊疫情是當時壓倒一切的中心工作。疫情爆發初期，正值 2020 年春節長假，因此，新冠病毒疫情初期對經濟與勞動力市場的影響，[1] 主要體現於對部分春節處於旺季的服務業部門的衝擊。疫情對第二產業和第三產業的經濟活動的影響機制存在著明顯的差異，對於第二產業主要集中於供給側（生產）行為的影響，其恢復和後續補救的彈性相對較大。相形之下，疫情對第三產業的影響集中於即期需求，造成的損失更加直接，且無法恢復。由於嚴格的隔離措施，旅遊、餐飲、住宿、文化娛樂、批發零售、交通等原本處於銷售或服務旺季的行業遭受了巨大衝擊。隔離措施使很多服務業部門的需求減少，直接影響其營收。而最終服務需求的萎縮，必然引致就業需求的減少。

經濟活動停止和集中力量抗擊疫情，必然也會對就業產生影響。雖然在抗擊疫

1　有人認為，與此次疫情最具可比性的是 2003 年的"非典"疫情。不過，"非典"疫情爆發時，中國經濟結構的主導產業是第二產業，2003 年第二產業增加值佔 GDP 的比重為 45.6%（工業為 40.3%），第三產業為 42%。根據國家統計局初步核算結果，2019 年第二產業增加值佔 GDP 的比重為 39.0%，第三產業增加值佔 GDP 的比重為 53.9%。

情時期的社會動員不適合以傳統的勞動力市場分析框架來考慮其產生的失業問題，且此次疫情爆發恰逢春節長假，也一定程度上減輕了對勞動力市場的負面衝擊，但疫情期間及後續經濟活動受到的連續衝擊，必然會造成一定程度的崗位損失。

疫情的第一階段受到嚴重衝擊的多個第三產業的部門具有小微企業和個體工商戶集中分佈的特點。很顯然，小微企業和個體工商戶較之大企業抵禦風險能力更弱，受到疫情衝擊並產生後續影響的可能性更大。根據第四次經濟普查資料，可以計算衝擊嚴重的行業的平均就業規模。如表 8-1 所示，這些行業中個體經營戶的平均規模不到 3 人，法人單位的平均就業規模也大多在 10 人以下，這意味著有大量的小微企業在這些行業從事經營活動。來自"螞蟻金服線上小微調研"的兩萬多份問卷統計結果顯示，受此次疫情"影響很大，無法正常運營或停工"的企業比例最大的行業依次是住宿餐飲、文教娛樂、交運物流、民生服務、批發零售等第三產業，均超過 70%。這 6 個行業的法人單位數達到 857 萬，如果按照該調研數據的比例推算，在第一階段因疫情衝擊難以持續經營大概涉及到 600 萬家企業。

上述調研結果還顯示，分營收規模來看，規模越小的小微經營者受影響越大。營收在 10 萬元以下的小微經營者中，有高達 46.4% 的經營者在調研時預計一季度營收同比下降 80% 以上。根據第四次經濟普查資料，在這 6 個行業中，個體經營戶總計達到 5134.9 萬家，綜合各方面調研結果，按第一階段復工率 40% 計算，在第一階段受到衝擊的個體經營戶總規模將超過 3000 萬家。

表 8-1　受衝擊嚴重行業的平均企業規模（人）

	法人單位	個體經營戶
批發和零售業	6.17	2.02
交通運輸、倉儲和郵政業	24.87	2.02
住宿和餐飲業	16.40	2.94
租賃和商務服務業	8.98	2.29
居民服務、修理和其他服務業	8.71	2.38
文化、體育和娛樂業	7.40	2.85

資料來源：根據第四次經濟普查資料計算。

二、疫情防控與恢復經濟並舉

從 2020 年 2 月 10 日春節假期結束，至國際疫情加速爆發（以國際衛生組織正式宣佈新冠肺炎為全球大流行疾病為標誌），可以大致被認為是復產復工的第二階段。2020 年 2 月 4 日，湖北以外地區新冠肺炎新增確診病例出現首次下降，此後，湖北以外地區一直保持新增病例持續下降的趨勢。到春節假期結束後，部分地區已經具備防控疫情與復工復產兩手抓的可能性。而且，基於以下幾點原因，有序復工復產是非常必要的。

首先，在這一階段，湖北的疫情仍然很嚴重，而湖北這一主戰場也必然需要來自全國其他地區源源不斷的物質支持。隨著確診和疑似病例的增長，對醫療物資的需求大幅度增長。僅從醫療物資生產與供應看，由於生產環節的日益專業化，產品的生產鏈條已經涉及很多地區，沒有上下游產業鏈的全面配合，難以保障醫療物資的持續、大規模供應。湖北省的經濟在疫情期間基本處於停擺狀態，隨著時間的推移，對生活資料等物質需求的種類和範圍會越來越廣，數量不斷增加。僅僅依靠儲備和庫存難以滿足需要。因此，其他有條件的地區需要開動生產能力，做好湖北疫情防控主戰場的物質資源保障。

其次，當時全球其他地區的疫情尚不明顯，全球經濟處於正常運轉的狀態，中國作為與美國、德國並列的全球價值鏈的三大中心之一，承擔著維持全球供應鏈穩定的責任。與 2003 年 "非典" 疫情爆發時中國剛剛加入 WTO 不同，中國經濟目前已經與全球經濟高度融合。全球經濟對中國的製造業部門已經高度依賴，並形成了一定的季節性。從訂單的週期性看，春節後的 3 月和 4 月已經成為形成新訂單的高峰期。如表 8-2 所示，PMI 指數中的新出口訂單指數在年後的 3 月份會有較大的環比增長，而且該指數在 3 月和 4 月也高於全年的平均水平。這意味著在全球供應鏈中，已經形成了按照中國農曆春節安排採購和生產計劃的季節性。

表 8-2　PMI 新出口訂單指數（%）

	2016 年	2017 年	2018 年	2019 年
全年平均	49.4	50.9	49.1	47.5
全年最高 / 月份	50.3/11 月	52.0/6 月	51.3/3 月	50.3/12 月
3 月份（離差）	50.2（0.8）	51.0（0.1）	51.3（2.2）	47.1（−0.4）
4 月份（離差）	50.1（0.7）	50.6（−0.3）	50.7（1.6）	49.2（1.7）
3 月環比	2.8	0.2	2.3	1.9

在第二階段，隨著疫情的防控取得積極進展，社會各界對恢復經濟活動的預期也逐步增強。然而，綜合各方面的數據來源看，恢復經濟活動的困難程度遠遠大於預期。利用交通狀況的恢復推算經濟活動恢復狀況，估算出 2 月 14 日全國平均的復工率僅為 42%。春節後第二週商戶的總體開工率僅為 52%，其中線下開工率為 51%，線上開工率為 68%。這些數據大大低於去年同期的水平，反映出在第二階段經濟活動的恢復較為遲緩。制約復工的主要因素是各地在疫情防控一級響應機制下，人員流動難以恢復，企業用工困難成為制約當時復工復產的主要障礙。後面還將詳細討論這一問題。

三、全球"大流行"引起的外需萎縮

第三階段主要的特點是疫情在全球蔓延對中國經濟產生的輸入性影響。可以大致認為自 3 月 11 日世界衛生組織正式宣佈新冠肺炎全球大流行是第三階段的開始，截至目前仍然處於這一階段。由於疫情以超出預期的速度和程度在全球蔓延，對中國經濟復工復產的影響也具有很強的突然性。

首先，中國以外地區疫情的加劇使得防控國際輸入病例的壓力呈持續增加的態勢。在原本國內疫情基本得到控制、工作重心向恢復經濟活動轉移的情況下，輸入病例的增長打亂了部分地區原有的復工復產的節奏，一定程度上延緩了復工復產的進程。2020 年 6 月北京出現的疫情反覆，充分反映了新冠病毒的多變和複雜性，也增加了經濟恢復的不確定性。

其次，國際疫情受衝擊嚴重的國家是與中國經濟聯繫緊密的發達經濟體，如美國、歐盟等主要貿易夥伴。這些國家遭受疫情衝擊引起的需求萎縮，不僅減少了外貿訂單，在經濟全球化時代，國外供應鏈的損失也會波及國內相關的產業。

目前，全球大流行對中國經濟的影響仍在延續，也是未來需要密切關注和積極做出政策應對的領域。

第二節　復工與復產的進程及其影響

復工復產是指經濟活動從疫情防控期間的停滯狀態，轉向經濟正常運轉狀態的過程。全面度量經濟的恢復程度，需要綜合的指標體系。如上所述，疫情衝擊的影響具有及時性、多變性，依靠傳統的統計體系難以適時反映疫情對經濟活動的影響。相形之下，可以適時地觀察人員流動、物流、生產要素使用等與經濟活動緊密相關的指標的變化，並作為推斷復工復產進程的依據。目前，大數據的來源非常廣泛，支付數據、交通出行數據、電力使用數據、燈光數據等都可以從不同的側面反映經濟活動變化的情況。當然，每一類數據都只反映了經濟活動的某一種特徵，如果單獨使用難免以偏概全，它們的相互映襯，則可以儘可能地接近事實的原貌。

招銀理財夜光工業復工指數（ICRIN）利用衛星觀測中國大陸上百家工業園區夜光的變化，形成國內工業產能復甦指數，從而反映春節假期後中國工業產能的恢復情況。在一定程度上，可以用夜光指數反映工業產能復甦的情況。ICRIN 以 2020 年停工期（2020 年 1 月 24 日至 2020 年 2 月 2 日）夜光數據為基礎，結合停工前日度夜光數據計算得到。該指數從 2020 年 2 月 17 日開始，形成可比的時間序列。圖 8-1 顯示了 2020 年春節假期後夜光指數的變化情況。到 2 月 24 日，工業產能恢復了約一半；截至 4 月 4 日，觀測樣本的工業產能恢復到參考區間水平的 76%。該圖所顯示的復工趨勢表明，工業產能的恢復呈現先加速恢復、後逐漸放緩的趨勢。從 2020 年 2 月 17 日開始的第一週，工業生產恢復最為迅速，指數提高了 8.3 個百分點。2020 年 3 月 11 日，國際衛生組織宣佈新冠肺炎為全球大流行，隨後的三週，工業園區的燈光指數恢復開始放緩，分別提高了 3.1 個百分點、2.6 個百分點和 1.4 個百分點。到 2020 年 6 月 20 日，觀測樣本的工業產能恢復到參考區間水平的 91%，意味著仍然處於負增長區間。

圖 8-1　2020 年春節假期後工業園區的夜光指數變化（%）

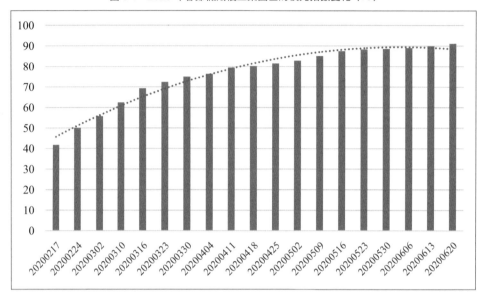

資料來源：萬得金融數據庫。

　　由於數據的限制，我們難以觀測不同行業復工復產進程的差異。根據介紹，到 2 月 23 日總體的工業復工程度近半時，與疫情相關的生物製藥行業的復工率相對較高，製造、加工業次之，化工業整體開工率較低，平均為 30% 左右（馬傳茂，2020）。

　　由於經濟活動的恢復與城市交通的直接相關關係，交通出行數據可以從另外一個角度反映復產復工的進程。百度提供的城市出行強度數據可以很好地對比各個城市出行的同比變化情況，以反映經濟活動的恢復程度。為了更準確地體現“同比”，以下根據疫情期間的假期政策調整，對比 2020 年和 2019 年相應的工作日交通出行強度的變化情況。具體來說，2020 年春節假期延長至正月初九（2020 年 2 月 2 日），即 2 月 3 日春節的法定假日結束。雖然當時是疫情防控最為焦灼的時期，經濟活動的恢復非常有限，但法定假日結束後，一些重要的經濟部門便開始恢復活動。因此，以春節假期結束後的第一天作為數據觀察的起點，即 2019 年以正月初七為起始日、2020 年以正月初十（2 月 3 日）作為起始日，比較兩年相應日期交通出行的

圖 8-2　2020 年春節後工作日出行的同比恢復程度（％）

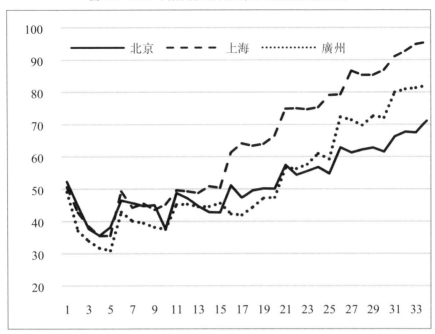

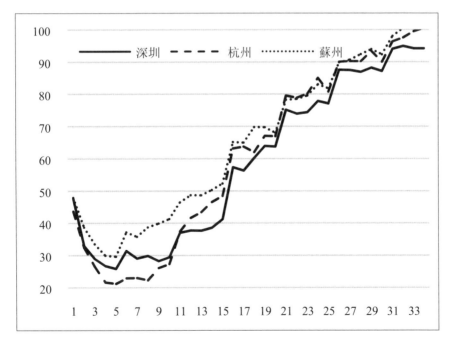

資料來源：百度出行數據庫。

同比變化。以中國經濟最發達的幾個城市[1]作為觀察樣本，除了北京、上海以外，還包括杭州、蘇州、廣州、深圳等幾個發達地區的城市，以反映浙江、江蘇、廣東等幾個中國經濟增長最重要的省份經濟活動的變化情況。

由於城市交通出行強度在工作日和週末會存在明顯的差異，以下分別觀察2020年工作日和週末的同比變化情況。其中，工作日的交通恢復程度更多地反映了生產性經濟活動的恢復程度，而週末交通出行的強度則反映了生活、消費等活動恢復的情況。圖8-2展示了6個城市2020年春節後工作日出行強度的同比變化情況。蘇州、杭州在節後的第30個工作日恢復的程度已經達到九成，隨後很快完全恢復到去年同期的水平，深圳在第30個工作日也接近去年同期95%的水平。在一線城市中，北京的恢復程度最低，到3月27日（第34個工作日）出行強度恢復了71.1%，與之相較，上海為95.5%，廣州為82.0%。

週末交通的同比恢復狀況則更多地反映了消費的恢復程度。如果我們認為消費恢復的程度越高，週末交通出行的恢復程度也越大的話，那麼，圖8-3顯示疫情對消費產生的影響要大於對生產性經濟活動的影響程度。幾個城市都大致從節後的第二個週末（2月15日）開始逐步恢復週末的出行強度。到第六個週末（3月15日），即便工作日出行強度已經完全恢復的蘇州和杭州，也沒有達到2019年同期的水平，分別為90.4%和85.6%，深圳為79.7%。北京、上海、廣州等超大城市的週末出行強度的恢復程度更低，上海為77.3%，廣州為74.9%，而北京僅為53.6%。

雖然從某一類專業性的數據分析總體的復工復產進程猶如盲人摸象，但綜合各類數據，可以得到相對一致性的認識，主要包括以下幾個方面：

其一，截至第一季度末，經濟活動的總體恢復程度不到八成，且表現出較大的地區差異性。疫情防控更嚴格的城市，相應的經濟恢復程度也更低，但主要的經濟發達省份都致力於儘快恢復經濟活動。由於疫情變化的不穩定性和複雜性，尤其是國際疫情倒灌產生的不確定性正在增加，未來恢復經濟的工作仍然艱巨。

其二，由於行業特徵不同，製造業部門的恢復較為迅速，具有更高的彈性。相形之下，第三產業中直接從事面對面服務的部門受疫情衝擊的影響明顯，恢復經濟活動也更為艱難。能否儘快恢復服務業部門的經濟活動，將決定"經濟戰役"的成

1　其他城市的數據正在處理中。

圖 8-3　2020 年春節後週末出行的同比恢復程度（％）

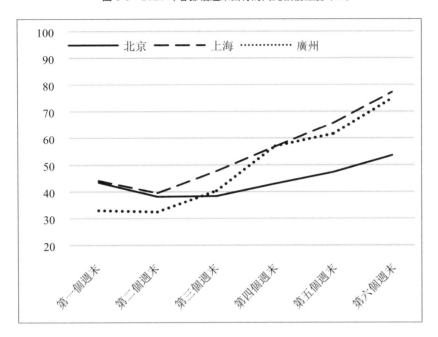

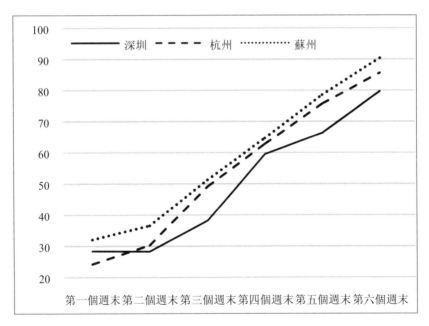

資料來源：百度出行數據庫。

敗。服務業已經成為就業增長的主要來源，因此，第三產業的恢復和發展就對就業形勢的穩定起著決定性作用。而且，相比於第二產業，第三產業各個行業中小微企業和個體工商戶的分佈更為集中，行業的損失如果繼續延續，會帶來更為嚴重的民生問題。此外，第三產業的持續萎縮，必將對最終需求產生負面影響，從而傳導至製造業等部門，對整個經濟產生更為深刻而廣泛的衝擊。

　　未來的調控政策要基於復工復產的現實特點，尤其是要針對疫情對第三產業衝擊產生的就業、民生問題實施相應的計劃，把疫情的影響時間儘可能縮短、影響程度儘可能減小。

第三節　復工不充分、就業需求萎縮與週期性失業

　　如果經濟活動恢復不足，將傳導至勞動力市場，出現就業需求的萎縮，崗位不足產生的失業即週期性失業。新冠肺炎對就業形勢的衝擊已經顯現，2020 年 2 月份城鎮調查失業率為 6.2%，高出 2019 年月度平均水平 1.05 個百分點。當前失業率的跳升具有明顯的週期性失業的特點，"穩就業"政策也應該從需求端出發，集中治理週期性失業。

　　從造成失業的原因看，週期性失業和結構性失業是對治理失業政策產生最大影響的兩種形式。總體上看，中國經濟發展正處於經濟結構調整迅速的時期，結構性失業一直成為失業的主導因素。但新冠肺炎在前文所述的不同階段對經濟形成了漸次衝擊，總需求萎縮導致的週期性失業特點已經很明顯，主要體現在以下幾個方面：

　　首先，失業率的突然飆升已經突破了充分就業的正常水平，具有明顯的週期性失業特點。自 2017 年 1 月至 2019 年 12 月，月度城鎮調查失業率的平均水平為 5.04%，標準差僅為 0.15%。同時，在此失業率水平下，中國經濟保持了中高速增長，價格水平也總體上保持了穩定。這說明 5% 左右的失業率反映了經濟在當前的增長條件下的穩定失業水平，也可以認為是充分就業水平。

對於充分就業下存在的失業，治理措施主要是從中長期政策著手，主要包括改善勞動力市場制度環境、提升勞動力市場的運行效率，降低摩擦性失業；在促進經濟結構轉型的同時，提升勞動者的人力資本水平，使其能夠適應經濟結構不斷調整的需要等。這些從勞動力市場制度和勞動供給角度的政策，正是長期施行的、積極的就業政策的主要含義。

然而，新冠肺炎疫情爆發以來，失業率變化打破了勞動力市場運行的中長期軌跡，2020 年 2 月份的城鎮調查失業率較此前 36 個月的月度失業率均值跳升了 1.16 個百分點。5 月的城鎮調查失業率仍然處於 5.9% 的較高水平。疫情引起的第二產業開工不足和第三產業有限的恢復，導致了總需求的萎縮並引致了非常明顯的週期性失業。雖然更仔細的測算需要依賴於更多趨勢性數據，但從就業、價格水平和經濟增長情況綜合判斷，可以認為這 1.2 個百分點左右的失業率具有較強的週期性失業的屬性。

其次，從週期性失業產生的原因看，源於疫情對總需求產生的漸次衝擊所引起的復工復產不充分。如果不採取果斷而有針對性的經濟救助計劃，居民收入可能會進一步下降，引起消費需求進一步萎縮，並傳導至勞動力市場上產生進一步的失業。

週期性失業與結構性失業的性質和成因迥然不同，治理手段也大相徑庭。要根據當前疫情引起的週期性失業的規模、特點，有針對性地推出提振經濟、擴大需求的措施，以彌補本章所述的第一階段和第二階段的就業損失，並通過及時有效的經濟刺激措施，阻斷第三階段的發生。

估算復工不足引起的週期性失業的規模，有助於我們在宏觀調控決策中，把握短期刺激政策的力度和規模。如上所述，如果認為當前失業率偏離長期穩態失業率的部分是週期性失業的話，那麼，在考慮以往 36 個月失業率小幅度波動的情況下，當前的週期性失業規模大約在 1.0 個百分點至 1.3 個百分點左右。以 2019 年城鎮就業規模 4.42 億計算，在假定勞動參與率沒有變化的情況下，由於週期性失業所增加的城鎮失業人口在 467 萬至 607 萬人。

本章前面的分析已經表明，在疫情的第一階段恰逢春節假期，製造業等第二產業同比所受的衝擊有限，但旅遊、餐飲、批發和零售、交通運輸、娛樂業等服務業部門所受的衝擊明顯，其中，中小微企業和個體經營戶受到的影響尤其嚴重。因此，我們據社會零售總額同比變化情況（同比下降了 20.5%）以及同期城鎮調查失業率變化情況，可以推算城鎮失業率相對於社會零售總額的彈性為 -0.83。由此可見，儘快恢復服務業活動將有效地推動就業崗位增長。因此，把治理週期性失業作為當前"穩就業"工作的工作重點，才能體現"穩就業"政策的針對性，做到有的放矢。

結合目前復工復產的形勢，筆者認為直接針對全體公民發放一次性補貼是提升有效需求、治理週期性失業、促進經濟發展、保障和改善民生最有力的武器。基本收入補助計劃在發達國家已經有很多討論，雖然基於中國的國情，其作為長期計劃實施的條件還不成熟，但針對全球範圍的疫情產生的巨大衝擊，作為臨時性和一次性的計劃實施是完全必要的。根據疫情衝擊的情況和財政承受能力，將財政赤字率提高 1.5 個百分點，向全體公民人均發放 1000 元收入補貼，是完全可能的。

首先，實施全民一次性補助計劃對於治理週期性失業的針對性最強。本章前面的分析已經表明，當前失業率的抬升，主要是第三產業中一些吸納就業的主要部門受到了巨大衝擊。因此，提振消費對於促進就業將會產生立竿見影的效果。根據國家統計局的數據，農村居民的平均消費傾向為 0.85，城市居民平均消費傾向為 0.66。按 2019 年末城市化水平 60% 計算，1.4 萬億的收入補貼可以在城市產生 5540 億元的消費，在農村產生 4760 億元的消費。由於低收入群體邊際消費傾向更高，通過鼓勵高收入群體向低收入群體捐助一次性補貼，所產生的實際消費效應更高。

如上述 1.03 萬億消費在 3 個月內實現，其產生的消費需求，在其他條件不變的情況下，可以增加 683 萬個就業崗位，將抵消前期疫情帶來的就業損失。更重要的是，大量中小微企業和個體工商戶，會獲得持續的經營能力，使經濟和民生重返正常的軌道。

其次，針對公民的收入補助計劃是已經出台的投資計劃的有效補充。"新基建"等中長期投資計劃形成有效的最終需求可能存在時滯，收入補助計劃可以在投資的有效需求產生之前及時地啟動消費需求、降低週期性失業。由於是一次性計劃，沒有政策退出的困難，可以與投資計劃相互銜接，形成梯次效應，實現短期和中長期計劃的結合。

再次，以往的投資計劃，往往會使經濟結構重化，也容易對民間投資產生擠出效應，不利於經濟結構的優化。一次性的收入補助計劃減少了政策發揮作用的環節，可以直接產生消費需求，也更有利於解決中小微企業和個體工商戶的困難，產生的就業效應也更明顯。

最後，有學者擔心全民收入補助會提升價格水平。考慮到此次計劃發生效應的主要群體是中低收入群體，將可能對基本消費品的價格產生一定的推動作用，但低收入民眾從消費中獲得的幸福感足以抵消價格波動的負面影響。已有的研究表明，失業對國民總體幸福感的影響程度是價格水平上升的兩倍（Di Tella, et. al, 2001），因此，綜合的政策效果將更加明顯。

第四節　總結與展望

此次新冠肺炎疫情對社會經濟生活產生了巨大的負面衝擊，其後續的影響仍然沒有結束。我們一方面要繼續根據疫情變化的特點，及其對經濟恢復產生的動態影響作出積極的政策反應，減少疫情產生的震蕩；另一方面，也要著眼長遠，根據此次疫情爆發和復工復產進程中暴露出的發展短板，優化社會治理結構，做到化危為機。

一、疫情防控的公共服務屬性

隨著經濟活動的漸次恢復，防控疫情的任務仍然繁重，尤其是既要防止境內病例的復發，又要防止境外病例的輸入，這給恢復經濟也帶來了更大的壓力。政府要加強公共服務供給，為經濟活動的順利開展保駕護航。以下幾個領域可以著重考慮。

首先，加強疫情防控管理的數字化水平和科技水平。隨著數字技術、互聯網技術的發展，已經完全可以支持疫情防控的數字化管理。疫情爆發以來，一些頭部的科技公司不僅表現出強烈的社會責任感，也體現出較高的技術能力。政府有關部門可以將疫情防控的數字化管理所需要的軟件和硬件支持委託給國內一些世界領先的頭部科技公司，提升整個社會的治理能力。

其次，加大病毒檢測服務的供給能力，提高檢測水平，把“早發現、早隔離、早治療"提升到新的水平。此次疫情爆發後,有一批生物技術公司快速反應,大大提升了檢測服務的技術能力和服務能力。以政府購買服務的方式加大檢測服務的供給能力,把非常時期的檢測服務作為公共產品,有助於為經濟活動的正常開展提供支撐。

最後,做好疫情應急能力的儲備。要堅持底線思維,做好經濟活動開展後,疫情發生變化的準備工作。如"小湯山"醫院模式在經濟發達地區可以作為長期基礎設施和重大應急機制的組成部分,進行儲備性建設。這既可以提高防控能力,也可以作為經濟恢復計劃的組成部分,起到一石二鳥的作用。

二、注重救助政策與經濟恢復計劃的協調

此次疫情已經對經濟產生了持續、大範圍的衝擊。從所受衝擊的嚴重程度和恢復經濟活動的進程看,既要注重實施短期的救助計劃,對衝擊嚴重的服務業、小微企業、個體經營者和失業人群實施專門的救助,從而實現穩就業、惠民生、促增長的目標,也要通過經濟恢復計劃,保障經濟的持續發展能力。因此,政策的制定和實施要注意以下幾個方面:

首先,治理週期性失業的政策主要是以宏觀調控政策為抓手,具有短期性、及時性,同時還要兼顧政策的逆週期特點,在週期性失業消失時能夠及時退出。因此,可以使用一些一次性、臨時性的政策工具。從政策手段看,財政政策較之貨幣政策不僅更有利於瞄準目標群體、增強政策的及時效果,其產生的副作用也更加可控。

其次,新出台的刺激政策要注重與已經出台或醞釀的調控政策相互補充。例如,已經計劃出台的加快"新基建"建設的政策,瞄準了中國經濟結構調整的主要方向和未來國際競爭的戰略制高點,對於優化經濟結構、改善供給水平、提升中國經濟中長期的供給水平和質量都有好處,也會在一定程度上解決結構性失業問題。但也應當看到,目前迫切需要解決的是短期需求萎縮對勞動力市場的衝擊,也迫切需要一些短期性、及時性的計劃提振需求,恢復就業崗位。

最後,要注意到就業需求損失的主體是中小微企業和個體工商戶,因此,此次救助政策要對這些主體發揮實效。對這些行業中產生的失業人群,也需要發揮社會安全網的兜底功能,加大失業救助的力度。

三、改革城市化不完整的缺陷

在疫情的防控及隨後的復工復產進程中，戶籍人口與常住人口差異造成的不完整的城鎮化增加了社會運行的成本和恢復經濟活動的難度。應該以更加徹底的戶籍制度改革，使城鎮化進程與社會經濟發展相協調。

一直以來中國城市化進程以勞動力流動，而非全面的人口流動為載體，城市化的過程是不完整的。這種不完整性體現在兩個方面：其一，在城市經濟中，流動人口主要在供給側發揮作用，需求則受到抑制；其二，生產行為和消費行為在空間上的分離產生了人員的往復流動，增加了勞動力市場和經濟社會的運行成本。解決這些矛盾的根本舉措是加快推進更加徹底的戶籍制度及相關領域的改革，實現流動人口的市民化。

近年來，縮小戶籍人口城鎮化率與常住人口城鎮化率的差距、實現更加完整的城鎮化已經成為重要的改革方向。但由於流動人口的市民化涉及範圍廣、領域多，利益關係繁雜，因此實際進展緩慢。在"十三五"期間，上述差距並沒有縮小：2016 年戶籍人口城鎮化率與常住人口城鎮化率的差距為 16.15 個百分點，2019 年為 16.22 個百分點。考慮到區域再定義的城鎮化（如村改居）在近年來的城鎮化增長中佔較大比例（近四成），流動人口市民化進程的實際進度可能更慢。

在經濟運行處於正常狀態時，城鎮化進程的不完整性抬高了勞動力市場和整個經濟體系的運行成本，損害了經濟效率，但這種影響在正常年份難以察覺，潛在的經濟運行成本也難以測度。此次疫情則使不完整的城鎮化產生的負面影響更直接地暴露出來。要好好利用此次疫情的"大考"，以更加全面和徹底的改革解決以前一直想解決但未根本解決的問題，實現更加健康、完整的城鎮化。

從此次疫情的防控及疫情有效控制後經濟活動的恢復過程看，城市化的不完整性，在以下兩個方面提高了社會治理和經濟運行的成本：其一，即便在正常年份，春節期間大規模的人員流動也造成了巨大的社會運行成本。根據國家統計局農民工監測數據結合其他數據估算，東部地區流入農民工總量約 1.6 億人，春節期間返回輸出地的農民工規模在 4600 萬人左右。在疫情期間，如此大規模的季節性流動給疫情的防控帶來了更大的困難。即使在沒有疫情衝擊的正常年份，由於勞動力在輸入地和輸出地往復流動，也增加了時間成本。農民工節後全面恢復返崗平均需要三週左右，較之法定假日多出了半個月。因此，如果實現更完整的城鎮化、提高舉家遷移的比例、減少人員的流動，將增加農民工的有效勞動投入，並有助於提高總產出水平。其二，大範圍的人員流動加大了疫情後恢復經濟活動的難度。由於疫情防控的需要，2020年春節後的人員流動受到了很大限制，大量農民工滯留於老家，使得用工需求難以滿足。國內疫情的後期，勞動力流動不暢形成的"堰塞湖"成為復工復產的最大障礙。在遭遇疫情衝擊的特殊情況下，不完整的城鎮化削弱了勞動力市場調整的彈性，增加了恢復經濟活動的難度。

從中長期看，實現完整的城鎮化進程既是完善社會治理結構的需要，也將對疫情後的經濟發展產生推動作用。

首先，推進以市民化為主的城鎮化進程，有利於提升生產率。以往消極地看待低技能人口在城市發展中的作用，是制約農民工市民化改革繼續推進和深化的重要原因。從過去的發展歷程和其他國家的發展經驗看，開放和包容的城市勞動力市場通過吸引低技能勞動力，提高了城市勞動力市場的專業化程度。這一過程不僅增加了低技能勞動者的就業，也通過更有效的社會分工，使高技能勞動者更專注於其崗位、提高生產率，並推動經濟的發展。

其次，塑造完整的城鎮化有助於緩解目前面臨的就業困難。由於疫情對國內經濟的衝擊及其對世界經濟的持續影響，"穩就業"正面臨著巨大的挑戰。在這種嚴峻的形勢下，更要發揮城鎮化在解決就業矛盾中的特殊作用。城市具有產業分佈集中、規模效應明顯、勞動力市場信息流動充分的優勢，在就業創造中發揮著主導作用。城市人口規模增加本身就會產生崗位創造效應。而且，城市通過各種類型的人群聚集，形成多層次的勞動力市場和多元化的就業需求，增加了勞動力市場的厚度。因此，在遭遇疫情衝擊時，把人口更多地聚集到城市，較之分散在不同區域更能抵禦失業風險。

保持城市就業創造能力的一個重要條件是通過勞動力的自由流動不斷吸納人口。在經濟增長面臨疫情衝擊、外部需求急劇萎縮的情況下，要特別注意大城市的城市管理政策與勞動力市場政策的協調，切實使積極的就業政策落地，謹防一些限制人口流動、分割勞動力市場的措施對就業創造的損害。

（本章執筆：都陽）

參考文獻

[1]   Barro, Robert J., Jose F. Ursua, Joanna Weng, "The coronavirus and the Great Influenza epidemic: Lessons from the 'Spanish Flu' for the coronavirus' potential effects on mortality and economic activity", *NBER Working Paper 26866*, 2020.

[2]   Di Tella, Rafael, Robert MacCulloch & Andrew Oswald, "Preferences over Inflation and Unemployment: Evidence from Surveys of Happiness", *American Economic Review*, 2001, 91(1), 335–341.

[3]   馬傳茂:〈超過 170 顆衛星的監控數據:目前工業企業復工接近五成〉,《證券時報》, 2020 年 2 月 27 日。

第九章

外貿影響與對策

新冠肺炎全球大流行覆蓋世界 200 多個國家，震中在歐美發達經濟體，成為本世紀影響國際政治經濟格局的重大事件。國際貨幣基金組織、聯合國貿發會議、世界貿易組織、國際勞工組織等均預測，新冠肺炎將對世界經濟、國際投資、國際貿易、全球就業產生巨大衝擊。中國是全球第一大貨物貿易國、亞洲 GVC 中心，以全球價值鏈的視角研究發現，新冠肺炎全球大流行將對中國最終產品、紡織品、ICT、服務貿易出口衝擊較大。如果疫情震中從歐美轉入亞洲，中國外貿將受重創，並影響上億人口就業。應對新冠肺炎全球大流行對中國外貿的衝擊，短期應利用財稅、金融、貿易投資便利化等政策工具確保供應鏈穩定、物流暢通、中小企業發展，長期應加快政府數字化服務與企業數字化轉型，提升貿易數字化水平，推動貿易高質量發展。

第一節　不利影響：對中國貿易衝擊與就業影響較大

在全球價值鏈新時代，傳統的淨進口無法全面衡量貿易衝擊對國內經濟的影響。中國是全球第二大貿易國、第一大貨物貿易國，也是亞洲 GVC 中心。全球重要經濟體與貿易大國經濟停擺，供應鏈中斷和國際市場需求下降，將對中國貿易、投資和就業產生重要影響。

一、對國際貿易的影響

1. 對國際貿易整體影響

疫情在中國爆發初期，跨國公司撤離在華人員，工廠停工、停產，商店、飯店、酒店停業，產品無法按時交貨，國外紛紛取消訂單。中國對重要貿易夥伴美國、德國、英國、法國的進出口均出現兩位數跌幅。一季度，中國對美國、歐盟、日本傳統市場進出口分別下降 18.3%、10.4% 和 8.1%。

隨著新冠肺炎全球大流行，因中國居於傳統貿易和簡單 GVC 網絡的中心，美歐發達國家居於複雜 GVC 網絡中心，[1] 中低技術產業可能受中國和亞洲疫情擴大影響，高技術產業受美歐發達國家疫情影響更大。但從總體上看，最終產品出口受疫情衝擊最大，中間產品進口受亞洲疫情影響更大。（1）從出口來看，2017 年，中國已取代日本成為亞洲最終產品貿易的全球供給中心。中國不僅與其他中心（美國和德國）有重要的貿易聯繫，而且與亞洲鄰國（日本、韓國和幾乎所有亞洲國家）、台灣地區和其他新興經濟體（俄羅斯、巴西、印度）也有重要聯繫。新冠肺炎全球大流行將對中國最終產品出口衝擊最大。但在簡單 GVC 和複雜 GVC 網絡中，因中國是區域供給中心，與歐美中心不發生直接聯繫，預計中國中間產品出口受亞洲疫情影響更大。（2）從進口來看，2017 年，在簡單 GVC 網絡和複雜的 GVC 網絡中，中國是區域需求中心，中間產品進口主要受亞洲疫情影響。

2. 對貨物貿易的影響

新冠肺炎在中國爆發初期，受春節特別是國內疫情的影響，國外取消訂單，部分國家對華採取貿易保護措施，散佈"中國製造有毒論"，貨物貿易進出口均出現下降，貿易順差收窄。據海關統計，1 至 3 月，中國貨物貿易進出口總額比上年同期下降 6.4%。其中，出口下降 11.4%，進口下降 0.7%，貿易順差減少 80.6%。[2]

新冠肺炎在全球大流行後，商務部數據顯示，1 至 5 月，中國進出口下降 4.9%。其中出口下降 4.7%，進口下降 5.2%，貿易順差收窄。從價值鏈增值角度分析，因中國不同產業在全球價值鏈中的地位不同，與歐美亞三大 GVC 中心的聯繫不同，產業受歐美亞疫情影響也各異。

一是對紡織業的影響。中國紡織產品出口將受新冠肺炎全球大流行重創，進口將受亞洲疫情影響較大。（1）從出口來看，2017 年，中國紡織業已經由 2000 年的區域 GVC 中心提升為世界 GVC 中心，無論是傳統貿易、簡單 GVC 網絡，還是複雜 GVC 網絡，中國都是世界的供給中心。新冠肺炎全球大流行無論會否由歐美擴展

---

1   WTO、IDE-JETRO、OECD、UIBE、WB 聯合發佈的《全球價值鏈發展報告 2019》將生產活動分解為三種形式：純國產、傳統貿易、價值鏈生產（包括簡單 GVC 網絡和複雜 GVC）。研究顯示，目前全球形成了三大區域生產網絡："歐洲工廠"、"北美工廠"、"亞洲工廠"。美國和德國居於複雜 GVC 網絡中心，中國居於傳統貿易和簡單 GVC 網絡中心。

2   海關：〈一季度進出口雖下降 6.4% 但降幅已收窄〉，新浪財經綜合，2020 年 4 月 14 日，https://finance.sina.com.cn/china/2020-04-14/doc-iircuyvh7676373.shtml。

到亞洲，都將重創中國紡織產品出口。（2）從進口來看，2017年，在傳統貿易網絡下，亞洲沒有需求中心。美國是全球重要的需求市場，中日韓產品直接出口美國，與日本相比，中國對美出口佔比不大。在簡單 GVC 網絡下，中國作為區域需求中心，從日本、澳大利亞、韓國、印度進口後出口美國市場。在複雜 GVC 網絡下，歐洲、亞洲和北美的貿易聯繫集中於區域內貿易夥伴，中國是亞洲區域市場需求中心，與歐美兩大區域中心聯繫較少，為此，產品進口將主要受亞洲疫情影響，受歐美疫情影響較小。

二是對信息和通信技術產業的影響。出口受美歐，以及亞洲（韓國、日本、台灣地區）疫情影響。進口中低技術產品將受歐亞疫情影響，高技術產品受亞洲疫情影響。（1）從出口來看，2017年，中國替代日本成為亞太地區傳統貿易、簡單 GVC 和複雜 GVC 的供應中心，韓國、日本、台灣地區成為亞太區域副中心。中國 ICT 產品出口將受歐美疫情，以及亞洲韓國、日本疫情的影響。（2）從進口來看，2017年以來，中國成為三大貿易網絡的區域需求中心。在傳統貿易和簡單 GVC 網絡下，中國從德國、日本、韓國、台灣地區進口後出口到美國，中國 ICT 進口受歐洲，及日本、韓國、台灣地區疫情的影響。在複雜 GVC 網絡中，美歐亞三大中心彼此分離，德國、中國和美國的區域中心之間沒有直接或間接關聯，中國 ICT 進口主要受亞洲疫情影響。

3. 對服務貿易的影響

2019年，中國服務貿易前十大夥伴國（地區）依次為中國香港、美國、日本、新加坡、德國、英國、韓國、澳大利亞、加拿大和台灣地區，合計5260億美元，佔比70%，主要以亞洲為主。

新冠肺炎在華爆發初期，國外對中國採取暫停航班、簽證等相關措施，短期內直接影響出境遊、航空、運輸、商務服務等，傳統服務貿易下降。商務部發佈的數據顯示，受疫情影響，2020年1至2月，服務進出口總額同比下降11.6%。其中出口下降6%，進口下降14.6%。服務貿易結構中，傳統服務貿易受疫情影響嚴重，旅行、運輸、建築服務進出口額分別下降23.1%、4.4%和28.4%。[1]

1　〈商務部服貿司負責人介紹1–2月中國服務貿易發展情況〉，商務部網站，2020年3月31日，http://www.mofcom.gov.cn/article/ae/sjjd/202003/20200302949932.shtml。

新冠肺炎在全球大流行，服務貿易出口將主要受美國和亞洲疫情影響，進口主要受亞洲疫情影響。（1）從出口來看，2017 年，在傳統貿易網絡中，中國居亞洲生產網絡中心，主要向亞洲的日韓等國和美國出口。在簡單 GVC 下，中國是亞洲區域服務提供中心，與美國建立了服務聯繫，主要受亞洲、美國疫情影響。在複雜 GVC 下，三大中心相對獨立，中國服務出口主要受亞洲疫情影響。（2）從進口來看，2017 年，中國是傳統貿易、簡單 GVC 網絡、複雜 GVC 三大網絡的區域需求中心。對傳統貿易和簡單 GVC 網絡而言，美國是全球唯一的服務需求中心，中國的服務進口需求主要來自亞太地區，歐洲對中國影響不大。對複雜 GVC 網絡而言，中國服務需求來自韓國、日本、新加坡等亞洲內部，從目前來看，歐美疫情對中國影響不大。如果疫情震中由歐美發達國家轉向亞洲，將對中國產生重要影響。

二、對直接投資的影響

新冠肺炎在中國發生初期，受春節與疫情的影響，企業大面積停工停產，引進外資規模總體下降。據商務部統計，2020 年 1 至 3 月，中國實際使用外資 2161.9 億元人民幣，同比下降 10.8%，其中，2 月和 3 月分別下降 25.6%、14.1%。[1]

新冠肺炎在全球大流行，在歐美成為全球疫情震中、日本和韓國等亞洲國家疫情走勢不明朗的情況下，中國成功應對疫情，優先服務外資企業全面復工復產，並積極推動重大產業、工程項目進展，成為目前全球最安全的投資目的地。2020 年 3 月 25 日，中國美國商會發佈的 "新型冠狀病毒肺炎疫情對會員企業影響" 的問卷調查顯示，近一半會員表示疫情對其在華運營產生較大影響，多數企業收入和市場需求下降。但疫情是否會影響其在華投資戰略，半數受訪企業表示暫時無法判斷，三分之一受訪企業表示不會造成任何影響，許多公司表示將維持原有投資水平，考慮全部或部分退出中國市場的企業佔比只有 3%。[2]

1　〈商務部外資司負責人談 2020 年一季度全國吸收外資情況〉，商務部，2020 年 4 月 15 日，http://www.mofcom.gov.cn/article/ae/sjjd/202004/20200402955393.shtml。

2　Am Cham China (March 25, 2020), COVID–19 Business Impact 60 Days in: Results from the March 2020 Flash Survey.

三、對就業的影響

　　中國是全球第二大貿易國，擁有 14 億人口。與其他貿易大國相比，出口帶動的國內就業佔比不高，但出口對國內就業的貢獻遠超其他國家。如圖 9-1 所示，2015年，中國出口引致的國內就業佔比僅為 12.7%，在全球九大貿易國中僅高於美國，但帶動的就業卻高達近 1 億人（其中，出口引致的間接就業為 6406 萬人，直接就業為 3319 萬人）。而同期美國、德國出口引致的就業僅為 1469 萬人、1220 萬人。2019 年中國貿易對就業的貢獻約 1.8 億。新冠肺炎全球大流行對中國就業的影響將遠超對發達國家的影響。

圖 9-1　全球九大貿易國出口引致就業比較

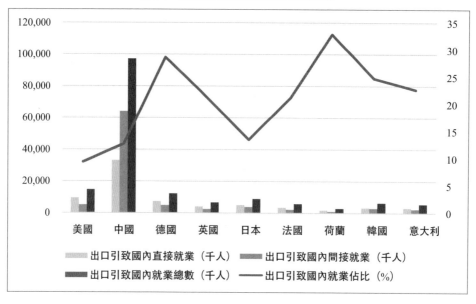

數據來源：OECD

第二節　有利影響：
提升中國貿易數字化水平與優化貿易結構

在當代全球價值鏈國際分工體系下，中國經濟與全球經濟深度融合，短期內，疫情已對中國貿易產生不利影響，就業面臨巨大壓力。但從長期來看，疫情暴露的中國經濟發展短板和出現的新增長點，預示著未來貿易發展的新方向，也將為中國貿易高質量發展提供新機遇。

一、有利於貿易結構優化和貿易逆差收窄

新冠肺炎從中國到全球大流行，企業在面臨外貿訂單減少、開工不足的同時，也適應市場數字化消費的趨勢，加速數字化、智能化轉型，並針對疫情長期化、醫療產品市場供給不足的新變化，加快了產業結構調整。

一是有利於出口結構優化。疫情凸顯中國醫療、公共衛生健康的民生短板，與疫情相關的口罩、防護服、醫療設備採購明顯增加，在其他國家對疫情防控設備產品採取出口限制的情況下，中國成為全球抗疫物質重要的出口國。截至 2020 年 4 月 4 日，74 個國家和 10 個國際組織與中國企業開展商業採購洽談，其中，54 個國家 / 地區、3 個國際組織與中國企業簽了醫療物資採購合同。[1] 1 至 5 月，口罩帶動紡織品增長 25.5%，醫療器械、中藥材分別增長 33%、8%。與此同時，居家辦公也帶來國際市場對小家電等生活消費品需求增加，中國家電企業對美歐出口訂單激增。前兩個月，格蘭仕自主品牌全品類家電面向美國、加拿大等北美市場出口量增長 102%。[2] 1 至 5 月，受疫情影響，服裝、箱包、鞋、家具等勞動密集型出口下降 20.3%，但集成電路、電腦出口分別增長 14.5%、1.8%。[3]

1　商務部：〈已有 54 個國家（地區）和中國企業簽署醫療物資商業採購合同〉，中國新聞網，2020 年 4 月 7 日，http://www.mofcom.gov.cn/article/i/jyjl/e/202004/20200402952660.shtml。

2　〈海外疫情刺激西式廚電需求格蘭仕等出口訂單急增〉，新浪財經，2020 年 4 月 2 日，https://baijiahao.baidu.com/s?id=1662846257123662810&wfr=spider&for=pc。

3　〈商務部有關負責人談 2020 年 1–5 月中國外貿運行情況〉，中國政府網，2020 年 6 月 12 日，http://www.gov.cn/shuju/2020-06/12/content_5519128.htm。

二是有利於優化國際市場佈局。疫情震中集中歐美發達國家，有利於倒逼企業開拓亞洲、"一帶一路"沿線國家市場。1 至 5 月，對傳統市場出口下降 6.5%，佔比下降到 50.3%；對新興市場出口下降 2.9%，佔比提升到 49.7%。其中，對東盟出口未降反升，出口增長 2.8%，東盟成為中國第一大貿易夥伴。[1]

三是有利於優化貿易方式。一季度，中國加工貿易進出口下降 12.4%，佔 23.8%。一般貿易進出口下降 5.7%，佔外貿總值的 60%。受疫情影響，供應鏈中斷，中國復工復產後為保證全產業鏈發展，推動中間產品供給由國際轉移到國內，可能導致加工貿易佔比下降、一般貿易佔比提高。

四是有利於服務貿易結構優化與貿易逆差收窄。受疫情影響，1 至 5 月，中國服務貿易進出口額同比下降 14.6%，但知識密集型服務貿易逆勢增長 8.7%，在服務貿易進出口總額中的佔比提升了 9.3 個百分點，達到 43.3%。與進口相比，知識密集型服務出口實現 11.2% 的兩位數增長，在服務出口總額的佔比達到 56.8%。出口增速較快的領域分別是知識產權使用費（38.4%）、電信計算機和信息服務（19.7%）、保險服務（15.6%）。因進口降幅（21.5%）遠超出口降幅（2.3%），1 至 5 月，服務貿易逆差同比下降 44.9%，貿易逆差額減少 2851.5 億元。[2]

作為全球第一大貨物貿易國，長期以來，中國貨物貿易順差、服務貿易逆差。服務貿易逆差主要源於旅行服務。2019 年，服務貿易逆差 2611 億美元，其中旅行貿易逆差高達 2188 億美元，旅行貿易逆差佔比高達 83.8%。疫情全球大流行導致國內出境遊人數下降，旅行服務逆差收窄，服務貿易逆差將會下降。從整體上看，中國貿易逆差將收窄。

二、有利於提升中國貿易數字化水平與新業態發展

新冠肺炎全球大流行，中國外貿企業面臨訂單取消或延期、新訂單簽約困難等問題，倒逼政府與企業加快數字化轉型、創新疫情下國際貿易發展的新模式、增添貿易發展新動能，實現貿易高質量發展。一是促進外貿新業態發展。一季度，跨境

---

1 〈商務部有關負責人談 2020 年 1–5 月中國外貿運行情況〉。
2 〈商務部召開網上例行新聞發佈會〉，商務部網站，2020 年 7 月 2 日，http://www.mofcom.gov.cn/xwfbh/20200702.shtml。

電商進出口增長 34.7%，市場採購方式出口增長 50.9%。4 月 7 日，國務院適應疫情的新變化，又新增設了 46 個跨境電商綜合試驗區。覆蓋 30 個省、市、自治區的全國 105 個綜試區，將加快推動國際貿易新業態發展。二是創新貿易交易新方式。商務部決定第 127 屆廣交會 2020 年 6 月中下旬在網上舉辦，打造 10×24 小時全天候線上外貿平台，首創跨越時空的"雲交易"、"雲簽約"。三是完善外貿公共服務平台。疫情推動廣東、江蘇、山東等多個自貿試驗區政務服務中心採取"網上辦、掌上辦、電話辦"等"非接觸"形式辦理涉企業務，推動海關推行國際貿易單證無紙化等。

三、有利於提振國際市場對華投資信心與投資結構優化

新冠肺炎全球大流行覆蓋全球 200 多個國家。在共同應對史無前例的疫情面前，中國政府以人民至上的理念成功應對疫情，有序復工復產復市，提振了國際市場對華投資信心。雖然受疫情影響，1 至 5 月，全國實際使用外資 3551.8 億元人民幣，同比下降 3.8%（不含銀行、證券、保險），但 4 月份，國外對華投資已經出現了恢復性增長；5 月份，實際使用外資 686.3 億元人民幣，同比增長 7.5%。同時，引資結構和區域佈局明顯優化。一是高技術產業增長。1 至 5 月，中國高技術產業實際使用外資同比增長 2%。其中，電子商務服務、研發與設計服務、信息服務出現兩位數高速增長，增速分別為 67.9%、49.8%、42.3%。[1] 二是上海等自由貿易試驗區引資增長強勁。1 至 2 月，上海、廣東自貿試驗區外資分別增長 13%、12.8%，海南、福建、浙江自貿試驗區吸收外資分別增長 230.2%、149.5% 和 140%。[2] 2020 年第一季度，全國 18 個自貿區實際利用外資 289 億元人民幣，佔全國的 13.4%。三是區域佈局優化，部分經濟體和國家對華投資穩定增長。1 至 5 月，東盟、"一帶一路"沿線國家實際投資外資額同比分別增長了 10.1%、6%。

---

1 〈商務部召開網上例行新聞發佈會〉，商務部網站，2020 年 6 月 18 日，http://www.mofcom.gov.cn/xwfbh/20200618.shtml。

2 〈國務院聯防聯控機制 2020 年 3 月 13 日新聞發佈會介紹應對疫情影響做好穩外貿穩外資工作情況〉，http://www.mofcom.gov.cn/xwfbh/20200313.shtml。

第三節　中國的對策：以貿易高質量發展化危為機

為應對新冠肺炎全球大流行對中國外貿的衝擊，中央出台的財稅、金融、信保、貿易投資便利化等政策，短期內在確保供應鏈穩定、物流暢通、中小企業發展中發揮了重要作用。疫情全球大流行終將過去。從長期來看，中國應利用世界經濟大變革、大調整的窗口期，在國際貿易發展的大勢中把握疫情帶來的新機遇，以貿易高質量發展化危為機，促使穩外貿行穩致遠。

第一，抓住疫情催生企業數字化轉型、數字化創新的機遇，創建"數字貿易示範區"，提升貿易數字化水平，加快發展數字貿易。

疫情期間全民居家的生活狀態改變了人們的消費方式（線上消費、品質消費、數字化消費）和工作方式（遠程辦公），催生企業向數字化轉型，恆大集團利用 VR 在線房屋銷售，旅遊龍頭企業同程藝龍以 VR 技術開展景區營銷數字化的"雲旅遊"；加快企業數字化創新，阿里巴巴、百度、騰訊等企業提供在線醫療服務，阿里巴巴下屬研究機構利用人工智能技術實行檢測；提升企業數字化服務，阿里釘釘、企業微信、騰訊會議等遠程辦公軟件廣泛運用；促進服務業數字化升級，阿里升級支付寶數字生活開放平台，針對中國 80% 服務企業未實現數字化，提出"未來 3 年，攜手 5 萬服務商幫 4000 萬服務業商家完成數字化升級"，打造服務數字化"新基建"。

當代數字技術的發展推動了企業數字化創新、數字化生產、數字化服務，也加快了全球數字化消費。數字全球化已促使國際貿易發生革命性變化：一是國際貿易結構變化。數字技術將不可貿易的服務可貿易化，改變了貿易結構，提升了服務貿易在貿易中的佔比。二是國際貿易模式變化。數字技術改變了人們的消費習慣，消費者通過手機客戶端實現在線交易，出現了電子商務國際貿易新模式。三是國際貿易內容變化。交易的產品由以往的有形商品擴大到無形的數字，如電子遊戲、音樂、電影、流媒體等，國際貿易交易主體由最終產品貿易、中間產品貿易向數字貿易轉變。四是服務貿易提供方式變化。因市場營銷、養老保險、金融和知識產權、專業服務等可通過通信技術網絡遠程提供，未來服務貿易的提供模式將大量通過 M1 跨境交付，而非 M3 商業存在和 M4 自然人移動提供。

在第四次工業革命和數字經濟發展的新時代，為實現貿易高質量發展，中國應加快推動貿易與互聯網、物聯網、大數據、人工智能、區塊鏈的有機融合，培育貿易發展新動能。2019 年中美貿易衝突導致中國對美出口整體下降，但阿里全球速賣通依託跨境電子商務，對美出口未降反升。抓住疫情催生數字化消費，企業數字化轉型、數字化創新的機會，利用世界經濟大調整的窗口期，中國應在浙江省、廣東省、海南省，以及上海市、北京市創建 "數字貿易示範區"，加快提升貿易數字化水平和數字貿易發展，賦能貿易高質量發展。

第二，抓住疫情帶來的信息服務、遠程醫療、遠程教育等需求擴大的機遇，推動生產要素向高端服務轉移，大力發展服務貿易。

疫情在全球大流行首先衝擊的是服務貿易（如旅行、航空、物流），其次是貨物貿易（因供應鏈中斷導致企業停工停產）。但同時，疫情也帶來了信息服務、遠程醫療、遠程教育等需求的擴大。

長期以來，國際貿易中貨物貿易與服務貿易的佔比是 80：20。2018 年，貨物貿易佔比為 77.7%，服務貿易佔比為 22.2%。產業是貿易的基礎，在 GDP 創造中，服務業增加值世界佔比 65%，高收入國家佔比近 70%。雖然目前服務可貿易程度遠低於貨物，2018 年貨物貿易在 GDP 中佔比達 46%，服務貿易在 GDP 中佔比僅為 13.3%，但因信息技術突破了服務的無形性、不可儲存性、面對面即時性，2019 年 WTO《世界貿易報告：服務貿易的未來》預測：到 2040 年，服務貿易在貿易中的佔比將由目前的 21% 提升到 50%。

20 年內國際貿易服務化發展新走勢將對中國穩外貿和全球第一大貨物貿易國地位提出巨大挑戰。穩外貿首先必須穩產業。目前中國服務業增加值在 GDP 中佔比僅為 53.9%，服務可貿易化程度低於世界平均水平（2018 年世界服務貿易在 GDP 中佔比為 13.3%，中國佔比僅為 5.6%），服務貿易在中國貿易中的佔比僅為 14.6%，也低於世界平均水平（22%）。40 年前製造業大開放帶來製造業大發展，鑄就中國成為全球製造業大國和第一大貨物貿易國。從穩外貿中近期來看，今天中國抓住疫情加速服務業數字化 / 智能化機遇，及時推出服務業擴大開放新舉措，不僅有利於實現服務業彎道超車，實現跨越式發展，而且在當代全球價值鏈國際分工體系下，有利於製造業向智能化、服務化轉型，形成高端製造的新優勢，促進製造業與服務業融合、協同發展。

為防止疫情蔓延，部分國家實行旅遊航空限制，影響了航空、旅遊、物流等傳統服務貿易。但最新數據顯示，國際服務貿易結構已經發生重要變化：運輸、旅遊等傳統服務在服務貿易進出口中的比重跌破 50%，計算機與信息服務、知識產權使用費等新興服務高速增長，在服務貿易中的比重穩步上升。中國應抓住疫情帶來的信息服務、遠程醫療、遠程教育等需求擴大的機遇，把握全球貿易結構服務化與服務貿易結構高端化的大勢，加快推出服務貿易負面清單，擴大服務業開放，促進生產要素向高端服務集聚，大幅提高服務貿易在中國貿易中的佔比，實現中國貿易高質量發展。

第三，抓住疫情全球大流行帶來的醫療產品需求嚴重短缺的機遇，加快產業結構轉型升級，擴大高端醫療設備、中醫藥產品和服務的出口，培育貿易新增長點。

疫情對全球需求市場的影響具有結構性特點。即一方面因供應鏈中斷，中間品貿易和運輸服務下降，居家隔離導致旅遊、航空等服務貿易下降；但另一方面，為應對疫情，口罩、防護服、醫療設備等需求暴漲，居家消費、居家辦公、遠程教育引發食品、日用消費品和電子產品等需求增長。

世界經濟論壇發佈的 2020 年《全球風險報告》預測，未來十年，傳染病是影響全球的十大風險之一。這預示著傳染病在國際大範圍流行將是人類面臨的重大挑戰，國際市場對醫療產品、設備與服務的巨大需求才剛剛開始。2019 年中國 60 歲以上老年人口達到 2.5 億，對醫療健康產品的需求擴大，凸顯中國供給側結構性改革的短板。隨著發展中國家中等收入群體的擴大，醫療產品與服務的國際市場需求前景廣闊。

中國應抓住新冠肺炎全球大流行造成國際市場醫療產品需求嚴重短缺，及未來醫療產品與服務國際市場需求擴大的機遇，對接國際標準，提升產品質量，推動醫療設備和相關產品出口由低端向高端轉變。同時，以中醫藥在抗擊疫情中發揮的決定性作用為契機，加大國家對中醫藥產業的支持力度，加強中醫藥服務出口基地建設；打造國際知名的"中國服務"品牌，消除國外技術性貿易壁壘；建立中醫藥服務貿易新型網絡平台，以高質量的中醫藥服務帶動中醫藥產品出口，培育中國外貿出口新業態與服務貿易新增長點。

第四，抓住疫情後全球重拾對華投資信心的機遇，及時推出高水平對外開放重大舉措，創造良好的國際營商環境，發揮雙向投資對貿易的帶動作用。

中國是跨國公司的製造中心。2020 年 2 月份因疫情在武漢爆發導致汽車供應鏈中斷，美歐日在華汽車生產受損，國際上出現重新思考"世界製造"商業模式的噪音，主張改變國際生產高度依賴中國（中國出口佔全球出口總額的 13%）、高度集中於中國（中國在製造業中間產品貿易中佔比達 20%，而 2002 年僅為 4%）帶來的風險，實行生產更加多樣化、價值鏈更短的開放型商業模式。

新冠肺炎疫情在全球大流行後，歐美汽車製造業停工停產與外資在華汽車生產企業復工復產形成了鮮明的對比。對此，中國應以雙向投資重塑全球價值鏈佈局。一是抓住疫情後全球重拾對華投資信心的機遇，及時推出高水平對外開放的重大舉措，以龐大的國內消費市場、良好的國際營商環境、開放負責任的大國形象等優勢，吸引外商以高端製造業和現代服務業投資海南自由貿易港、上海等自由貿易試驗區，推動中國高質量發展；二是在海外設立批發展示中心、商品市場、專賣店、"海外倉"等各類國際營銷網絡，通過境外投資合作區，帶動中國裝備、材料、產品、標準、技術、品牌、服務"走出去"，推動跨境電商平台"走出去"，在亞太地區構建區域價值鏈國際生產體系。

第五，抓住中國成功應對疫情的窗口期，以"一帶一路"為重點，優化國際市場佈局，構建人類命運共同體。

疫情全球大流行震中直指美歐發達國家經濟體。美國、意大利、西班牙、德國、英國成為全球疫情重災區，將對中國貨物貿易超三分之一依賴發達國家市場的國際市場佈局產生重要影響。2019 年中美貿易衝突後，中國前四大主要貿易夥伴歐盟、美國、東盟、日本的位次已發生變化，東盟超過美國成為中國第二大貿易夥伴，並在貿易總量上接近歐盟。2019 年，中國對歐盟進出口貿易 4.86 萬億元，增長 8%；對東盟貿易 4.43 萬億元，增長 14.1%；對美貿易 3.73 萬億元，下降 10.7%；對日貿易 2.17 萬億元，增長 0.49%。

長期以來，發達國家一直主導著全球市場需求，但最新的數據顯示，無論是貨物貿易還是服務貿易，新興經濟體與發展中國家在全球消費市場中的佔比都明顯提高。據預測，到 2025 年，新興市場將消耗世界三分之二的產品。到 2030 年，發展中國家的消費將佔全球市場消費的一半以上。[1]

1　麥肯錫：《中國與世界：理解變化中的經濟聯繫》，2019 年。

"一帶一路"沿線 65 個國家，總人口約 44 億，經濟總量約 21 萬億美元，分別約佔全球的 63% 和 29%，且大多數是新興經濟體和發展中國家。2019 年，中國對"一帶一路"沿線國家貿易以 10.8% 的速度增長，進出口貿易接近 10 萬億元，在貿易中佔比近 30%，直接投資累計超過 1000 億美元。適應國際市場環境的重大變化，抓住美歐疫情震中倒逼企業開拓"一帶一路"和周邊國家市場的機遇，中國應以"一帶一路"為重點，釋放"一帶一路"經貿合作的潛力，在與發展中國家共同發展過程中，形成中國外貿發展的新動力，構建人類命運共同體。

（本章執筆：趙瑾）

參考文獻

[1] AmChamChina, "COVID-19 Business Impact 60 Days in: Results from the March 2020 Flash Survey", 2020.

[2] WTO, IDE-JETRO, OECD, UIBE, WB., *Global Value Chain Development Report 2019 Technological Innovation, Supply Chain Trade, and Workers in a Globalized World*, 2019.

[3] 麥肯錫:《中國與世界:理解變化中的經濟聯繫》,2019 年。

[4] 世界貿易組織(WTO):《2019 年世界貿易報告:服務貿易的未來》,上海:上海人民出版社,2019 年。

第十章

疫情下及復甦中
金融風險的防控

本章寫作過程中，何代欣副研究員、李超副研究員、許振慧高級經濟師提供了相關數據、資料的幫助和支持，作者特致謝意。

基於新冠疫情的全球性迅速傳播及其對人類健康的嚴重危害性，世界衛生組織（WHO）2020 年 3 月 11 日宣佈，新冠疫情已具備“大流行”（pandemic）特徵。本章將重點討論和分析新冠疫情與金融風險的關係、疫情衝擊下衍生的金融風險，以及疫情下、復甦中金融風險的有效防控。

第一節　疫情與金融風險

　　隨著金融的全球化、金融業的快速發展、金融效率的不斷提高、金融作用的增強和地位的提升，金融在自身發展日益壯大且促進實體經濟發展的同時也經歷或面臨著前所未有的不確定性、不穩定性或劇烈震蕩，這就表現為金融風險。金融作為經營和管理風險的行業，金融風險的存在具有必然性，金融風險的危害巨大，其引發的危機將對經濟、社會甚至國家安全造成全局性的負外部效應。在新冠疫情這一公共衛生危機的衝擊下，金融風險將呈現一種什麼狀態呢？

一、疫情並不直接導致金融風險

　　突如其來的新冠疫情在全球蔓延，給全球政治經濟社會帶來了巨大的影響和衝擊。[1] 受疫情的影響，金融領域也出現了一些值得關注的風險現象：一是金融市場資產價格持續巨幅波動。2020 年 2 月中下旬以來，美國股市接連出現 4 次“熔斷”，創造新的歷史記錄，截至 3 月 23 日，美、歐、韓、部分新興市場經濟體股指年內跌幅均超 30%（見圖 10–1）；同時原油價格跌幅超 50%，銅、鋅、鋁等金屬價格跌幅約 20%。二是長端利率大幅下降，信用利差迅速抬升。3 月 16 日，美聯儲在月初緊急降息 50 個基點的基礎上，再降息 100 個基點，直接將聯邦基準利率降至 0 至 0.25%，這帶動美國十年期國債收益率一度降至 0.54%，年內最大降幅超 130 個基

1　Ruiz Estrada M. A., "Economic Waves: The Effect of the Wuhan COVID–19 On the World Economy (2019–2020)". *Available at SSRN 3545758*, 2020.

圖 10-1　全球主要經濟體股票指數表現（％）

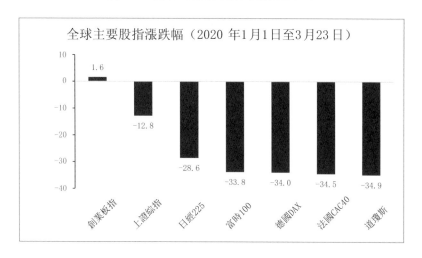

點。與之相反，美國高收益企業債券利率卻出現抬升，信用利差（高收益企業債券利率與十年期國債收益率之差）升至 9.5%，差不多相當於歷史上危機期間的水平。三是美元指數大幅拉升。受新冠疫情蔓延的影響，美國經濟下行壓力持續加大，但 3 月中旬以來，金融市場動盪引發美元流動性擔憂，投資者對美元的需求大幅增加，美元指數脫離基本面，獲強勢拉升約 8%。四是新興市場資本流出壓力加劇，償債壓力大增。受疫情的影響，新興經濟體資本流出巨大，一些重債國還本付息面臨極大困難。

　　那麼，這是否意味著疫情會直接導致金融風險呢？理論上，金融風險的觸發因素很多，包括宏觀經濟的劇烈波動、債務劇增、金融對實體經濟的溢出效應、交易對手信用違約、金融自身的脆弱性、金融市場信息中斷、流動性缺乏、資產泡沫等等。可以說，金融風險是由金融體系內外部眾多因素共同作用、相互影響而催生的，涉及流動性、槓桿率、關聯度等多個方面，在金融體系內相互傳染並導致金融系統崩潰或金融功能喪失的可能性。現實中，首先，疫情直接導致"大封鎖"，人員流動及交通中斷、商舖餐飲酒店關閉、公共社會活動停止，對消費和服務業造成重創，進而影響總需求；其次，疫情直接導致企業生產經營停滯，給全球產業鏈和供應鏈帶來負面衝擊，[1] 全球供應鏈全鏈條上所有國家均受到衝擊，全球經濟活動短期"休克"，進而影響總供給；再次，疫情導致的生產經濟活動的停滯對勞動力市場也產生直接影響，造成失業率大幅上升；最後，疫情直接影響投資者和消費者信心，惡化市場預期。由此可見，疫情背景下出現上述金融風險現象的根源，還是在於疫情對實體經濟的巨大衝擊，以及投資者和消費者對突然爆發的疫情準備不足，引起的市場恐慌心理和情緒。在這個意義上可以說，疫情並不直接導致金融風險或者並不必然引起金融風險，但顯然疫情會傳導金融風險和加大金融風險。

在人類發展歷史上，各種各樣的疫情對人類一直不斷造成傷害。20 世紀以來，就已有多起蔓延範圍廣、危害巨大的傳染性疾病發生。有的病毒傳播範圍遍及全球，也有的病毒導致了數千萬計的人員死亡。而從歷史統計數據看，自 1918 年的西班牙流感到這次新冠病毒之前，十多起規模較大的疫情中，造成當年金融市場下跌的疫情有 3 起。其中 1974 年金融市場下跌幅度最大，達到 27%。[2] 所以從整體上看，基本上還沒有單純或直接由疫情引發的金融風險或金融危機（見表 10-1）。

表 10-1　疫情與金融風險

發生時間	疾病	蔓延國家	感染 / 死亡人數	MSCI 全球指數當年表現（1990 年前數據為美國道瓊斯指數表現）
1918 年	西班牙流感	最早從美國堪薩斯州的芬斯頓軍營發現，隨後傳到了西班牙。	全世界患病人數大約在 7 億以上，發病率約 20% 至 40%，死亡人數 4000 萬至 5000 多萬。	上漲 10.51%
1926 年	天花	印度	死亡 50 萬人	上漲 0.34%
1974 年	天花	印度	患者 10 萬人，死亡 3 萬人	下跌 27.57%
2003 年	SARS	中國、東南亞、加拿大等國	8000 多人感染，700 餘人死亡。	上漲 31.62%

1　沈國兵：〈"新冠肺炎"疫情對中國外貿和就業的衝擊及紓困舉措〉，《上海對外經貿大學學報》，2020 年第 2 期。
2　此次市場下跌可能更多的是與石油危機有關，即第四次中東戰爭、第一次石油危機。

2003 年	西尼羅河病毒	美國	共有 9862 人患病,其中 264 人死亡。	上漲 31.62%
2009 年	甲型 H1N1	214 個國家	約 130 萬人感染,造成全球約 1.85 萬人死亡。	上漲 31.52%
2013 年	瘧疾	90% 發生在非洲	全球有 2.07 億例瘧疾病例,其中有 62.7 萬人死亡。	上漲 20.25%
2014 年	埃博拉	西非多個國家	感染病例 19031 例,其中 7373 人死亡。	上漲 2.10%
2016 年	瘧疾	90% 發生在非洲	全球有 2.16 億例瘧疾病例,瘧疾死亡病例 44.5 萬。	上漲 5.63%
2016 年	黃熱病毒	安哥拉、剛果和烏干達	確診 970 例,死亡 130 例	上漲 5.63%
2016 年	塞卡病毒	巴西等 24 個國家	約 150 萬人感染	上漲 5.63%
2018 年	霍亂	非洲十一國	感染霍亂的人數將近 120 萬人,因霍亂而死亡的人數也超過 5000 人。	下跌 11.18%
2018 年	黃熱病毒	巴西	確診黃熱病病例 1257 例,其中 394 人死亡。	下跌 11.18%
2019 年	乙型流感	2019 年 9 月,美國爆發了大規模的甲乙混合型流感。	截至目前,美國至少有 2200 萬人感染,其中有 21 萬人需要住院治療,死亡人數超過 12000 人。	上漲 24.05%
2019 年	埃博拉病毒	剛果(金)等 9 個國家	3444 人感染,死亡 2264 人	上漲 24.05%
2020 年	新冠病毒	中國、意大利、西班牙、法國、伊朗、美國等國家	截止到 2020 年 4 月 14 日 9 時,全球累計確診病例約 192 萬人,累計死亡近 12 萬人。	截止到 2020 年 4 月 14 日下跌 15.49%。

資料來源:轉引自張海森等《疫情會引發 2008 年式的金融危機嗎?》, https://new.qq.com/omn/20200326/20200326A04 GG300.html。

二、疫情加大金融風險的傳導機制

　　金融風險可以從不同的角度分為不同的類型，不同類型的金融風險自然具有不同的傳導機制。鑒於債務風險是一種更加典型的金融風險，本節以債務風險為例來描述和分析其傳導機制。疫情對需求端和供給端都產生衝擊，疫情引發或加大債務風險的傳導機制包括實體部門的內部傳導、實體經濟與金融系統相互傳導、發達經濟體與新興經濟體互相傳導（見圖10-2）。這些傳導機制交錯疊加，導致原有的債務風險加劇。

圖 10-2　金融風險傳導機制

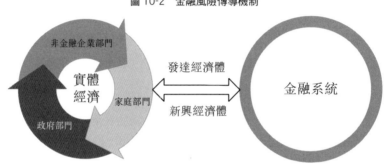

1. 實體部門的內部傳導

　　債務風險的傳導，首先是實體部門內的傳導，即在非金融企業部門、家庭部門和政府部門之間的傳導。

　　債務風險由非金融企業部門傳導至家庭部門和政府部門。疫情肆虐之下，停工停產首先衝擊的是非金融企業部門，即供給端會受到很大影響。當非金融企業部門的有限生產甚至停產使得收益難以覆蓋債務負擔，就會陷入債務危機。這時，家庭部門無法從非金融企業部門按期獲得工資收入。在扣除必要生活開支後，家庭部門即使有一些存款，但如果疫情無法在短期內控制住，家庭部門長時間少收入甚至無收入，也難以維持債務的可持續性。非金融企業部門的債務風險，會使其生產經營陷入困境，從而有可能降低政府部門的財政收入。原本政府部門每年都擔負著一定程度的償債壓力，財政收入減少自然會使這種壓力越來越大，致使政府部門的債務風險加劇。

　　債務風險由家庭部門傳導至非金融企業部門和政府部門。作為需求端，家庭部門的債務風險會降低其消費水平，對非金融企業部門來說，有限的生產可能無法實現流通，這無疑是雪上加霜。同時，家庭部門也是政府部門財政收入的重要來源之一，家庭部門的債務風險也可能降低政府部門的財政收入，加劇政府部門的債務風險。

債務風險由政府部門傳導至非金融企業部門和家庭部門。政府部門為非金融企業部門打造營商環境，為家庭部門提供公共服務，如果政府部門出現債務風險，非金融企業部門和家庭部門得到的保障就有可能大打折扣，從而影響非金融企業部門和家庭部門債務的可持續性。

2. 實體經濟與金融系統相互傳導

金融活，經濟活；金融穩，經濟穩；經濟興，金融興；經濟強，金融強。經濟是肌體，金融是血脈，兩者共生共榮。實體經濟出現債務風險，必然會傳導至金融系統；金融系統出現了風險，反過來也會傳導至實體經濟。[1]

債務風險由實體經濟傳導至金融系統。不論是非金融企業部門，還是家庭部門，抑或政府部門，都與金融系統密切相關。實體經濟各部門的負債，是金融系統的資產；實體經濟各部門的資產，又是金融系統的負債。這意味著，任何一個實體經濟部門出現債務風險，都將直接傳導至金融系統。如果實體經濟的多個部門同時出現債務風險，那麼傳導至金融系統的風險就不是簡單的累加，而是會引爆系統性的債務危機。

債務風險由金融系統傳導至實體經濟。疫情引起恐慌，在金融系統表現為資產價格回調。資產價格回調幅度過大，實體經濟各部門的資產價值相對減少，但其負債並不會相應減少，使得實體經濟各部門出現債務違約的風險。疫情發生以後，全球資產價格出現大幅回調。股票市場方面，疫情導致全球股票市場大幅回落。美國股市在 2020 年 3 月中旬的 10 個交易日內接連發生 4 次熔斷，與歷史數據比較，美國股票市場價格的下跌速度已經快於 2008 年 "次貸危機" 時期和 1929 年 "大蕭條" 時期。與此同時，歐洲股市、日韓股市、新興市場國家股市（印度、越南、巴西等）也出現了大幅下跌。債券市場方面，債券收益率 "倒掛"。2020 年 1 月底，美國國

1　張曉朴、朱太輝：〈金融體系與實體經濟關係的反思〉，《國際金融研究》，2014 年第三期。

債三月期與十年期的收益率曲線出現 "倒掛"，即短期收益率高於長期收益率；兩年期與五年期國債也出現 "倒掛"。美國十年期國債這一最具代表性的安全資產的收益率降至 1% 以下，接近零利率。美國債券收益率 "倒掛" 被認為是經濟衰退的重要信號，債券收益率 "倒掛" 也意味著投資者持有的長期債券投資縮水。大宗商品價格全面下跌。疊加產油國減產協議破裂的因素，國際油價下跌三分之一左右；黃金作為 "硬通貨"，也在達到高點後迅速回調超過 10% 的幅度；糧食類大宗商品的價格也出現一定幅度的回調。

3. 發達經濟體與新興經濟體互相傳導

在全球經濟深度融合的今天，"蝴蝶效應"[1] 不可避免。正如新冠病毒具有無差別傳播的特點一樣，任何一個國家出現債務危機，都可能傳導至其他國家乃至全球。[2]

債務風險由發達經濟體傳導至新興經濟體。發達經濟體的債務負擔要比新興經濟體更重，債務風險很有可能先在發達經濟體爆發，而後傳導至新興經濟體。2008年國際金融危機就是源於美國的次級貸款違約，然後由美國傳導至全球。發達經濟體的債務風險，更多表現在政府部門和家庭部門，其政府部門槓桿率超出新興經濟體 59.2 個百分點，家庭部門槓桿率超出新興經濟體 30.7 個百分點，而非金融企業部門槓桿率相差無幾。

債務風險由新興經濟體傳導至發達經濟體。新興經濟體的債務負擔雖然較發達經濟體輕，但由於經濟發展程度低於發達經濟體，經濟和金融的脆弱性相對較高。同等程度的債務風險如果出現，發達經濟體還有可能憑藉其強大的經濟實力、發達的金融系統、嚴格的政策監管進行化解；如果出現在新興經濟體，則很有可能應對乏力。作為全球產業鏈中提供原料、組織生產的構成，新興經濟體的債務危機會波及發達經濟體的消費市場，從而引起發達經濟體的債務風險。

1　"蝴蝶效應" 由美國氣象學家愛德華・洛倫茲（Edward N.Lorenz）於 1963 年提出，指的是在一個動力系統內，初始條件下微小的變化能帶動整個系統的長期的巨大的連鎖反應。
2　葉永剛、楊飛雨、鄭小娟：〈國家信用風險的傳導與影響研究 —— 以歐元區債務危機為例〉，《金融研究》，2016 年第二期。

第二節　疫情下及復甦中的金融風險

　　雖然疫情並不直接導致金融風險，但在疫情衝擊之下甚至在疫情趨緩後的經濟復甦過程中，有些金融風險的傳導和加劇仍然需要高度警覺。

一、地方政府債務風險

　　地方政府債務（包括隱性債務）規模過大和增速過快，一直是過去數年影響中國經濟轉型，並可能觸發系統性金融風險的主要因素之一。事實上，地方政府債務風險也是財政收支失衡得不到及時彌補、財政脆弱性加劇的直接表現。受疫情的衝擊，地方政府債務風險有加劇之勢，主要表現在：新冠疫情對全國省級地方政府一季度財政收入狀況造成明顯衝擊，除 3 個未公佈數據省份外（安徽、河北、新疆），全國只有西藏一般公共預算收入呈正增長（5.7%），其餘各省與 2019 年同期相比均有不同幅度下降，其中 12 個省份降幅超過 16%（超過全國財政收入下降幅度）。2020 年一季度，全國一般公共預算收入同比下降 14.3%，支出同比下降 5.7%。其中，湖北省財政受疫情衝擊最大，一般公共預算收入降幅超過 47%，接近腰斬。可以看到，2019 年底中央經濟工作會議定調的積極財政政策"大力提質增效"，已全面升級為積極財政政策要"更加積極有為"。值得注意的是，自 3 月份開始各地逐步意識到新冠疫情對財政運行的顯著影響，[1] 所以，財政部迅速佈置了支持基層政府保基本民生、保工資、保運轉的"三保"相關工作。[2] 因此，必須切實防控疫情風險轉化為地方財政風險尤其是地方政府債務風險。

1. 地方財政收入進入負增長區間

　　地方財政減收是債務風險加大的重要原因之一。全面減稅降費和疫情衝擊勢必

1　中華人民共和國財政部：〈關於努力降低新冠肺炎疫情對地方財政運行影響的分析和思考〉，2020年 3 月 31 日，http://gs.mof.gov.cn/dcyj/202003/t20200319_3485034.htm。

2　中華人民共和國財政部：〈牢牢兜住基層"三保"底線——財政部詳解加強地方財政"三保"相關政策〉（http://www.mof.gov.cn/zhengwuxinxi/caijingshidian/xinhuanet/202003/t20200306_3478814.htm）。

導致財政維持或增加收入更加困難。2015 年之後，中國財政收入同比增速進入個位數增長區間（2015 年為 8.4%，2019 年為 3.8%），地方財政收入波動也隨之增大。在此之前，中國財政收入兩位數同比增長維持了 10 年，地方財政收入甚至在 2009 至 2012 年期間同比增速超過了 20%。然而，到 2019 年已經有一些省份（如黑龍江、吉林、重慶、甘肅、寧夏和西藏等）地方財政收入出現了負增長。

圖 10-3　地方財政收入增長趨勢（%）

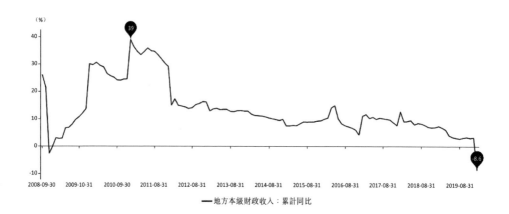

―― 地方本級財政收入：累計同比

更為嚴峻的是，2019 年極有可能成為地方財政收入（3%）尤其是稅收收入正增長的最後一年。如圖 10-3 趨勢可以清晰佐證相關判斷。其背後的原因是自 2018 年實施全面減稅降費之後，財政已累計為企業和社會減負超過 3.6 萬億元。全國稅收收入年度同比增速直接掉到 5% 以下，2019 年僅為 1%。地方財政收入困難則超出想像。即便沒有疫情影響，2020 年的地方財政增收壓力也相當巨大。為了應對疫情衝擊，2020 年新出台的支持疫情防控和經濟社會發展的稅費優惠政策，又新增了減稅降費 1589 億元。[1] 加上之前，2019 年更大規模減稅降費政策在 2020 年繼續實施，形成減稅降費 2438 億元，2020 年前兩個月全國累計減稅降費 4027 億元。2020 年一季度，全國累計新增減稅 3411 億元。照此情形，2020 年減稅降費總規模或許要接近 3

1　2020 年新出台的 4 批政策當中，第三批聚焦減輕小微企業、個體工商戶負擔的政策和第四批聚焦穩外貿穩外資的政策都是自 3 月起實施的，到 4 月份申報期開始申報，進行統計核算。前兩批出台的政策當中，也有部分政策是按季度來進行申報的。隨著 4 月按季申報大徵期的到來，這些政策都會納入統計核算範圍，企業享受減稅降費的統計規模也會進一步擴大。資料來源：新華社（http://www.xinhuanet.com/2020−03/31/c_1125793133.htm）。

萬億元。按照現行稅收收入中地方財政大致佔比 48.6%（2019）折算，地方財政要為減稅降費的付出至少在 1.4 萬億元以上。

2. 地方財政支出超常規增長

地方財政支出增長導致地方政府債務壓力加大。地方財政支出增長有一定的超常規特徵，表現為：新預算法實施鬆弛了地方政府借款約束，且地方財力缺口持續放大。2015 年《中華人民共和國預算法（修訂案）》正式實施。其中廣受關注的地方政府可以"赤字"運行以及允許"獨自舉借債務"，被視為"開前門、堵後門"，用以化解地方政府債務風險。從執行的結果來看，中國地方政府債務不規範、不透明得到了一定程度緩解，同時也導致了地方政府借款擴張。雖然全國人大每年會審議地方政府債務規模年度限額，但是連年上漲的債務限額已經在 2018 年之後成為新增地方財政投資性支出的主要來源，而不像之前用來置換存量債務、化解債務風險。財政支出快速增加又加劇了地方財力失衡。過去 5 年，中國地方政府本級財政收支差額平均為 7725 億元，而近 3 年這一數據上升為平均 8433 億元。雖然地方財力缺口不一定全部轉化為政府債務，有一部分可以通過中央轉移支付或者其他財政收入形式來填補，但是財政支出剛性增長導致地方政府債務風險加大的局面，必然在疫情期間或疫情之後進一步升級。

3. 地方配套抗疫政策的財政壓力逐步顯現

為了抗擊疫情、實現復工復產，中央和地方都想了很多辦法，財政政策首當其衝。以資金相對寬裕的廣東為例，省委、省政府明確提出積極發揮財政職能作用，堅持戰疫情、穩經濟"兩手抓、兩促進"，全省各級財政共落實疫情防控資金 126.73億元，為醫療救治、物資保障以及企業復工復產等提供了有力支持，通過減免、緩繳稅費等措施，為全省企業減負超過 2300 億元。而一些財政相對困難的省份，雖然沒有公佈財政增支強度，但也提出進一步提高疫情防治一線醫務等人員補助待遇、支持省內疫情防控應急物資提供、企業復工復產、項目開工建設、中小微企業紓困等方面的財政政策，統籌推進疫情防控和企業復工復產。可以看到，這些政策對疫情支出、復工復產和穩定就業都有重點安排，相關支出一部分來自中央撥付，而很多地方性政策則需要本級財力支持。現在的困局是省以下財政保運轉的壓力巨大，抗擊疫情政策落地和執行還需要大量財政資金。疫情蔓延，地方政府陷入困境，新舉借債務或許可解燃眉之急，但長期來看，將進一步加重其債務負擔。[1]

二、房地產企業金融風險

自 2017 年以來，中央和地方一系列防範化解金融風險的政策安排較好地發揮了作用，中國國民經濟各行業部門的槓桿率呈現出一定下降趨勢，然而，房地產業特別是房地產開發企業的高槓桿率運行模式並未得到顯著改觀。伴隨著國內外新冠疫情對房地產市場供給端和需求端帶來的巨大衝擊，房地產開發企業的金融風險開始逐漸暴露，並呈現出局部範圍內擴散蔓延的態勢，亟需高度重視。

受新冠疫情影響，2020 年 1 至 4 月全國住宅、辦公樓和商業營業用房銷售額分別同比下降 16.5%、37.5% 和 34.5%。從第一季度已公佈的 22 家房企銷售業績來看，銷售目標完成率均值僅為全年的 12.7%。由於銷售回款和開復工延期、地產股劇烈動盪、政策層面未見明顯鬆動，對長期以來依賴高負債率、高槓桿率模式運行的房地產企業衝擊非常明顯，房地產企業的金融風險正在逐漸暴露。

1. 債務違約和行業金融風險持續加大

到目前為止，房地產企業資產負債率仍處於高位。2019 年，中國百強房地產企業平均資產負債率為 78.7%，滬深兩市 145 家上市房地產企業平均資產負債率為 80.08%，遠遠超過資產負債率 40% 至 60% 的合理區間。其中銷售額排名前 50 的內資上市房地產企業中，有近一半資產負債率在 80% 以上，處於較高的財務槓桿風險狀態。數據顯示，新冠疫情爆發以來，房地產企業新增法律訴訟、失信違法、經營異常、行政處罰、嚴重違法等司法和經營風險條目明顯增多。2020 年第一季度，在人民法院網發佈破產清算公告的房地產開發企業已高達 74 家。根據測算，2020 年房地產企業將迎來信用債和其他有息負債的集中兌付高峰期，行業到期債務約為 1.46 萬億元，其中 2020 年 7 月為到期債務高峰月。一些大型房地產企業近期已出現到期債務實質性違約事件。在融資渠道受限、負債率持續走高的市場下行週期內，

---

1 吳秀波：〈美聯儲貨幣政策回歸常態的努力為何挫敗？——引發美聯儲降息的深層原因分析〉，《價格理論與實踐》，2019 年第七期。

"借新還舊"、"借短還長" 的到期倒貸模式較為普遍，房地產企業的財務周轉能力正經受巨大考驗。

2. 局部地區和上下游行業風險壓力上升

受區域房地產市場走勢和調控政策的影響，房地產開發企業資產負債率呈現出較大的區域差異。從 2020 年第一季度破產清算的 74 家房地產開發企業分佈來看，中西部地區和三四線城市佔比較高。由於地方財政對土地出讓和房地產市場依賴較大，房地產開發企業資產負債率的持續走高，可能會進一步加大局部地區的金融風險防控壓力。與此同時，疫情對建築工程、建材家居、酒店會展、融資擔保等房地產上下游行業的衝擊也較大。2020 年前 3 個月，進入破產公告程序的相關企業佔比也持續走高。通過以 "建築"、"工程"、"建材"、"酒店" 為關鍵詞對人民法院公告網所做的文本分析顯示，上述四類相關行業第一季度進入破產公告程序的企業分別多達 50 家、113 家、36 家和 71 家，涉及 "置業擔保" 的裁判文書、起訴狀副本和開庭傳票多達 59 項。可見，疫情衝擊之下涉房抵押擔保行業面臨的嚴峻形勢亦需引起高度警覺。

3. 海外發債融資面臨全球金融市場劇烈動蕩風險

受中國國內房地產企業融資調控趨嚴收緊影響，不少房地產企業積極尋求海外發債融資。2020 年第一季度，房地產企業海外發債規模達到 276.76 億美元，已接近 2017 年全年海外發債規模，且全部為美元計價。隨著疫情在全球範圍內擴散蔓延，海外股市持續震蕩，加上油價大跌、流動性擠兌及美元指數的持續走強，房地產企業通過海外發債 "借新還舊" 的難度和風險正逐步加大。與此同時，2020 年房地產企業海外債券到期規模將高達 453 億美元。在國家對境外融資政策嚴格管控、美元升值、海外發債成本持續走高的情形下，房地產企業海外發債量仍然呈現出快速增長勢頭，說明房地產企業應對償債高峰的融資需求十分旺盛。伴隨著疫情蔓延和全球金融市場劇烈動蕩，房地產企業的外債風險也在逐步加大。

4. 房地產行業內風險分化加劇

在 2019 年融資嚴監管背景下，居銷售額前 100 位的房地產企業市場份額穩步上升至 61.5%，收購併購金額佔房地產企業收併購總金額比例高達 78%，行業集中度快速提升。而利潤率下滑、融資渠道收窄、融資成本提高、債務期限不合理，進一步推升了處於集中償債期的中小房地產企業槓桿率和資金鏈風險。2020 年前 3 個月，涉及房地產領域的起訴狀副本和開庭傳票就多達 817 項，其中絕大部分涉案主體為中小房地產企業。在疫情影響持續發酵的形勢下，尤其需要進一步關注中小房地產企業的債務風險及其向地方金融體系的滲透擴散。還有，疫情對商業地產的衝擊也非常大，受疫情影響掀起的針對全國各地辦公樓和商舖的減租潮，對本來就處於下行週期的商業地產企業而言更是雪上加霜，許多商業地產佔比較高的大型房地產企業在疫情衝擊下面臨著非常巨大的經營挑戰。

三、中小金融機構風險

在疫情嚴重衝擊大背景下，既要採取積極的金融、財政政策支持企業渡過難關，防止外需惡化、供應鏈斷裂、陷入困境，又要注意避免企業大量違約對金融體系的影響，特別是要防止對抗風險能力比較弱的中小金融機構主要是中小商業銀行的衝擊，避免形成連鎖反應，引發系統性金融風險。作為中小商業銀行，既要充分發揮對疫情防控、實體經濟發展尤其是中小企業發展的支持作用，又要進一步審視自身風險防控的針對性、有效性和及時性，真正做到抗疫情、促增長、防風險統籌兼顧、協調推進。

1. 疫情爆發之前中小商業銀行已經面臨較為嚴峻的風險形勢

中國中小商業銀行的主體是股份制商業銀行、地方城市商業銀行、農村商業銀行、村鎮銀行、農村信用社等，主要服務於地方經濟發展和中小企業。在國內經濟金融結構性矛盾日益凸顯的背景下，由於人才、技術、能力、內部管理等多方面的限制，部分中小商業銀行出現了明顯的風險集聚。2019 年處置的包商銀行暴露的嚴重信用風險、錦州銀行出現的流動性風險等等，就是典型的例子。從風險類別看，疫情爆發之前中國中小商業銀行面臨的信用風險、操作風險（含案件風險）、流動性風險更為突出。

從信用風險來看，據銀保監會公佈的數據，2019 年第四季度，城商行、農商行的不良貸款率已經達到 2.32% 和 3.9%，城商行、農商行不良貸款餘額合計 10229 億元，佔銀行業金融機構不良貸款額的 42.3%。可以說近兩年，城商行、農商行不良貸款額、不良貸款率總體都呈上升趨勢，在銀行業金融機構的佔比也不斷上升，如果還原城商行、農商行近兩年呆賬核銷、打包處置的不良資產，不良貸款率會更高。所以，以城商行、農商行為代表的中小商業銀行面臨的信用風險非常突出。

在操作風險和合規風險方面，由於內控管理薄弱，貸款"三查"形同虛設，業務發展盲目激進，2017 年以來銀監會就處罰了中小商業銀行大量違規經營、違規擔保、違規票據、虛假黃金質押等案件。中小商業銀行違規操作主要集中在信貸業務、票據業務、資管業務、理財業務、支付結算業務等業務。相關案例顯示，近幾年，城商行、農商行案件數量、案件金額都呈明顯上升趨勢，屬案發重災區。從業人員單獨作案或與社會不法分子內外勾結，主要是侵佔銀行或客戶資金、違規對外擔保、違規銷售理財產品、違法放貸、違規出具票據等。

在流動性風險方面，雖然中國中小商業銀行的流動性風險總體可控，尚未發生較大規模的擠兌事件，但區域性、單個機構的流動性風險不容忽視。中小商業銀行自身資金騰挪空間較小，國債、金融債等高流動性資產佔比低，貸款期限長，負債類資金中一般性存款佔比低，同業拆借資金多，遇到存款或理財產品集中到期、重點客戶違約、資產質量大幅下滑等，都會帶來較大的流動性風險。城商行、農商行，受區域經濟環境、企業經營效益、行業變化等影響更為直接，更容易出現流動性風險，值得高度關注。

2. 疫情衝擊下中小商業銀行的風險顯著加大

受疫情的影響，企業外部經營環境發生巨大變化，企業尤其是大量的小微企業、民營企業正常生產經營秩序被打亂，上下游供應鏈發生斷裂，營業收入和現金流減少，效益大幅下滑，經營壓力明顯加大。事實上，近年來在中國經濟下行、結構調整階段，民營、小微企業融資問題本來就很突出，疫情衝擊進一步惡化了企業境況，不少中小企業出現資金鏈緊張甚至斷裂，即使給予了一定期限的貸款展期，也存在無力歸還貸款的情況。尤其是餐飲、酒店、旅遊、批發零售、文化體育、交通、低端製造業等行業受衝擊最大，受全球疫情大流行影響，產業鏈、供應鏈出現斷裂風險，部分企業出口受阻、出現退單，部分企業關鍵零部件進口受阻，疫情對企業經營影響面進一步擴大。而這些中小企業多是中小商業銀行的基本客戶，中小企業收入大幅減少，盈利能力下降，還款能力減弱，勢必導致後續中小商業銀行不良資產增加、資產質量下降。

（1）中小商業銀行面臨不良資產大幅增長的壓力。疫情爆發後，銀行業金融機構都在進行相關壓力測試，從結果來看，資產質量基礎好、風險緩釋能力強、客戶結構相對好的銀行業金融機構不良率一般會上升 0.2 至 1 個百分點，而對於資產質量基礎薄弱、客戶結構受疫情影響大的中小商業銀行，面臨的資產質量壓力就會更大，需要進行細緻充分的壓力測試和分析評估，及早摸清底數，研究應對策略。可以說，本來就存在的較大不良資產暴露風險壓力的中小商業銀行，再疊加疫情的影響和衝擊，可謂雪上加霜，處境更加艱難，面臨的系統性、區域性風險更大，有效防控的難度也更大。

（2）中小商業銀行流動性風險進一步放大。一方面，疫情衝擊下，中小企業、個體經營戶生產經營活動中斷，中小商業銀行的一般性存款，特別是對公存款必然呈現下滑態勢，進而使流動性監管指標承壓；另一方面，受疫情影響，餐飲、交通運輸、批發零售等行業中小企業的日常收入顯著低於預期，現金流減少，短期內的清償能力勢必大幅下降，這類企業的相關貸款就會出現逾期或展期等情形，這將削弱中小商業銀行的資金回籠能力，勢必衝擊中小商業銀行的資產質量；再一方面，受疫情影響行業的就業人群收入減少甚至暫時失去收入來源，其住房按揭、信用卡等個人信貸還款能力下降，也會影響中小商業銀行消費信貸的資產質量。從具體的流動性風險監管指標來看，疫情對於中小商業銀行資產、負債業務的影響也將逐步體現在流動性缺口率、流動性比率、流動性匹配率、流動性覆蓋率、淨穩定資金比例等指標上（見表 10–2）。特別值得注意的是，長期以來，相當一部分中小商業銀行走的是粗放式發展道路，只注重規模擴張，將 "盈利性" 擺在首要位置，而忽視了 "流動性" 和 "安全性"，為流動性風險的產生埋下了重大隱患；還有一些中小商業銀行尚未建立起完善流動性風險管理系統，缺乏有效的流動性風險識別、計量、監測和控制等技術手段，無法第一時間準確分析客戶行為、流動性缺口變化，從而難以實現對流動性風險的動態、全程有效監控。

表 10-2　疫情對中小商業銀行流動性風險監管指標的影響

業務調整項目		流動性缺口率	流動性比例	流動性匹配率	流動性覆蓋率	淨穩定資金比例
資產端	加大企業信貸扶持	對風險指標的短期影響需結合中小商業銀行融資方式和期限結構等實際情況進行評估，長期現金流存在不確定性。				
	貸款還款延期	短期現金流缺口緊張	下降	下降	下降	下降
負債端	短期存款流失	短期現金流缺口緊張	下降	下降	下降	下降
	到期存款延期	緩解短期現金流缺口	上升	上升	上升	上升

（3）企業經營與中小商業銀行之間的風險傳染加大。疫情全球大流行直接衝擊企業生產經營，直接衝擊全球產業鏈、供應鏈的穩定性。近幾年來，銀行金融機構依託產業鏈、供應鏈的信貸投放、票據融資、資管產品都大幅增長，存量、增量都很大，一旦企業經營狀況大幅受到疫情影響，相關風險會形成傳染，聯動形成銀行金融機構特別是中小商業銀行風險暴露的集中壓力，如果處理不當，也會引發中小商業銀行的大範圍系統性風險。

第三節　疫情下及復甦中金融風險的防控

金融風險具有巨大危害性，任何時候都不可掉以輕心。在疫情趨緩後的經濟復甦過程中，需要針對不同的金融風險採取更有針對性的防控舉措。

一、防控疫情衝擊下的地方政府債務風險

第一，將政府資產性收益納入財政增收渠道。地方財政收入全面下行的局面已經形成，疫情加劇地方財政支出剛性的趨勢也難以在短期內緩解。在不考慮擴大地方政府借款的情況下，一種可供選擇的思路是從豐厚的政府資產中找到穩定的財政增收來源。大量的政府資產，尤其是固定資產都有變現的可能，可以是租賃、證券化，還可以是出讓。只有變困難為機遇，找到未來平抑財政收入波動的增收途徑，才能以最小的代價化解地方政府債務這類系統性金融風險。

第二，中央政府全面負擔抗疫及復甦經濟的財政支出項目。積極財政政策更加積極有為可以體現在具體工作中。疫情衝擊及經濟復甦大多實現的是全國性目標、完成的是整體性部署，中央財政在撥付相關日常經費時可以建立新的應急支出管理辦法。如果所有防疫支出由中央財政負擔，那麼，地方防疫支出壓力將大為減輕，至少有助於體制運轉正常有序、避免停擺，還能有效緩解地方政府借款衝動。

第三，準確評估各地方財政空間。通過對地方財政收支情況和債務運行狀態的分析，即準確評估地方財政空間，估算出地方政府未來可支配的無風險財力規模，能在一定程度上做到事前控制，還能識別財力較好地區和財力困難省區的財政可承受能力差異。在財政空間約束下行事不僅能夠有效發揮積極財政政策刺激經濟復甦的作用、促進地方政府債務融資功能發揮，而且有助於防範債務風險，解決財力與負債長期不匹配的難題。

二、防範化解疫情衝擊下的房地產企業金融風險

長期以來，中國房地產開發企業的間接融資特別是銀行信貸佔比過高，形成了過度依賴銀行金融機構的融資結構，從而導致其抵禦債務風險的能力較弱。在此背景下，房地產市場的劇烈波動風險也更容易轉化為銀行金融機構的金融風險，進而演化為系統性金融風險。因此，對全球疫情衝擊下房地產企業暴露的金融風險要下大力氣防範化解。

第一，加快推廣房地產企業壓力測試和分級評價制度，進一步完善房地產行業風險預警機制。疫情衝擊背景下，宜改用"貨幣資金/（剛性費用＋短期有息負債）"

指標替換原有的廣義資產負債比指標，對現有房地產企業進行極限壓力測試。針對局部流動性風險要做好預測排查和情景推演，加快完善房地產企業分級評價制度。對債務延期過長、惡意"借新還舊"的房地產企業融資行為要堅決及時遏制；對出現債務違約和債券到期未及時兌付的房地產企業，要分類做好違約信息披露，規範和約束其後續融資行為。對於資產負債率超過 90%、極限壓力測試結果不足 6 個月的房地產企業以及平均資產負債率超過 85% 的地區，監管部門要密切關注其資金動向和可能引發的潛在金融風險。

第二，分類推進房地產企業債務置換展期和幫扶政策落實。充分考慮疫情因素影響，對預期綜合效益較好、短期現金流不足的項目，可通過適度發行置換債券進行債務置換或展期，有序推進房地產企業債轉股等業務開展。對疫情期間未按時還本付息的一年內短期貸款，可予以適當順延展期。進一步放寬疫情期間預售資金監管政策，適當延緩房地產企業部分稅項和土地出讓金繳納期限，加快落實企業房租減免、復工優惠等政策措施。

第三，規範房地產企業海外發債行為，有效防控潛在的外部金融風險。積極穩妥選擇外債融資工具和金融產品，按國民原則將境內房地產企業的境外子公司境外發債納入現行外債統計範圍，謹防國際炒家和熱錢通過海外融資渠道流入中國房地產市場，從而引發股市、匯市和房市潛在巨幅波動。嚴格規範外債備案登記管理制度，發行外債原則上只能用於置換未來一年內到期的中長期境外債務，堅決杜絕房地產企業過度發行外債、募集外債資金用於償還內債等市場違規行為。鼓勵房地產企業根據疫情期間國際金融市場變化，提前贖回境外美元債務，有效防範匯率波動帶來的外債成本上升風險。

第四，順應行業集中度上升趨勢，促進房地產企業融資結構優化轉型。可以考慮疫情期間將房地產企業併購貸款從房地產開發貸款中進行單列，不納入銀行金融機構嚴監管範圍，通過提高房地產企業併購重組質量來有效化解房地產行業金融風險。鼓勵擴大房地產企業直接融資比重，加快推進房地產企業資產證券化，有效促進資本市場特別是股票市場融資步入規範化軌道。還可以積極拓展房地產信託、債券、基金和房地產信託投資基金（REITs）等多樣化融資模式，逐步增強房地產企業的資產流動性，有效防範化解房地產企業債務風險。

三、防範化解疫情衝擊下的中小商業銀行風險

2020 年是打好防範化解重大金融風險攻堅戰的收官之年，面對疫情的衝擊，在有效支持實體經濟的前提下，要按照"穩定大局、統籌協調、分類施策、精準拆彈"的基本方針，防範化解中小商業銀行風險。

第一，要進一步深入細緻地測算分析中小商業銀行面臨的風險。重點測算中小商業銀行撥備覆蓋率下可以抵禦多少不良資產、可以抵禦多長時間、會不會出現流動性枯竭；需要測算評估，中小商業銀行資本充足率水平下可支撐的風險資產規模是多少，資本抵禦類似疫情等非預期損失的能力有多大，形成量化的分析判斷。在進行風險測算與壓力測試的基礎上，要對中小商業銀行進行客觀、準確、全面、科學的內部控制有效性評價。內控評價有助於各級政府和監管部門及時準確地把握中小商業銀行的風險狀況、管理狀況和風險控制能力，進一步研判其可持續發展的能力。

第二，在內控評價基礎上，對中小商業銀行內控有效性進行精準分析，分類排隊。對於內部控制體系基本有效、公司治理比較完善、僅限於單項業務存在一定風險隱患的，可以責成本機構管理層進行深入整改；對於內部控制有效性存在較大缺陷的，監管機構要協調地方政府管理部門，組織進行深入核查，對於風險隱患較大的，要採取果斷處置措施，迅速控制風險敞口，減少風險損失；對於內部管理混亂、存在嚴重控制缺陷和道德風險、潛在較大風險傳染隱患或容易引發連鎖反應和群體性事件的，或是經內控評價及風險排查，存在重大風險敞口、已難以自我化解的，要迅速組織接管組進行接管或託管。首先要防控流動性不足造成的擠兌風險，再深入核查風險敞口和管理漏洞，逐項研究風險處置措施。

第三，在總體分析和風險隔離基礎上，對於部分中小商業銀行特定風險類別，針對風險成因，重點是切斷外部客戶風險與銀行風險的互相傳染，防止引發群體性事件。要對症下藥，採取針對性更強的應急處置措施，進行分類拆解。如對於過度參與地方融資平台產生較大風險的，要統籌地方債務風險進行處置，壓實地方政府處置責任；對於受大股東控制或隱性控制，行業客戶過度集中的，結合行業與客戶風險化解，綜合運用資產重組、打包出售、股權轉讓、破產重組等手段，統籌客戶風險、銀行風險，綜合施策，予以化解；對於違規開展同業業務、資管業務，容

易形成同業風險傳染的，啟動跨區域監管協調與風險處置機制，聯合排查，聯合應對，對大額債券逐個處置，適當分散風險；對於內外勾結，內部舞弊，與網貸公司、擔保公司形成巨額違規違法擔保、違規套取銀行信用的，採取必要的司法手段，對違法人員、違法企業快速採取強制措施，快速追索資金資產、壓縮敞口，破解風險。

第四，除採取必要的風險防控措施外，還需要同步完善配套機制，激勵約束並重，激發中小商業銀行內生動力，不斷完善內部控制體系，提升風險管理能力。一是進一步完善和疏通中小商業銀行資本補充機制，拓寬中小商業銀行資本補充渠道和來源，鼓勵地方政府、股東企業、社會資本注入中小商業銀行，分類支持中小商業銀行發行債券補充資本，形成較為穩定的資本補充、資本約束機制。二是建立科學、可行、有效的人才輸送與交流機制，切實解決目前中小商業銀行人才嚴重不足、內部控制體系不健全、風險管理能力弱的問題。三是建立更為嚴格的監管處罰機制，對於存在較大內控缺陷、基礎管理薄弱甚至違規經營的中小商業銀行，除給以嚴格的監管處罰外，還要限制其相關業務或全部業務規模增長，督促其從根本上破除重規模、輕質量的發展模式，控制存量風險，改進內部管理，夯實後續發展基礎。四是建立薪酬延期及追索機制，對於發生重大風險的中小商業銀行管理層及相關崗位人員，除追究相關領導責任、管理責任外，還要建立績效工資追索機制，追回前期已獲績效，形成較強的個人利益約束；同時建立薪酬延期支付制度，將績效薪酬真正與信貸資產質量、風險損失掛鈎，夯實責任約束，限制中小商業銀行盲目業務擴張的衝動。五是進一步完善涉及銀行金融機構法律訴訟、風險處置的相關法律制度與司法程序，要進一步加快修訂相關法律法規和司法解釋，嚴肅法紀，加大司法懲戒力度，既維護好民眾的切身利益，又維護好商業銀行的合法權益，形成穩金融、穩經濟、保增長的良好法治環境。

四、構建全方位的金融風險防控戰略體系

防控金融風險，要從國家安全的戰略全局出發，遵循金融運行的基本規律，堅持底線思維、系統思維，堅持立足國情，堅持問題導向，加快構建符合中國實際的金融風險防控戰略體系，也就是，建立健全金融風險的早期識別、評估、監測和

控制機制，建立健全金融系統性危機的早期預警和化解機制，建立健全金融危機救助和處置機制，夯實金融風險防控的基礎設施，逐步形成從結構性風險到系統性風險、從內部到外部、從地方到中央、從預警和防範到隔離和化解、從救助到處置的立體式金融風險防線。

第一，構建完善的金融風險預警體系。圍繞金融風險的主要影響因素，梳理排查每個風險點的成因、機理、傳染渠道及外部性，進一步完善金融風險預警體系，有效降低應對金融動盪的信息不對稱程度。其中的一項重要工作，就是將風險承擔類指標、風險錯誤定價類指標、宏觀經濟環境類指標、關聯度指標、集中風險指標等納入金融風險預警指標集，努力做到金融風險全覆蓋。

第二，開發覆蓋金融體系不同細分部門、覆蓋不同區域、涵蓋不同時間頻度的金融壓力指數，實時監測金融壓力狀況。具體而言，將銀行業、銀行間市場、債券市場、股票市場、外匯市場等不同來源的壓力水平整合為一個連續的統計指標，量化金融體系動盪程度，準確反映不同細分部門、不同區域以及整個金融體系由於不確定性和預期變化所承受的總體壓力水平。基於金融壓力指數與其長期趨勢的偏離程度，識別出金融體系的系統性壓力期，對金融動盪作出預警，根據預測與實際的偏離情況不斷優化指標體系，提高預警精準度。

第三，健全貨幣政策框架。要在深入分析國內、國際經濟和金融市場形勢的前提下，認知新風險因素、選擇貨幣政策及改革措施的推出時機，在貨幣政策的規則運用和相機抉擇之間尋求恰當的平衡以趨利避害。一方面，要堅持貨幣政策的穩定經濟增長、穩定人民幣匯率、穩定金融市場、支持供給側結構性改革等多目標並舉，努力暢通貨幣政策傳導渠道和機制；另一方面，要堅持相機抉擇，確保貨幣政策應對的前瞻性、針對性和靈活性。

第四，夯實金融風險防控的基礎設施。具體包括：建立金融監管統籌框架，針對新形勢下系統性金融風險涵蓋範圍廣、關聯性強、傳導擴散錯綜複雜的特點，實施穿透式監管和宏觀審慎監管；提高金融服務實體經濟的效率，為深化供給側結構性改革和推進經濟結構轉型升級服務，實現國際與國內、中央與地方系統性金融風險監管的協調；繼續完善會計審計制度，遏制企業的風險承擔傾向，打造防控金融風險的實體基礎；加快推進金融信息化建設，逐步減輕對國外金融信息的依賴，爭取在諸如國際投資銀行、商業銀行、國際清算與結算系統、信用評級機構、會計師事務所等金融領域的重要環節掌握規則制定權和話語權；完善金融風險防控的法律框架，加快推進防範金融風險的立法工作，加強金融機構公司治理機制的建設，完善有關資本配置的法律制度，推進外匯儲備管理體制和投資結構的改革等。

（本章執筆：何德旭）

第十一章

公共衛生對策：
近期與長期

新冠疫情爆發導致的資源擠兌，一度對中國醫療衛生體系造成衝擊，給患者收治帶來了巨大壓力，也暴露出醫療服務體系、公共衛生體系和疾控體系存在的問題。隨著社會經濟活動逐步恢復，疫情防控常態化對中國醫療衛生體系的風險防範和化解能力提出了更高要求。如何完善體制機制，前移預防關口，"避免小病釀成大疫"，[1]是值得反思的重要問題。

實踐表明，公共衛生管理和疾病防控的有效性很大程度受到居民健康衛生知識普及和早期篩查、干預能力（包括易感群體健康管理能力）等因素的影響，而這些都與基層醫療機構日常承擔的公共衛生服務和健康管理工作息息相關。作為居民健康的"守門人"和防疫控疫的前沿哨所，如果最貼近居民的基層醫療機構不能有效發揮作用，患者蜂擁至醫院，正常狀態時的最大弊端是導致民眾"看病難"和"看病貴"，在疫情時期則嚴重降低疾病篩查和收治效率，還會形成交叉感染，惡化疫情防控形勢。

因此，強化基層醫療機構服務和防疫能力，應當成為公共衛生服務體系的發展方向。本章將結合中國衛生資源配置現狀，分析醫療衛生體系的結構性短板，對背後暴露出的體制機制問題展開討論，並提出健全公共衛生服務體系的近期和長期政策建議。

第一節　中國衛生資源配置現狀與問題

在新冠疫情衝擊下，中國醫療衛生資源吃緊，有人由此提出應通過政府財政投入，提升各級公立醫院床位、設備、人員配置，增加資源供給。但事實上，中國醫療資源，特別是醫院床位資源並不短缺，甚至存在過剩現象。並且，近年來公立醫院高速擴張已經致使基層醫療機構出現能力萎縮。當前的困境並不是醫療資源總量不夠，而是未能形成有效的分工協作體系。延續這種格局只會顯著弱化基層醫療機

1　習近平在中央全面深化改革委員會第十二次會議上的講話。

構服務和防疫能力，瓦解分級診療體系和疾病防控體系，也與國家主席習近平提出的 "加強農村、社區等基層防控能力建設，織密織牢第一道防線"[1] 的要求相背。

以下就公立醫院擴張造成基層醫療機構服務能力和業務規模萎縮的現象及其機制作一闡述。

一、資源配置結構失衡，過剩與短缺並存

經過過去十多年政府的大力投入，中國已經擺脫了醫療資源匱乏的狀態。2019年全國每千人口醫師數 2.77 人，與美國（2.6）、英國（2.8）、加拿大（2.7）、韓國（2.3）等國相近；每千人口醫院床位數達到 4.9 張，顯著超過 OECD 國家中位數水平（3.9），高於澳大利亞（3.8）、挪威（3.6）、美國（2.8）、英國（2.5）等 20 個國家。[2] 此次作為抗疫一線的武漢市，擁有的醫院資源更是排在全國前列，2018 年每千人口醫師數 3.6 人，每千人口醫院床位數達到 7.4 張，遠高於全國平均水平。

高等級公立醫院擴張是資源增長的主要驅動力。2010 至 2018 年，全國三級公立醫院數量從 1258 家增長到 2263 家，床位數和醫師數則以更高速度增長，致使院均床位數從原先的 830 張增加到了 1008 張。9 年間，全國公立醫療機構床位數增加了 219 萬張，其中約 56.5% 的床位增長是由三級公立醫院擴張所致。三級公立醫院的市場份額也迅速提高，9 年間提高了十多個百分點。[3]

公立醫院資源擴張的同時，住院率虛高現象普遍存在，意味著中國的床位資源已經過剩。表 11-1 給出了全部直轄市、省會城市和副省級城市 2017 年職工醫保參保者的百人住院人次數據，揭示了這些城市醫院床位普遍過剩的事實。眾所周知，北京市醫療資源豐富，北京市職工基本不存在應住院未住院現象。由於北京市三甲醫院接診大量外地重病患者，因此不會安排不需要住院的輕病患者住院。而且北京市職工醫保門診保障水平很高，參保者能在門診治療的疾病不會選擇住院。所以，北京市的住院率處於合理水平。以此為參照，其他城市職工醫保參保者住院率均高於北京市，大部分城市甚至顯著高於北京市，表明各地普遍存在過度住院現象。過

1　習近平在中央全面深化改革委員會第十二次會議上的講話。

2　OECD 國家數據為 OECD Stats 網站公佈的最近年份數據。

3　資料來源：歷年全國衛生健康統計年鑒。

度住院現象的普遍存在則清楚地表明各地普遍存在床位過剩現象。

表 11-1　2017 年直轄市、省會城市和副省級城市職工醫保住院率

城市	退休職工佔比（%）	百人住院人數（人）	在職職工百人住院人次	退休職工百人住院人次	城市	退休職工佔比（%）	百人住院人數（人）	在職職工百人住院人次	退休職工百人住院人次
北京	18.2	8.6	4.3	28.2	青島	24.2	17.8	8.1	48.1
海口	17.9	9.8	3.6	38.1	成都	24.5	18.2	8.5	48.4
廈門	7.3	10.4	9.2	26.2	大連	27	18.5	7	49.9
福州	21.8	10.8	5.3	30.5	天津	36.3	19.1	7.2	40.1
合肥	19.2	11.6	5	39.3	石家莊	31.7	20.2	11.4	39.2
廣州	16.6	12.5	6.1	44.6	鄭州	16.8	20.8	11.8	65.4
南昌	32.3	13.8	5.9	30.5	長春	33.2	21.3	12.1	40
銀川	24	14.4	8.1	34.4	昆明	27.9	21.6	8.6	55.1
濟南	22.5	14.7	6.8	41.9	西安	29.8	21.9	8.8	52.8
上海	32.8	15.2	7.4	31	拉薩	22.8	22.7	19.1	34.9
南京	24.2	15.4	8.4	37.3	烏魯木齊	21.9	24.3	18.2	46.4
呼和浩特	27.8	15.5	7.7	36	武漢	29.7	24.4	10.7	56.8
太原	33.4	16	7.8	32.3	重慶	28.9	25.5	11.7	59.4
西寧	34.8	16.4	10	28.5	哈爾濱	40.9	28.3	17.2	44.4
南寧	23.7	17.1	8.1	46	瀋陽	40.9	29.3	14.3	51
蘭州	39.3	17.5	9.3	30	寧波	17.9	29.8	18.2	83
杭州	19	17.6	12.7	38.5	長沙	21.7	31.1	13.4	94.8

資料來源：2017 年全國分統籌區職工醫保收入、支出與補充資料。

　　醫療服務體系重心不斷向高等級公立醫院偏移，更為嚴重的後果是瓦解了中國的分級診療體系和疾病防控體系，使得基層醫療衛生機構難以充當居民健康的 "守

門人"和防疫控疫的前沿哨所。2014 年 12 月習近平視察江蘇省鎮江市世業鎮衛生院時提出,要切實解決好大醫院始終處於"戰時狀態"、人滿為患的問題。造成這一問題的原因是過去十幾年來高等級公立醫院高速擴張虹吸了基層的優質醫療資源,導致基層服務能力和業務規模日漸萎縮。公共衛生管理和疾控日常工作的有效性事實上高度依賴於基層醫療機構的臨床服務能力和以此為基礎形成的社區居民吸引力和信任度,因此基層臨床服務能力的萎縮必然導致公衛和疾控能力不足,日常工作流於形式而難有實際效力。

事實上,三級公立醫院的高速擴張是通過虹吸二級醫院和基層醫療機構優質醫生資源,進而虹吸患者和醫療收入實現的。原因很簡單,由於區域內成熟醫師資源的數量相對穩定,高等級公立醫院的快速擴張一般不會增加醫師供給,而是與本地低等級醫療機構或欠發達地區醫療機構爭奪成熟醫師資源。規模擴張後的三級醫院普遍選擇成建制挖走本地二級醫院或欠發達地區優秀醫生的做法,二級醫院則再向下挖走基層的優秀醫生。在上下行政等級分明的格局下,基層培養出的成熟醫生會很快被醫院挖走,有些社區醫療機構甚至連大學畢業生都難留住。

隨著高等級公立醫院的擴張,公立醫療機構醫生配置的倒金字塔結構更加顯著,圖 11-1 顯示,2012 年,全國公立醫療系統中僅有 29.6% 的醫生在三級醫院執業,到 2018 年這一比例已經上升至 39.7%;同期,在基層醫療機構執業的醫生佔比則從 33.7% 下降到 29.9%。不僅如此,在公立基層醫療機構中,還有 37% 的醫生是沒有處方權的助理醫師,而這一比例在三級醫院僅有 1.3%,醫生實際服務能力的差距則更大。

圖 11-1　公立三級醫院與社區醫療機構(助理)醫師分佈(%)

資料來源:《中國衛生和計劃生育統計年鑑》(2013-2017)、《中國衛生健康統計年鑑》(2018-2019),中國協和醫科大學出版社。

二、微觀運行機制失效，公共衛生服務流於形式

隨著基層醫療機構醫生和患者持續流失，醫療業務收入萎縮，基層醫療機構已主要依靠財政供養。自 2011 年起，中國普遍情況是，基層醫療機構獲得的財政基本支出補助（不含離退休經費）不僅可以完全覆蓋其在職職工的工資，還有四成左右的補助經費可以用於機構的其他運營開支。其中，城市社區中心獲得的財政基本支出補助最為豐裕，目前財政基本支出補助水平已經達到職工工資性收入總額的兩倍以上。

在財政對於機構和人員旱澇保收的供養之下，基層醫療機構更加喪失了提供服務的積極性。以公共衛生服務為例，公立基層醫療衛生機構的基本公共衛生服務經費按照轄區內的居民數量計算，2009 年居民人均基本公共衛生服務經費補助標準是不低於 15 元，到 2020 年，這一標準已經調整至 74 元，成為基層醫療機構收入中的重要構成部分。無論是否實際提供服務，只要報表填報達標，基層醫療機構就能夠獲得這筆來自財政的公共衛生經費補貼。再加上平均主義大鍋飯的分配機制，多勞不多得、少勞不少得，自然不會有人願意真幹活。

在這種機制下，工作完成情況只能高度依賴自上而下的行政考核。為避免出工不出力或虛報工作量，考核指標不斷擴充、層層加碼，導致基層大量時間被考核填表工作佔滿。"財政真掏錢，社區幹假活"是筆者調研中一些社區衛生服務中心主任給出的說法。

數據虛報、浮報的普遍性可以從官方公佈數據中窺見一斑。國家衛健委基層衛生司曾公佈基本公共衛生服務情況稱，至 2015 年底，全國居民電子健康檔案建檔率已經達到 76.4%，分別管理高血壓、糖尿病患者 8835 萬人和 2164 萬人，老年人健康管理 1.18 億人。[1] 但到 2017 年，以此前基層公共衛生服務為基礎擴展的家庭醫生簽約服務項目，在覆蓋率上變成"人群覆蓋率超過 35%，重點人群覆蓋率超過 65%"[2]，遠低於兩年前的檔案覆蓋水平。

而相較於公共衛生服務建檔率"縮水"的家庭醫生簽約數據，其中仍有大量水

---

[1] 〈國家衛生計生委基層衛生司高光明副司長在國家基本公共衛生服務項目等有關情況例行發佈會上的講話〉，http://finance.sina.com.cn/roll/2017-07-10/doc-ifyhvyie0877020.shtml。

[2] "2017 中國家庭醫生論壇"（https://www.thepaper.cn/newsDetail_forward_1911376）。

分。2017 年，根據國家衛健委公佈的數據，全國 95% 以上的城市開展了家庭醫生簽約服務工作，超過 5 億人有了自己的家庭醫生。[1] 簽約服務費由醫保基金、基本公共衛生服務經費和財政補貼分擔，是公立基層醫療機構醫務人員發放績效工資的重要來源。但有意思的是，在調研訪談中，即便是衛生部門、財政部門和醫保部門等為家庭醫生服務買單的相關業務部門工作人員，都對這一簽約率持否認看法。一些地區的社區衛生服務中心和衛生院在公共資金補貼下雖然成功與居民"簽約"，但第二年要求居民自己承擔少量簽約服務費時卻遭到拒絕，由醫保個人賬戶支付的動議也無法通過，意味著居民並未實際享受到令其接受的簽約服務。此次疫情爆發後，就連重點簽約人群（同時也是新冠病毒易感人群）的"健康檔案"都沒能起到輔助作用，可見日常"健康管理"工作只是流於形式。

與之對應的則是，個人健康檔案（personal health record, PHR）在台灣地區的疫情防控工作中發揮了關鍵作用，是發現、追蹤感染者、密切接觸者和易感人群的核心工具。健康檔案幫助台灣地區主動定位具有嚴重呼吸道症狀的患者並進行後續觀察；此前的健康信息和旅行史記錄也成為快速識別病例的重要參考。[2] 而台灣地區 2004 年開始規劃國民健康資訊建設計劃，2008 年落地實施，重點發展個人健康記錄（由家庭醫學會進行工作指導），2013 年推動以個人健康檔案（PHR）為核心的健康雲計劃，進行健康信息整合，發展時間並不顯著早於大陸。[3] 其中一個關鍵差異是其個人健康檔案很大程度上依託全民健保信息系統，具有更強的可操作性和實用性，依從性也比脫離醫保系統單獨建立個人健康檔案的做法高很多。

1　"2017 中國家庭醫生論壇"。

2　Wang C. J., Ng CY, Brook RH., *Response to COVID-19 in Taiwan: Big Data Analytics, New Technology, and Proactive Testing*. JAMA. Published online March 3, 2020.

3　陳恆順、廖靜珠、侯宏彬等：〈醫療保健與長照資訊整合系統〉，《台灣醫學》，2018 年第二十二期，頁 283–296。

第二節 醫療衛生體系的服務供給模式轉型

近年來政府醫療衛生投入大幅度增加的同時，財政投入方向也顯著向公立基層醫療衛生機構傾斜，但無法扭轉基層服務能力弱化、業務萎縮的趨勢。強基層需要改革服務供給模式。

一、通過增加財政投入和編制保障強化基層服務能力的成效不彰

中國衛生財務報表數據顯示，基層醫療機構獲得的財政投入快速增長。基層投入佔財政"補供方"比重由 2008 年的 29.2% 上漲到 2018 年的 42.2%。基層醫療機構在編人員人均財政投入由 2008 年時低於公立醫院變成目前顯著高於公立醫院。2008 至 2017 年間，前者對後者的比率從 0.88 提高到 1.67，其中，城市社區衛生服務中心獲得的財政補助力度最大，基本補助水平甚至超過公立醫院全部財政補助的人均水平。同期城市社區衛生服務中心平均每編制人數獲得的基本補助從 2.3 萬元增長到了 12.8 萬元，年均增幅為 21.2%，鄉鎮衛生院每編制人均基本補助從 0.9 萬元增長到了 9 萬元，年均增幅為 28.8%。

公共衛生經費方面，2014 年全國公立基層醫療機構獲得的基本公共衛生服務財政補助為 300.9 億元，此外，還有公共衛生項目補助 48.2 億元，合計 349.1 億元。到 2017 年，基層醫療機構獲得的基本公共衛生服務補助收入達到 492.3 億元，公共衛生項目補助收入達到 81.1 億元，合計 573.5 億元。財政對基層醫療機構的公共衛生經費投入以平均每年 18% 的速度增長，遠超過同期財政對全部公立醫療衛生機構的投入增速（11.5%）。

貧困地區基層醫療機構的財政保障亦能及時到位。以寧夏回族自治區中衛市海原縣為例，鄉鎮衛生院在職人均財政補助收入早在 2016 年就已經超過 10 萬元，如果僅考慮在編人員，則人均財政補助超過 14 萬元；其中，基本公共衛生服務（不含人員經費補助）和公共衛生專項補助佔到四成，並不存在投入不足的情況，而且已經出現設備閒置包括設備到位當地醫衛人員不會使用的問題。

然而，財政投入強度的不斷提高並沒有扭轉公立基層醫療機構服務能力和業

務規模逐步萎縮的局面。實際情況是，在財政投入強度逐年提高的同時，公立基層醫療機構的診療人次份額逐年下滑，2010 年，全國還有 30.4% 的門、急診服務和 29.2% 的住院服務需求就近在公立社區中心或衛生院解決，但到 2017 年，僅有 26.5% 的門、急診患者和 18.3% 的住院患者在公立社區中心和衛生院就醫，8 年間分別下降了將近 4 個和 11 個百分點，越來越背離建立分級診療體系的政策目標。

此次作為抗疫一線的武漢市充分暴露了這一點。2009 至 2018 年間，武漢市三級醫院從 30 家增加到 61 家，其中三甲醫院從 22 家增加到 28 家，部、省屬醫院從 8 家增加到 13 家。在三級醫院虹吸之下，武漢市基層醫療衛生機構已經基本喪失覆蓋社區和鄉鎮的服務能力。到 2018 年僅有 13.9% 的醫生在社區機構和衛生院執業，其床位佔比僅有 11.8%；全年僅有 17.8% 的門診患者和 7% 的住院患者在社區、衛生院就醫。這也是導致武漢在醫療資源如此豐富的情況下面對疫情仍捉襟見肘的原因所在。

上述事實說明，通過增加財政投入和編制大力發展公立醫院和社區衛生服務中心的方式建立分級診療體系，提高社區醫療服務能力和疾控能力的做法成效不彰。

二、公共衛生服務供給模式轉型思路

財政投入未能取得預期成效，其根源在於基層醫療衛生服務體系的制度安排以及相應的財政投入機制。財政直接投入用於 "養人、養機構" 的模式，無法形成有效的公共服務供給體制。

對比此次疫情期間新加坡社區醫療系統在病例篩查和干預方面的有效經驗，[1] 結論則更加明顯。新加坡政府在抗擊 SARS 和 H1N1 中積累下經驗，在 2200 多家私立診所中政府撥款支持其中的 880 多家私立診所同時承擔公眾健康預備診所（Public Health Preparedness Clinic, PHPC，類似於中國的發熱門診）職能，作為"傳染病監測哨點"，並形成一套由公立醫院、社區醫院和私人診所構成的聯動防禦體系。2020 年 1 月，新加坡接到來自中國武漢的新冠疫情警報後，這 880 多家診所就開始為疫情分檢和轉診做準備。與之相比，1 月下旬，上海、北京相繼啟動一級響應，分別啟用發熱門診 110 家和 101 家，數量均不足新加坡的八分之一，而新加坡面積僅相當於北京市的大興區，也小於上海市的浦東區。

新加坡 PHPC 診所的規模和國內私人診所相仿，在防疫中，它們的職責在於發現可疑病人，按照統一的標準診斷、治療、上報、轉診、隔離，最大限度地減少漏診的同時，儘可能地避免恐慌性擠兌公共衛生資源。PHPC 體系共享醫療信息，為傳染病例追溯提供了可靠的依據。

這樣的私立診所網絡之所以能夠有效發揮作用，在於它們平時就是新加坡的"社區健康守門人"。新加坡的家庭醫生診所必須加入當地的慢病管理計劃（Chronic Disease Management Programme, CDMP）和社區健康支持方案（Community Health Assist Scheme, CHAS），才具有申請加入 PHPC 體系的資格。背後的邏輯也很簡單，只有日常從事居民的健康管理服務，並且獲得居民信任，才能夠在突發公共衛生事件中更好地實現風險監測和疾病防控功能。此外值得一提的是，除了公共衛生培訓之外，政府財政對於 PHPC 的支持主要體現在提供應對公共衛生事件所必需的物資

1　2020 年 4 月以來，新加坡確診病例數激增。4 月 22 日的累計確診病例數已經達到 4 月 1 日水平的十倍，有超過 1 萬人確診，截至 6 月底，新加坡累計確診超過 4.3 萬人。4 月以來的新加坡疫情爆發是由於未能對症狀輕微或無症狀的外籍勞工感染者進行有效隔離，導致出現大量聚集性感染。據《紐約時報》報道，"新加坡當局似乎沒有充分認識到這種病毒的傳染性。據政府的說法，大多數新感染者症狀輕微或無症狀，到目前為止尚無一例需要重症監護，這或許能解釋為什麼沒有更早發現外勞中的疫情。"（https://cn.nytimes.com/asia–pacific/20200421/coronavirus–singapore/，2020 年 4 月 24 日。）導致疫情爆發的原因，一方面是政府和疾控系統對無症狀感染者的認識不足，也忽視了對外籍勞工的保護；另一方面是大量外籍勞工居住環境擁擠、衛生條件差，致使無法進行有效的社區隔離。這背後涉及到更深層次的社會經濟問題。但以上問題並不能否定新加坡社區衛生服務體系的有效性，新加坡在防疫初期依靠這一體系成功延緩了疫情爆發的結論仍然成立（在 4 月以前，新加坡累計確診不足 1000 人）。當然，新加坡最終未能控制住疫情爆發，說明防控重大疫情考驗的是整個國家和社會的治理體系，僅靠高效的醫療衛生服務體系是遠遠不夠的，相關經驗啟示將在後文"完善公共衛生服務體系的長期計劃"部分討論。

（比如個人防護物資、藥品、疫苗等）上；而在日常，這些診所主要基於 CDMP 和 CHAS 獲取服務收入，支付來源是醫保儲蓄賬戶和患者自費。

從國際經驗來看，不管是醫院以公立為主的國家如英國和新加坡，還是醫院以私立為主或公私參半的國家如美國、加拿大、德國、日本等，作為醫療衛生"守門人"的社區醫療機構，90% 左右是私立診所，國民絕大部分的門、急診需求由它們滿足。在競爭機制與醫保支付制度設計的雙重作用下，這些私立診所具有將患者留在社區的服務能力，也具有將患者留在基層的充分積極性，獲得了社區居民的充分信任。醫學畢業生在醫院從業若干年後，多數會離開醫院自行開設診所或在醫院和診所間多點執業，強化了基層服務能力，形成了良性循環。

事實表明，讓基層醫療機構有提供受到社區居民信任的普通醫療服務的能力和主動提供良好健康服務的積極性，才可以充分激活基層資源、強化基層服務能力。而在社區醫療衛生機構採取政府"養人、養機構"的模式，國際上鮮有成功案例。因此，解決問題的出路不在增加財政投入和人員編制，而是調整財政投入體制，改變"養人、養機構"的服務供給模式，發揮競爭與激勵機制的作用。

第三節　健全公共衛生服務體系的政策建議

在醫療資源總體上並不短缺的情況下，繼續擴張公立醫院尤其是大型綜合公立醫院無助於提高醫療服務供給水平，還會拉開醫院與基層的差距，進一步擠壓中小型醫療機構的生存發展空間，帶來更大的公共衛生管理和疾病防控隱患。應認真總結中國醫療衛生服務體系中存在的結構性問題，找準短板，精準施策。解決醫療資源配置失衡問題、大力發展中小型醫療機構、完善社區醫療衛生服務網絡、建立分級診療體系才是提升疾病預防控制能力的關鍵。

立足於此，以下提出完善公共衛生服務體系的近期和長期政策建議。

一、完善公共衛生服務體系的近期措施

完善醫療衛生服務體系的當務之急，一方面是要考慮如何在短期內醫療服務資源總量既定的前提下，通過結構調整和機制優化來增加有效服務供給，尤其是彌補當前基層醫療機構服務短板；另一方面應從持續做好疫情防控工作的角度出發，強化基層醫療機構的風險監測和防控能力，採取有效措施鼓勵中小型醫療機構的發展和業務份額的提高，避免人員在大醫院聚集，造成交叉感染。

具體而言：第一，充分發揮互聯網醫療在及時安全增加醫療供給、方便民眾就醫、降低交叉傳染風險方面的作用。當前政府能夠迅速採取的有效措施之一，是立刻放開互聯網首診、放開處方藥線上銷售，承認其合法性；同時，探索將符合醫保補償政策的服務和網售處方藥納入醫保支付。疫情期間為緩解線下診療壓力，武漢市已經採取了遠程診療手段，且醫保局將部分互聯網醫療納入醫保支付。在此經驗的基礎上，應儘快完善關於互聯網首診、處方藥線上銷售的政策法規和醫保支付辦法，使互聯網醫藥服務規模化、常態化，擴大在線提供服務的醫生規模，及時減緩線下就醫壓力，最大限度減少醫療場所交叉感染，也減輕醫生線上"非法"執業的心理壓力。

作為配套措施，針對網絡開具的醫學檢驗，應鼓勵社會第三方檢驗機構根據互聯網醫療平台的診療記錄與醫生建議，在做好充分防護的情況下為患者檢驗，減輕公立醫院醫療資源緊張、患者高度擁堵的困境；已經具備網絡售藥能力的互聯網平台，允許它們儘快與互聯網醫療平台系統對接，實現處方信息共享，即時結算，實時監督；銷售醫保目錄內藥品的網絡售藥平台，需提供接口與國家醫保局對接，保證醫保主管部門對全鏈條信息可見、可稽查，並為符合醫保補償政策的藥品按照患者所在地區醫保政策即時付費。

第二，在基層構建"醫衛融合（醫防融合）"的健康服務網絡。"醫衛融合"是公共衛生服務體系的發展方向，因為醫衛人員普遍偏愛更具實用性的醫療臨床業務，而對不做臨床專職公共衛生的工作則普遍缺乏熱情，醫衛合一有助於吸引和留住人才。而且從老百姓的角度講，"會看病"的醫生從事公共衛生包括疾控工作更易受信任。因此，將醫療服務和公共衛生服務結合在一起，不僅更容易使居民接受，也更能夠有效實現公共衛生服務的真實全覆蓋。此前的實踐經驗表明，在沒有醫療

服務需求的情況下，向普通居民尤其是農村居民普及疾病防治和公共衛生知識的效果並不理想，也很難吸引他們定期參與健康衛生知識普及等活動。而在提供醫療服務時將公共衛生服務融合進去，則能取得事半功倍的效果。另一方面，醫療和公共衛生的結合擴充了服務內容，給了基層衛生人員更多的鍛煉機會和更大的成長空間，也讓醫生更早介入居民的健康管理，符合提升基層服務能力的需要。

因此，在基層不僅不宜將公共衛生機構和醫療機構分開設立，也不宜將兩個工作分開安排，而是要讓基層機構的醫務人員在滿足居民醫療需求的同時一併承擔公共衛生和疾病防控工作。在國家和省級疾控中心保持獨立設置的同時，地級市及以下的疾控部門尤其是縣（市）和鄉鎮的疾控部門和疾控業務應併入相應的醫療機構，同時借鑒新加坡的做法，將基層的公共衛生和疾控業務委託給相應的基層醫療機構承擔，實現上述醫療服務、公共衛生服務包括疾控業務的協同效應。

此外，可以利用互聯網醫療平台網絡，促進優質服務下沉，提升基層醫療服務能力和疾病防控能力，同時也實現醫療衛生機構之間的協同。實際上，已經有一些互聯網醫療機構實現了與社區、衛生院、村醫和診所的對接；也有一些二級公立或民營醫院，基於擴展服務半徑的需要，通過互聯網等遠程合作方式，讓服務下沉。在這一過程中，通過彼此間的業務合作和信息與技術交流，可以提升居民在基層獲得的醫療衛生服務質量，同時也有效培訓了基層的醫衛人員，提高了他們的醫療和公共衛生服務能力。

第三，將醫療保障基金和公共衛生服務資金統籌使用。2020 年 2 月 25 日《中共中央國務院關於深化醫療保障制度改革的意見》中提出："統籌醫療保障基金和公共衛生服務資金使用，提高對基層醫療機構的支付比例，實現公共衛生服務和醫療服務有效銜接。" 其含義是將原本直接撥付給公立基層醫療機構的公共衛生資金轉化為對基層醫療機構服務的統籌支付。其中的關鍵在於形成一種激勵相容的機制：如果能通過優質服務吸引更多的患者，就可以得到更多的醫保支付；無法通過真實有效的服務獲取醫保統籌支付的機構或者醫生，自然被淘汰。在這種多勞多得、優績優酬、優勝劣汰的機制下，大家有主動提供良好的醫療服務和健康服務的積極性，就可以充分激活基層資源。更加精準的激勵機制可以通過多樣化的醫保支付方式設計實現，如按人頭付費機制就能夠激勵醫療機構及其醫務人員有充分積極性提供良好的公衛服務以降低患病率來獲得最大醫保支付結餘。

醫保統籌支付的另一優勢在於，目前農村地區公共衛生任務由衛生院和村醫分擔，但是對村醫的考核由衛生院負責，並以此決定公衛經費的分配。這一格局讓衛生院很容易把公共衛生任務下壓給村醫承擔，但是在考核時以不合格為由克扣經費，使得村醫很難開展公共衛生工作，也沒有積極性把工作做好。由醫保部門來負責服務支付與考核，一方面不存在上述利益衝突，另一方面以居民流向作為醫保支付依據，省去衛生院和村醫種種繁瑣的考核表格填報工作，也實現了將監督權、考核權和選擇權交給民眾的制度優勢，體現了建立共建、共治、共享社會治理新格局的目標。

另一項關鍵措施是要將包括診所在內的社會辦基層機構納入醫保基金和公共衛生資金的統籌支付網絡。一方面可以通過醫保支付設計促進醫療服務和公共衛生服務供給的融合；另一方面，社會辦基層醫療機構參與到醫保基金的分配當中，可以與公立機構相互競爭，促進優勝劣汰，從而提升衛生服務體系的整體效率，讓居民獲得更多更好的服務。此外，農村地區的公立基層醫療機構中存在大量聘用編外人員的情況，這部分人多是具有醫衛專科學歷的農村青年，相當部分已經獲得助理醫師資質，因為戶籍和編制約束無法進入編制，他們往往負責填寫各種報表，而不能有效參與到服務提供當中。在醫保支付的支持下，這部分人才可以通過合夥執業或獨立執業的方式，增加欠發達地區的有效服務供給，提高資源利用效率。

第四，增加財政投入強化各地傳染病院和綜合醫院傳染病科防治能力的同時，為防止公立醫院繼續擴張，擠壓基層醫療機構、社會辦醫和新型服務業態的生存發展空間，加劇資源配置失衡，應進一步明確要求落實此前中央文件要求，禁止公立醫院舉債擴張。防範加大地方債務、形成未來中央財政償債負擔。既然社會力量有辦醫增加醫療資源的積極性，沒有必要政府負債建設。

第五，考慮到醫保基金目前存在結餘較大、沉澱已久的個人賬戶，應該把握好改革時機，抓住改革窗口，將個人賬戶資金轉為醫保統籌基金，同步建立門診統籌制度，緩解民眾支付負擔的同時分擔醫保基金給付壓力。

2019 年，全國城鎮職工醫保個人賬戶收入 5698 億元，當期結餘 1001 億元，累計結餘 8277 億元。《關於深化醫療保障制度改革的意見》中明確提出："逐步將門診醫療費用納入基本醫療保險統籌基金支付範圍，改革職工基本醫療保險個人賬戶，建立健全門診共濟保障機制。" 當下可以考慮將這個結餘很大、沉澱已久的個人賬戶資金適時轉為醫保統籌基金，同步建立門診統籌制度，在完全不增加企業、個人和政府負擔的情況下，顯著擴大職工醫保統籌基金水平，在顯著提高保障水平尤其是門診保障水平的條件下，提高基金的可持續性。

有這筆資金作為支持，城鎮職工醫保可以建立門診統籌制度，對患者門診就醫進行補償，同時也是對取消個人賬戶做制度性補償。當前個人賬戶的運行存在諸多問題，包括基金積累成本高，儲蓄利率比不上醫療費用增速；基金浪費嚴重，在藥店購買大量目錄外商品；門診就醫沒有統籌基金補償，門診費用高的人群特別是老年人群費用負擔重等等。這些都嚴重影響民眾就醫保障的獲得感。取消個人賬戶、建立門診統籌，短期受損的是醫療費用發生較少的年輕人群，而醫療費用較高的老年人群顯著受益，這正是此次疫情面向的高危人群，調整福利制度予以傾斜本身符合社會預期，也起到了增強民眾獲得感的政策本意。

而門診統籌制度的建立，則在提高保障水平的同時，顯著提高醫保以價值為導向的戰略性購買功能的效力，通過主導引導醫患雙方的診療行為，促進中小型醫療機構發展，緩解患者蜂擁大醫院現象，助推基層醫療機構能力建設，促進分級診療體系的形成。

長遠來看，這一做法也有利於醫保基金的長期可持續發展，提高全社會的抗風險能力。

二、完善公共衛生服務體系的長期計劃

長期來看，此次疫情也為醫療衛生服務體系改革打開了窗口。如何進一步激活人力資源，整合服務體系，提高公共資金的抗風險能力，是需要長期考慮的議題。

第一，儘管從床位等硬件設施看中國的醫療資源已經達到 OECD 國家中位水平，但是醫務人員素質等軟件能力差距還很大，社區診所等中小型醫療機構的數量和從業醫生還嚴重不足，這方面的醫療資源還需要顯著增加。

增加供給的關鍵不是加大財政投入進一步做大三級醫院，而是要解決供給潛力和醫療體制束縛之間的矛盾。實際上，中國這方面的人力資源供給並不短缺，醫療衛生專業畢業生不足 40% 能夠進入醫療行業從事醫療衛生工作這一事實說明了這一點，體制束縛才是阻礙人力資源發展的關鍵。要解決這一矛盾，應在落實中辦發

〔2011〕28 號《關於進一步深化事業單位人事制度改革的意見》、2014 年國務院《事業單位人事管理條例》和 2015 年《國務院關於機關事業單位工作人員養老保險制度改革的決定》基礎上，通過取消醫療行業事業編制身份制度，實現醫生自由執業，來消除醫療行業的人力資源進入壁壘和流動壁壘，實現醫生數量和素質的雙提高。

第二，轉變財政投入方式，從財政"供需兼顧"投入模式轉向財政補需方為主。補需方體現"更好地發揮政府作用"，供方則建立"競爭中性"原則，讓市場在資源配置中發揮決定性作用，在醫療服務領域形成共建共治共享的社會治理新格局，充分發揮醫保價值導向的戰略性購買功能，使其成為引領醫療資源合理配置，構建有效的醫療服務和防疫控疫體系的關鍵政策抓手。

只要還存在對公共服務機構的直接財政補貼，就需要考慮建立相應機構、建立科學考核評估體系等一系列問題，特別是與財政投入規模、結構、機制等相掛鈎，這方面的管理成本非常高，考核評估效果則相當有限。"補需方"則簡單得多。比如，在財政僅對醫保基金補貼的情況下，只需要考慮居民醫保人均財政補貼水平即可。城鄉居民醫保籌資水平及相應的財政補貼，每年年初由國務院明確下達指導數據，如 2016 至 2020 年的財政補貼底線標準依次是 420 元、450 元、490 元、520 元和 550 元，各地區均能夠以該水平為底線完成任務，簡單易行，通俗易懂，很容易做到"量力而行，盡力而為"，各級政府相應的財政補貼均能及時到位，也很少出現部門分歧，也很少看見各方面的批評意見。

第三，充分動員社會力量參與健康治理，擴充基層衛生隊伍、提高衛生服務效率，"不求所有、但求所用"。包括私人診所在內的社會辦基層醫療機構，在沒有政府經費支持且大多沒有醫保支付的條件下，仍然可以在包括貧困地區在內的地區存活，意味著它們已經獲得了居民的認可。而且《中國衛生健康統計年鑒》的數據顯示，在基層，六成的患者選擇在非政府辦機構獲取診療服務。這部分社會資源不應該被忽視，而是應該納入公共衛生體系統籌考慮，用於擴充基層醫療衛生服務網絡，提升服務能力。

因此，需要下大力氣清理各種隱形政策壁壘，將黨中央國務院鼓勵社會力量辦醫的政策落到實處，尤其是將取消非公立醫療機構區域衛生規劃政策落到實處。醫師開辦診所、日間手術中心、醫院、檢查檢驗中心等中小型醫療機構，不需要行政審批，只需要進行工商登記即可。

第四，以信息網絡的整合與共享為抓手，促進服務體系整合與多方協作，充實衛生健康服務網絡，提升服務能力，促進產業發展。

可以借鑒台灣地區的經驗，以目前全國統一的醫保信息系統搭建為契機，立刻著手整合分散在各個部門、機構的個人健康信息，將個人電子健康檔案作為醫保信息系統的子系統進行建設。這樣能夠有效改變目前兩個系統分割設立、健康檔案耗資巨大卻毫無實用性的弊端。由於目前基本實現全民參保，而且參保者個人基本信息和就醫信息已經自動納入醫保信息系統，以此為依託建立覆蓋所有參保者也就是全民的個人健康檔案，成本低廉且具有很強的準確性和實用性，依從性也好很多，能夠真正實現醫保卡和個人健康檔案"記錄一生、服務一生、保障一生"的目標。

信息整合同時也意味著資源共享。以醫保信息平台為載體，讓健康信息對居民和醫療服務機構可得，其更重要的意義還在於助力不同醫療服務機構之間的分工協作與服務整合，促進健康服務產業的發展，尤其是讓家庭醫生在醫療服務體系中發揮更大作用。同時，提高居民與醫療衛生機構間的溝通效率，更好地幫助居民實現健康管理，也提升公共服務質量。在平時，這一舉措可以極大地增加居民就醫的便利性，提升"獲得感"；面對突發公共衛生事件，健康檔案也可以作為信息管理抓手，實現有效的風險識別和防控。這也是提高國家治理能力的具體體現。

第五，加速推進農民工市民化進程，盡快實現包括公共衛生服務在內的公共服務均等化和全覆蓋，消除重大公共衛生疫情的防範死角，將風險降到最低。

根據目前整理國際資料得出的初步結論，新加坡政府在早期疫情應對上相當及時高效，但由於忽視了外籍勞工可能造成的極大感染風險，導致 2020 年 4 月在外籍勞工群聚區域出現疫情大規模爆發。這主要暴露出的不是新加坡衛生服務體系的問題，而是社會經濟結構和社會治理體系的問題。即便衛生系統迅速、高效地做對了每一件事，社會本身存在的結構性問題也會成為病毒攻擊的要害。

新加坡的案例提醒我們，在疫情防控中，邊緣群體的防疫能力決定了防疫體系的安全性。這些群體暴露在疫情風險中的概率更大：一方面，他們往往被排斥在本地的社會保障體系之外；另一方面，他們的居住和工作環境更差，也更難獲得平等的醫療衛生服務和防疫物資。而由於這些群體長期脫離主流社會的視野，他們面臨的風險也更容易被忽視，從而變成病毒攻擊疾病防控體系的突破口，向社會其他人群蔓延。這意味著，如何掌握和改進這些邊緣群體的健康狀況、提供更多的醫療衛生支持，是控制全社會健康風險的關鍵。

在中國，大規模人口流動已經常態化。大量農民工同樣面臨著居住環境擁擠、醫療衛生條件差、缺少個人防護用品、無法實現有效社區隔離等問題。這些都是潛在的疫情防控風險點。

因此，面對疫情大流行危機，我們對於公共衛生的理解不能"碎片化"，而是要將其視為一個相互聯繫的鏈條。長期看，通過推進農民工市民化進程，促進包括醫療衛生服務在內的公共服務均等化全覆蓋，著力解決好鏈條上的薄弱環節，才是提升社會整體風險防範能力的關鍵。醫療衛生服務體系和能力建設也需要適應人口流動規模化和常態化的現狀。

（本章執筆：朱恆鵬、潘雨晴）

第十二章

全球疫情與世界經濟展望

近年來，由於各種風險不斷累積，世界經濟增長動力明顯不足，並出現普遍超出市場預期的大幅下滑。新冠疫情在全球蔓延，成為"壓垮駱駝的最後一根稻草"，引發世界經濟的新一輪衰退。但對比其他主要經濟體疫情防控和經濟發展形勢來看，中國經濟已表現出足夠的韌性，並將在世界經濟中發揮更重要的作用。

第一節　疫情爆發前世界經濟超預期下行

新冠疫情爆發前，世界經濟面臨的下行壓力逐步加大，國際貿易和投資表現也不及預期。這為疫情給世界經濟帶來巨大衝擊埋下了隱患。從這個意義上說，疫情是加速世界經濟風險暴露的"導火索"。

一、世界經濟增長超預期下滑

2019 年前，市場普遍預計世界經濟籠罩在下滑陰影之中，但下滑幅度如此之大遠遠超出市場預期。進入 2019 年，世界經濟增速一直處於下滑之中。與兩年前四分之三的經濟體都在加速發展形成對比的是，十分之九的經濟體在 2019 年放慢了經濟增長的腳步。據 2020 年 4 月國際貨幣基金組織（IMF）發佈的《世界經濟展望》報告，2019 年世界經濟增長率為 2.9%，較上年下降 0.7 個百分點，並創 2010 年以來的最低水平；與 2019 年初該組織的預測值相比，大幅下調了 0.6 個百分點。[1] 其中，發達經濟體經濟增長率為 1.7%，較上年下降 0.5 個百分點；新興市場和發展中國家經濟增長率為 3.7%，較上年下降 0.8 個百分點。根據美國布魯金斯學會（Brookings Institution）和英國《金融時報》聯合編制的反映全球經濟及各國的實際經濟活動、金融市場和投資者信心的全球經濟復甦追蹤指數（Tracking Indices for Global Economic Recovery, TIGER），自 2018 年 1 月達到峰值後至 2019 年 10 月一直處於下

1　IMF, *World Economic Outlook: The Great Lockdown,* April 14, 2020, www.imf.org.

跌中。[1] 彭博全球 GDP 跟蹤指數顯示，從 2018 年初到 2019 年第三季度，全球經濟增速已從 4.7% 放緩至 2.2%。從主要經濟體看，2019 年美國經濟增速較上年下降 0.6 個百分點至 2.3%，歐元區經濟增速較上年下降 0.7 個百分點至 1.2%，中國經濟增速較上年下降 0.6 個百分點至 6.1%，拉美和加勒比地區從 1.0% 降至 0.1%。作為特例，日本較上年增加 0.7 個百分點至 1.0%。值得關注的是印度經濟失速比較嚴重，2019 年增長率為 4.2%，遠遜於上年的 6.1%。

　　與此同時，國際貿易與投資增長明顯乏力。2020 年 4 月，世界貿易組織（WTO）數據顯示，2019 年世界貨物貿易增長率為 −0.1%，相比半年前預測的 2.6% 下調了 2.7 個百分點。[2] 2019 年再次出現全球貿易增速低於世界經濟增速的情況，而通常情況是貿易增速快於經濟增速。據全球貿易預警（Global Trade Alert）的數據，2018 年各國推出的貿易保護措施達 2200 項，創歷史最高水平；而促進貿易投資的措施僅為 676 項，比上年減少 176 項。[3] 國際直接投資活動持續低迷。據 2020 年 6 月聯合國貿發會議（UNCTAD）發佈的《世界投資報告》，2019 年全球外商直接投資（FDI）流入額為 1.54 萬億美元，在 2018 年降幅達 12% 的情況下僅增長近 3%。其中，2019 年發達經濟體的 FDI 流入額為 8002 億美元，較上年增長 5.1%；發展中經濟體的 FDI 流入額為 6993 億美元，較上年下降約 0.2%；轉型經濟體的 FDI 流入額約 345 億美元，較上年下降約 30.5%。[4] 由於貿易緊張局勢以及投資政策的變化，韓國的外商直接投資流入在 2019 年降至 105.7 億美元，較 2018 年下降 13.3%；土耳其的外商直接投資額則估計從 2018 年的 129.8 億美元降至 2019 年的 84.3 億美元，降幅達 35%。總體看，全球貿易和投資對全球經濟增長的支撐力在下降。正面的數據來自於貿易平衡領域。美國、歐洲和中國三大經濟體的經常項目差額均未超過 GDP 的 3%。與貿易投資關係密切的匯率波動幅度整體看不大，12 月底歐元兌美元與一年前相比貶值約 2.2%，人民幣貶值 1.4%，日元升 0.8%。

1　Chris Giles, in London, "2019 Global Economy Enters Period of 'Synchronised Stagnation'", *Financial Times*, October 13, 2019, www.ft.com.

2　WTO, "Trade Set to Plunge as COVID−19 Pandemic Upends Global Economy", *Press Release*, April 8, 2020, www.wto.org.

3　Global Trade Alert, *Total Number of Implemented Interventions Since November 2008*, March 28, 2020, www.globaltradealert.org.

4　UNCTAD, *World Investment Report 2020: International Production Beyond the Pandemic*, June 16, 2020, www. unctad.org.

2019 年世界經濟雖然減速但仍實現了近 3% 的增長，特別是沒有出現有些人所預言的衰退，最直接的因素是主要經濟體都適時採取了應對措施。美聯儲改弦易轍，在過去 3 年內 9 次加息後，在 2019 年連續 3 次降低聯邦基金利率，使隔夜拆借利率目標下調到 1.5% 至 1.75% 區間。美國貨幣政策重回寬鬆軌道的另一標誌是美聯儲停止縮表進程並恢復購債行動，從 2019 年 10 月中旬開始到 2020 年第二季度每月購買 600 億美元短期債。歐洲也與美國同向而行。歐央行宣佈下調歐元區隔夜存款利率至 −0.5%，維持歐元區主導利率為零和隔夜貸款利率 0.25% 不變，在保持存量穩定的同時重啟歐洲版的數量寬鬆政策，從 2019 年 11 月起每月購債 200 億歐元。包括金磚國家在內的許多新興經濟體和發展中國家都不同程度地降低了利率並擴大了政府支出。赤字政策也是新興經濟體和中等收入經濟體政府總債務與 GDP 之比在 2019 年從 50.8% 升至 53.8% 的原因之一。總之，各國大力施行的擴張性政策以及主要經濟體的增長慣性，構成了世界經濟在 2019 年仍能有近 3% 增長率的主要支撐。

二、多重因素導致世界經濟下行

總體來看，導致近年來世界經濟下行的原因很多，既包括短期、中期和長期因素，也包括深層次的制度因素。

短期因素主要源於單邊主義和保護主義盛行。特朗普政府奉行的單邊主義和保護主義政策，嚴重抑制了全球貿易投資往來，極大影響了投資者的信心。國際貨幣基金組織總裁格奧爾基耶娃指出，貿易戰造成的累積經濟損失可能達到 7000 億美元，佔全球 GDP 的 0.7%。[1] 其直接原因是由投資需求和消費需求組成的全球總需求不足。據瑞銀集團估計，2019 年全球消費支出增速創 10 年來新低。這在全球物價水平穩中有降和經濟增速顯著放緩同步之中得到了充分反映。達拉斯聯邦儲備銀行數據顯示，2019 年第二和第三季度美國非住宅固定投資的年化增長率分別降至 1.01% 和 2.66%。另據瑞銀集團估計，2019 年全球消費支出創 10 年來增速新低，其中全球

1　David Lawder and Andrea Shalal, *U.S. China Tariffs Drag Global Growth to Lowest in a Decade: IMF*, October 15, 2019, https://www.cnbc.com/2019/10/15/reuters-america-update-1-u-s-china-tariffs-drag-global-growth-to-lowest-in-a-decade-imf.html.

消費減速的 40% 來自印度，土耳其和中國各佔 25%。[1] 單邊主義和保護主義也使國際社會在應對世界經濟挑戰上難以形成有效的合力，從而導致各種風險的負面效應不斷擴大。

中期因素主要源於貨幣政策與財政政策的效果遞減。世界各國尤其是發達經濟體貨幣政策與財政政策的效果遞減，可以從所謂的現代貨幣理論（MMT）成為政策討論焦點之一得到證實。日本銀行政策委員會前委員白井早由里在〈現代貨幣理論及其實施與挑戰〉一文中點明了該理論被熱議的本質：突出強調財政擴張政策反映出對非常規貨幣寬鬆政策表現的失望，包括低於預期的增長和通脹，已經處於萎縮境況的全球製造業便是一個典型例子。[2]

長期因素主要源於勞動生產率增長放緩。當前，全球主要經濟體人口老齡化進程不斷強化，技術進步特別是數字技術革命帶來的複雜影響，以及各國經濟體制機制對經濟健康可持續發展形成的掣肘，是勞動生產率增長放緩的主要原因。勞動生產率增長放緩，意味著盈利等預期長期都不看好，由此對投資需求產生抑制作用。此外，反映資本和勞動總體使用效率的全要素生產率（TFP）增長也在逐步下降。據國際貨幣基金組織數據，發達經濟體的全要素生產率在國際金融危機前的 2000至 2007 年間年均增速為 1%，在危機後的 2011 至 2016 年間年均增速降至 0.3%；同期，新興市場與發展中經濟體則從危機前的 2.8% 下降至危機後的 1.3%。[3] 當前，無論是發達經濟體還是新興市場與發展中經濟體，全要素生產率增速均處於下降通道。

按市場匯率計算佔全球 GDP 大半的發達經濟體陷入持續低迷期的深層原因，在《金融時報》評論家馬丁·沃爾夫題為〈為何受到操縱的資本主義正在破壞自由民主〉一文中得到了恰當的說明。[4] 過去 40 年，尤其在美國這個全球最重要的國家，人們看到了一個危險的鐵三角：生產率增長放緩，貧富不均加劇，金融大震盪不斷。它源於 "收租食利資本主義" 的興起，即市場和政治權力允許享有特權的個人和企業從

---

1 Caroline Grady, "Emerging Markets Are Driving the Global Spending Slowdown", *Financial Times*, December 17, 2019.

2 Sayuri Shirai, "Modern Money Theory and Its Implementation and Challenges: The Case of Japan", July 18, 2019, voxeu.org/article/modern-money-theory-and-its-challenges.

3 IMF, *World Economic Outlook Update: A Firming Recovery*, July 24, 2017, www.imf.org.

4 Martin Wolf, "Why rigged capitalism is damaging Liberal Democracy", *Financial Times*, September 18, 2019.

所有其他人身上榨取大量租值。金融業製造信貸和資金的能力為其自身的活動、收入以及利潤提供了資金來源。1980 年以來的金融活動的爆炸性增長沒有提高生產率增速，倒是使 CEO 收入大漲。與三四十年前相比，美國市場集中度上升，進入市場的新企業比例下降，領先企業與其他企業在生產率和利潤率方面差距不斷拉大，競爭變弱和壟斷租值上升。大公司的避稅更為可恥，因為公司以及股東受益於國家提供的公共產品：安全、法律制度、基礎設施、受過良好教育的勞動力和穩定的社會政治環境。公司還通過遊說支持扭曲的和不公平的稅收漏洞，反對針對合併、反壟斷、金融不端行為、環境與勞動市場進行必要的監管，租值同時被創造出來。隨著西方經濟體在收入分配方面變得更加拉美化，它們的政治也變得更加拉美化。民粹主義者愈發仇外，並推動一種被操縱的有利於精英人士的資本主義。這些活動很可能最終導致西方自由民主制度本身的衰落與滅亡。

第二節　疫情給世界經濟帶來嚴重衝擊

由於各種風險的長期累積，疫情對世界經濟的衝擊被迅速放大。如果疫情持續蔓延，世界經濟還可能陷入較長時間的低迷。

一、疫情蔓延衝擊世界經濟

近年來，越來越多國家出現了低增長、低通脹、低利率和高債務、高收入差距、高資產價格的 "三低三高" 有毒組合，在疫情的推動下各種風險不斷累積和暴露，世界經濟逐步陷入衰退。為此，一些國際機構陸續大幅下調世界經濟增長預期。2020 年 3 月 23 日，世界銀行行長戴維·馬爾帕斯在 G20 財長視頻會議上表示，世界經濟將會出現嚴重衰退。同日，總部設在美國華盛頓的國際金融協會（IIF）發佈的《全球宏觀觀察》報告稱，受新冠疫情在全球蔓延導致經濟活動停滯、石油價格暴跌及不斷累積的信貸壓力等因素影響，2020 年世界經濟將出現 2009 年以來的首次負增長，經濟增長率為 −1.5%。[1] 4 月 14 日，IMF 發佈《世界經濟展望》報告稱，2020 年世界經濟將出現 20 世紀 30 年代大蕭條以來最糟糕的經濟後果，經濟增速將跌至 −3%。[2] 與 2020 年 1 月預測相比，這一預測值下調了 6.3 個百分點。這是該組織自成立以來在如此短的時間內對世界經濟增速作出的最大幅度的修正。6 月 24 日，IMF 發表更新後的《世界經濟展望》，再次將世界增長率的預測值下調 1.9 個百分點至 −4.9%。其中，2020 年發達經濟體的經濟增速為 −8.0%，較上年下降 9.7 個百分點；新興市場與發展中經濟體的經濟增速為 −3.0%，較上年下降 6.7 個百分點。[3]

新冠疫情在全球迅速蔓延，加速了美國等主要發達經濟體長期累積風險的暴露。2007 年美國次貸危機爆發後，美國經濟經過一年的調整後走上復甦之路，由於非常規貨幣政策的實施，股市更是維持了長達 10 年的大牛市，堆積起了很厚的資產泡沫。根據 WIND 數據庫數據，2019 年末美國股市總市值約為 47.18 萬億美元，佔國內生產總體（GDP）的比例高達 220%，遠遠超過國際金融危機前的 2007 年水平。除了超低利率環境外，公司回購股票也是導致股價上升的重要原因。然而，無論從實體經濟還是金融市場的表現來看，當前的形勢正在發生改變，並首先在作為未來經濟晴雨表的股市得到充分表現。2020 年 3 月 9 日，美國股市開盤僅四分鐘因跌幅達到 7% 而觸發熔斷，美國道瓊斯工業平均指數、納斯達克 100 指數和標準普爾 500 指數三大股指收盤跌幅均超過 7%。這是 1997 年 10 月 27 日以來美股第二次觸發熔斷。3 月 12 日，美股再度觸發熔斷，創造了一週出現兩次的歷史記錄。3 月 16 日，在美聯儲前一日緊急宣佈將基準利率下調 100 個基點至 0% 到 0.25%，並推出 7000 億美元大規模量化寬鬆計劃的前提下，美股開盤即觸發熔斷，道瓊斯工業平均指數收盤超過 12.9%，創 1987 年以來最大單日跌幅。3 月 18 日，道瓊斯工業平均指數再次觸發熔斷。在宏觀政策、經濟實績和資產價格相互脫節的大背景下，美國股市出現 30% 的調整純屬正常。因此，也就不難理解美國股市在不到 10 個交易日發生 4 次熔斷這種世界股票歷史上絕無僅有的現象了。美國股市暴跌說明美國等發達經濟體股市泡沫已達到前所未有的高度，各種經濟風險也已達到前所未有的水平，以至

1　Robin Brooks and Jonathan Fortun, *Global Macroeconomic View: Global Recession*, March 23, 2020, www.iif.com.

2　IMF, *World Economic Outlook, The Great Lockdown*.

3　IMF, *World Economic Outlook Update: A Crisis Like No Other, An Uncertain Recovery*, June 2020, www.imf.org.

於任何擾動均有可能引發市場的劇烈震蕩，而疫情或其他突發事件均可成為引爆各種累積風險的“導火索”。儘管此後美國股市出現反彈，但美國股市大幅波動所釋放的信號在深層次上反映了市場對未來美國經濟的深度擔憂。

在此背景下，市場對美國經濟形勢的預測越來越悲觀。2020 年 3 月 16 日，美國加州大學洛杉磯分校安德森商學院發佈的一項報告顯示，美國經濟正在步入衰退，預計 2020 年第二季度和第三季度的 GDP 將分別下降 6.5% 和 1.9%，全年 GDP 將較上年下降 4.0%。[1] 3 月 21 日，世界知名對衝基金橋水估計，新冠疫情將導致美國企業損失 4 萬億美元，如果沒有得力的貨幣和財政政策支持，2020 年美國經濟將收縮 6% 以上。[2] 2020 年 6 月 IMF《世界經濟展望》預測，2020 年美國經濟增速較上年下降 10.3 個百分點至 −8.0%。面對正在陷入的經濟衰退，美國很難推出有效的應對政策工具。在貨幣政策上，基準利率的下限已調到零，而財政政策空間也十分有限。特朗普上台後，由於推出大規模減稅措施，財政赤字水平有所回升。債務問題既是美國政府經濟問題的集中反映，也是推升美國經濟風險的重要因素。當前，新冠疫情導致美國股市產生如此劇烈的反應，充分表明美國的經濟風險已處於高位，以至於任何擾動均有可能引發市場的劇烈震蕩。而新冠疫情正在成為引爆各種累積風險的“導火索”。一旦美國的各種經濟風險暴露，不僅會對美國經濟帶來衝擊，其作為全球最大的經濟體也必將對其他國家產生強大的負面溢出效應，並成為影響世界經濟未來走勢的重要影響因素。

中長期來看，主要發達經濟體的經濟依然困難重重。歐洲很多國家和日本已將名義利率設置為負值，如今美國正在向它們靠攏，美聯儲也已將基準利率的下限調至 0%。正是憑藉超低利率和各國央行不同版本的量化寬鬆政策，一些國家才勉強把 GDP 增速托舉到 1% 左右。值得注意的是，負利率是非常態的，但由於很多國家的決策者承擔不起經濟衰退的政治後果，貨幣政策正常化一直僅停留在口頭上。美國政府和貨幣當局在政策上對股災作出如此劇烈的反應，只能是飲鴆止渴，並將會把 2008 年金融危機以來長期存在的結構性問題延續下去，把世界經濟拖入負利率時

1　David Shulman, “U.S. Forecast: The Sum of All Fears”, *March 2020 Interim Forecas*t, March 12, 2020, www.anderson.ucla.edu/centers/ucla-anderson-forecast/2020-recession.

2　Greg Jensen, et al., *The Coronavirus's $4 Trillion Hit to US Corporations*, March 19, 2020, www. bridgewater.com.

代。貨幣政策很難對長期存在的結構性問題產生實質性影響，並且還會固化長期存在的所謂"三低三高"問題。

隨著疫情向越來越多的新興市場國家和發展中國家擴散蔓延，疫情對這些國家經濟的衝擊不斷加大。在疫情蔓延較快或疫情形勢較為嚴峻的新興經濟體，疫情對經濟的短期衝擊已逐步顯現，旅遊、航空運輸、酒店、餐飲等消費服務業和外貿相關產業的正常運行受到嚴重阻礙，居民消費支出受到直接衝擊，企業投資意願下降。中長期看，經濟活動停滯可能導致產業鏈、供產鏈、價值鏈重組及完整性受損。這些衝擊不僅表現在實體經濟遭受嚴重損失上，還表現在資本市場動蕩、資本外流加大、債務風險上升等方面。在 G20 領導人特別峰會上，國際貨幣基金組織總裁格奧爾基耶娃也警示了新興市場和發展中國家面臨的風險，包括疫情本身帶來的公共衛生風險、世界經濟的突然停滯、資本外流等問題。

總之，疫情已對世界經濟帶來巨大衝擊，2020 年世界經濟出現負增長將難以避免。國際社會的應對將相對以往的經濟危機更為棘手，世界經濟還可能會因此陷入較長時期的低迷。2020 年 3 月，美國大西洋理事會高級研究員安德斯·阿斯倫德（Anders Aslund）在報業辛迪加（*Project Syndicate*）刊發了一篇題為〈特朗普的全球衰退〉的文章，指出當前的全球衰退相比 2008 年金融危機時期，最顯著的區別在於特朗普執政帶來的美國領導力的缺失，同時全球債務水平急劇攀升，特別是美國的公共債務佔 GDP 的比例達到二戰以來的最高水平。[1] 這使世界各國難以有效阻止和應對新冠疫情引發的世界經濟衰退。

二、世界經濟面臨多重挑戰

當今時代，國際社會日益成為一個你中有我、我中有你的"命運共同體"，面對複雜嚴峻的全球疫情防控形勢和世界經濟挑戰，任何國家都不能獨善其身，唯有加強合作才是世界各國應對全球挑戰和建設人類美好家園的正確選擇。尤其是全球主要經濟體，更要加強團結、攜手並進，共同擔負維護全球價值鏈順暢和重振世界經濟復甦的責任。值得欣慰的是，G20 領導人已就重振信心、維護金融穩定、恢復並

1　Anders Aslund, "Trump's Global Recession", *Project Syndicate*, March 14, 2020, news.cgtn.com/news/2020-03-14/Trump-s-global-recession-OQyfnPEpMI/index.html.

實現更強勁的增長達成共識。考慮到世界經濟和當前疫情的發展態勢，國際社會需要繼續在以下方面加強團結、形成合力：

一是塑造經濟增長動力。短期來看，各國應加強宏觀經濟政策協調，搭配使用合理的財政政策和貨幣政策手段刺激經濟。在這方面，G20成員在應對新冠病毒特別峰會上已確定向全球經濟注入5萬億美元資金。這向國際社會釋放了全球主要經濟體加強團結合作的強有力信號，有利於恢復市場信心、提振世界經濟復甦的士氣。這筆資金將為受到疫情衝擊的全球經濟提供支持，並在很大程度上緩解當前世界經濟下行壓力。同時，這一舉措取得的積極效果，還將為進一步的資金投入和團結合作奠定堅實的基礎。長期來看，經濟增長關鍵在於勞動生產率增長。當前，無論是發達經濟體還是新興市場與發展中經濟體，勞動生產率增速均處於下降通道。這需要世界各國在技術創新、國際分工、人力資本積累和體制機制改革上加強協作，共同創造世界經濟增長的源泉。

二是共同維護市場開放。近年來，世界經濟深受單邊主義和保護主義政策的衝擊。更重要的是，單邊主義和保護主義還在很大程度上挫傷了各國推行對外開放政策和參與全球價值鏈分工的信心和決心，並導致越來越多的國家將降低對外依存度作為經濟政策的核心內容之一。疫情發生後，國際經貿活動受到嚴重干擾，重要醫療用品、關鍵農產品和其他商品與服務的跨境流動受阻，全球供應鏈面臨中斷風險。為此，國際社會需要共同創造自由、公平、非歧視、透明、可預期和穩定的貿易投資環境，推動實現保持市場開放的目標。

三是有力控制債務風險。隨著經濟增長放緩，世界主要經濟體都實施了大規模減稅政策，政府債務水平屢創新高。據2019年10月IMF預測數據顯示，2019年發達經濟體政府總債務佔GDP的比例為103.1%，比2007年高32.2個百分點；新興市場與發展中經濟體政府總債務佔GDP的比例為53.3%，比2007年高17.6個百分點。在主要發達經濟體中，2019年美國和日本的政府總債務佔GDP的比例分別為106.2%和237.7%，較2007年分別高41.6個和62.3個百分點。[1]同時，私人債務也大幅攀升。2019年10月，IMF發佈的《全球金融穩定報告》研究了美國、中國、日本、德國、英國、法國、意大利和西班牙等8個全球主要經濟體並提出警告說，由

---

1   IMF, *World Economic Outlook: Global Manufacturing Downturn, Rising Trade Barriers,* October 2019 www.imf.org.

於利率超低，投資者購買的高風險債券總額可能在 2021 年達到 19 萬億美元，佔企業債餘額的 40%。[1]如果發生違約，很可能導致企業版的"次貸危機"。以國內生產總值（GDP）衡量的影子銀行脆弱性在 80% 的經濟體中有所加劇，這是全球金融危機最嚴重時才出現的情形。在一些新興市場和發展中國家，外債壓力不斷加大。2007至 2019 年間，全球有 48 個新興經濟體的外債依存度明顯上升。在疫情影響下，世界經濟增長大幅放緩，在各種大規模刺激性政策的推動下，債務風險將大大提升。

四是關注負利率政策的危害。在政策利率層面，負利率主要指央行對商業銀行實施負超額存款準備金利率。在存貸利率層面，是指銀行直接向儲戶攬收和發放名義利率為負的存貸款。在市場利率層面，負利率以前主要指債券在剩餘期限內支付的利息總額低於投資者為購買債券支付的溢價，如日本和歐洲等國家和地區則出現了名義收益率為負的債券及其規模的快速增長。為應對疫情對資本市場和實體經濟帶來的重大衝擊，美聯儲於 2020 年 3 月 15 日緊急宣佈將基準利率的下限調至零利率水平。市場普遍認為，美聯儲距離負利率不再遙遠。負利率的出現與擴散，對世界經濟帶來的影響複雜而廣泛，既有直接影響也有間接影響。但總體來說，它將成為各種風險聚集和累積的溫床，並產生難以應對的負面效應，如擠壓商業銀行盈利空間、降低企業提高效率的積極性和弱化抗擊風險的能力、擾亂市場機制配置資源的基礎性功能、激勵投機者借貸並投向高風險資產、加劇發展中國家和新興經濟體貨幣錯配風險等。此外，負利率政策將進一步收窄各國應對經濟衰退的政策空間。

五是加大防範社會矛盾激化。2019 年以來，英國、法國、意大利、西班牙、印度、伊朗、伊拉克、黎巴嫩、智利、厄瓜多爾、玻利維亞、哥倫比亞、幾內亞、埃塞俄比亞等國均發生大規模反政府抗議活動並升級為暴亂，造成嚴重傷亡和財產損失。社會暴亂的頻頻發生與相關經濟增長持續低迷、收入分化加大和中產階級的萎縮以及民族、宗教矛盾升級和民粹主義思潮盛行密切相關，外部勢力的干預也是很多國家暴亂不斷升級的主要原因之一。從深層次原因來看，此起彼伏的國內動亂反映了新的時代背景下一些國家政府治理能力弱化、高等教育人口比例攀升帶來的就業不足和就業脆弱性、信息技術普及引起的民眾權利意識覺醒。聯合國秘書長古特雷斯認為，雖然各國暴亂的情況各異，但很顯然民眾和政治機構之間的信任缺失日

---

1   IMF, *Global Financial Stability Report: Lower for Longer*, October 2019, www.imf.org.

益嚴重，社會契約面臨的威脅日益增長。這些問題和趨勢短期內難有根本性改變，在疫情的衝擊下，一些新的社會問題和矛盾不斷湧現，國際社會將有可能進入較長時期的動亂多發期，並對世界經濟產生深遠影響。

第三節　中國在世界經濟中將扮演更重要角色

中華人民共和國成立 70 多年來，在各種外部衝擊和內部挑戰面前，中國經濟展現了持續向前的強大韌性和定力，不斷釋放持續高速增長的潛力。同以往中國經濟經歷的各種挑戰一樣，當前的新冠疫情暫時帶來的負面影響不僅不會改變中國經濟長期向好的發展勢頭，還將賦予中國在世界經濟中更加重要的角色。

一、中國助力國際社會抵禦疫情衝擊

為抵禦疫情給世界經濟帶來的衝擊，中國為有關國家抗擊疫情提供了必要幫助，並同世界各國加強了協調與合作，共同應對當前世界經濟面臨的威脅和挑戰。中國始終同世界衛生組織保持密切溝通，及時同國際社會分享疫情信息、防控救治經驗和醫療研究成果，積極為發展中國家和其他有需要的國家提供醫療物資和技術支持，以實際行動推動有關各方開展聯防聯控和科研攻關合作，充分展現了負責任大國形象。同時，中國積極推動有關各方加強聯合國、G20 等框架下的宏觀經濟政策協調，為各國穩市場、保增長、保民生和確保全球供應鏈開放、穩定、安全發揮了建設性作用。儘管經濟發展受疫情衝擊，但中國對外開放的腳步沒有因為疫情而停止。為暢通全球產業鏈和提振世界經濟增長，中國還推出了進一步優化營商環境和一系列加強國際經貿、投資和擴大金融開放的新舉措。

在疫情防控方面，中國秉持人類命運共同體理念，積極為國際社會提供必要援助。從疫情伊始，中國就及時同國際社會分享新冠病毒研究信息和總結出來的相對成熟的診療方案和技術路線，為相關國家疫情控制提供了重要的經驗和技術支撐。

早在 2020 年 2 月 19 日，WHO 總幹事譚德塞在新冠疫情代表團通報會上就明確表示，由於中國積極努力控制疫情，使得有機會防止發生更廣泛的全球危機。目前，中國的疫情防控工作已取得顯著成效，現有確診病例大幅下降，醫療系統救治患者的壓力大大緩解。隨著復工復產的推進，醫護用品生產企業產能大幅增加，口罩、消毒用品等防護物資的短缺問題基本得到解決。作為已積累豐富抗擊新冠疫情經驗的國家，中國同 WHO 等國際機構密切溝通和協作，正在採取積極行動幫助國際社會抗擊疫情，為發生疫情的國家尤其是疫情嚴重的國家和應對能力有限的發展中國家的疫情防控和減少疫情影響提供力所能及的幫助。

在應對政策方面，中國積極倡導充分發揮 G20 等國際組織的作用，積極推動宏觀經濟政策的國際協調和國際發展合作取得新進展。作為全球經濟治理的首要平台，G20 合作機制在應對 2008 年國際金融危機和促進危機後世界經濟復甦方面取得了積極成效。在世界經濟再次面臨衰退風險時，G20 不僅仍是各國宏觀經濟政策協調的重要平台，也是各個國際機構政策協調的重要樞紐。相比 10 年前，中國能夠在推動 G20 框架下的全球經濟治理方面發揮更加重要的建設性作用，並在 G20 領導人應對新冠肺炎特別峰會上得到充分體現。為了凝聚全球戰勝疫情的強大合力和提振世界經濟復甦士氣，國家主席習近平在 G20 領導人應對新冠肺炎特別峰會上提出了堅決打好新冠肺炎疫情防控全球阻擊戰、有效開展國際聯防聯控、積極支持國際組織發揮作用、加強國際宏觀經濟政策協調的倡議。[1] 同時，在疫情衝擊下，更要充分挖掘 "一帶一路" 國際合作的巨大動能和潛力，通過拓展第三方市場合作，帶動越來越多的發達國家和發展中國家參與共建 "一帶一路" 和推動區域和全球經濟一體化進程，不斷塑造國際經貿合作和世界經濟增長的動力。

二、中國將繼續引領世界經濟增長

作為世界第二大經濟體，中國經濟長期保持較高增速。中共十八大以來，中國積極踐行新發展理念，以供給側結構性改革為主線，著力深化改革、擴大開放，不斷創造經濟高質量發展的動能。2019 年，面對複雜嚴峻的國際環境和艱巨繁重的改

1　習近平：〈攜手抗疫共克時艱——在二十國集團領導人特別峰會上的發言〉，《人民日報》，2020 年 3 月 27 日第二版。

革發展穩定任務，中國經濟運行總體平穩，質量效益穩步提升，為決勝全面建成小康社會和決戰脫貧攻堅奠定了堅實基礎。據 2020 年 1 月 17 日國家統計局公佈的初步核算結果，2019 年中國 GDP 總量超過人民幣 99 萬億元，穩居世界第二位；實際增速為 6.1%，遠高於美歐日等主要發達經濟體。[1] 中國經濟帶動了世界經濟增長約 1 個百分點，足見中國對世界經濟增長的貢獻度之大。

在新冠疫情爆發後，中國經濟遭受了較大衝擊，但中國對世界經濟的引領作用不僅不會下降，還將進一步凸顯。得益於有效的疫情防控和穩定經濟運行的政策舉措，中國經濟逐步向平穩有序的方向邁進，並展現出了較強的韌性。在中國疫情防控防輸入壓力不斷加大的情況下，全國疫情防控形勢持續向好、生產生活秩序正在加快恢復的態勢沒有改變。在國家政策的推動引領下，統籌疫情防控與復工復產，引領世界經濟擺脫疫情衝擊。目前，恢復和穩定就業、暢通交通運輸、保障市場供給等各項工作有序推進，全國產業鏈各環節協同復工復產工作取得積極進展。得益於各項有針對性的財政貨幣等政策支持以及口罩、消毒用品等防護物資的充分保障，截至 2020 年 5 月 18 日全國規模以上工業企業平均開工率和職工復崗率分別達到 99.1% 和 95.4%，基本恢復正常水平。在農業生產上，通過推動農資生產企業復工復產和農村地區種子、化肥、農藥等農資產品批零門店開業運營，農業生產得到有力保障。

從短期來看，中國合理運用財政政策和貨幣政策工具，支持各行業復工復產已取得顯著成效。在財政政策上，中國適度提高赤字率，加大了對實體經濟的支持力度。在落實近年已經出台的財政貼息、大規模降費、緩繳稅款等政策的基礎上，還出台了疫情期特別減稅降費政策。在貨幣政策上，通過下調商業銀行和存款金融機構的法定存款準備金率等手段，為受疫情影響較大的行業、民營和小微企業精準提供信貸支持。長期來看，中國加大對創新發展的支持，促進產業鏈水平的提升，不斷推動供給側結構性改革取得新突破，推動經濟高質量發展。中國經濟穩定向好，世界經濟也就有了向好發展的動力。儘管受到疫情衝擊，但中國經濟將對世界經濟發揮更大的引領和推動作用。國際金融協會預測數據顯示，2020 年中國經濟增速將領先世界經濟增速 4.3 個百分點，比 2019 年增加 0.8 個百分點；領先發達經濟體經

---

1 國家統計局：〈2019 年國民經濟運行總體平穩發展主要預期目標較好實現〉，2020 年 1 月 17 日，www.stats.gov.cn。

濟增速 6.1 個百分點，比 2019 年增加 1.6 個百分點。[1] IMF 測數據顯示，在大幅下調世界經濟的預期後，中國成為 2020 年全球唯一保持正增長的主要經濟體，經濟增速將領先世界經濟增速 5.9 個百分點，比 2019 年增加 2.7 個百分點；領先發達經濟體經濟增速 9.0 個百分點，比 2019 年增加 4.6 個百分點。[2]

展望未來，中國經濟發展潛力依然巨大，中國仍將是世界經濟的 "火車頭"。中國擁有逾 14 億人口的巨大市場，民眾對美好生活的需要能夠創造巨大需求，僅釋放擴大內需的潛力就可以保持經濟平穩增長。中國的工業化、信息化、城鎮化、農業現代化持續推進，新的經濟發展方式正在加速形成，不斷推動經濟持續健康發展。同時，開放型經濟新體制建設邁向更高水平，更大範圍、更寬領域、更深層次的全面開放穩步推進，為更好利用國際國內兩個市場、兩種資源創造新的條件。由此可見，中國經濟的發展動力依然強勁，對世界經濟的引領作用還將進一步提升。中國將繼續堅持共商共建共享原則和倡導人類命運共同體理念，為推動世界經濟強勁、可持續、平衡、包容增長做出更大貢獻。

（本章執筆：張宇燕、徐秀軍）

1　Robin Brooks and Jonathan Fortun, *Global Macroeconomic View: Global Recession*, March 23, 2020, www.iif.com.

2　同上。

第十三章

如何應對
世界經濟衰退的影響

面對疫情大流行引發的世界經濟深度衰退，世界主要經濟體迅速採取了紓困和救助政策。加強國際合作共抗疫情，穩定並恢復經濟是應對疫情大流行的必然選擇。這次疫情衝擊導致的全球危機本質上是民生危機，建議及時推出並實施一攬子紓困救助計劃，保居民就業、保基本民生、保市場主體、保糧食能源安全、保產業鏈供應鏈穩定、保基層運轉，堅定實施擴大內需戰略，維護經濟發展和社會穩定大局。非常時期財政和貨幣政策要加大逆週期調節力度。同時要推出一攬子配套政策和有效的改革舉措。

第一節　世界主要經濟體的應對政策

新冠疫情爆發之後，各國紛紛採取了包括貨幣政策和財政政策在內的政策應對組合，以支持疫情防控，並希望避免經濟陷入大衰退。本節對美國、歐洲、日本等主要發達經濟體的應對政策措施進行匯總梳理，並加以簡要總結。

一、貨幣政策應對

貨幣政策方面，美聯儲的應對最具代表性。新冠疫情在美國擴散加劇之後，美聯儲迅速採取了一系列政策措施加以應對，主要包括如下三方面內容：

第一，以極快的速度大幅下調政策利率。2020 年 3 月 3 日，美聯儲在原定議息會議召開之前，臨時宣佈政策，下調聯邦基金目標利率區間 50 個基點。3 月 15 日，美聯儲再度在原定議息會議召開之前下調聯邦基金目標利率區間 100 個百分點。連續兩次降息之後，目前美聯儲聯邦基金目標利率已經降至 0% 至 0.25% 區間，達到所謂的 "零利率"。

第二，以超常規的手段實施開放式量化寬鬆。3 月 15 日，美聯儲推出了總量達 7000 億美元的國債和 MBS 資產購買計劃，開啟了新一輪量化寬鬆（QE）。3 月 23 日，美聯儲又對量化寬鬆政策進行了升級：一是取消了購買額度上限，轉為 "按市場條件需要購買”。換言之，由限量量化寬鬆，轉向不限量的、開放式量化寬鬆。二是擴大量化寬鬆購買資產的標的範圍，將商業抵押支持證券（CMBS）、ETF 基金乃至單個公司證券等資產納入購買對象。

第三，重啟或新創設了多種信貸支持工具，以便更多資金流向企業、居民和金融機構。一是重啟了 2008 年金融危機時用過的 “期限資產支持證券貸款便利”（TALF），以促進資金最終流向學生貸款、汽車貸款、信用卡貸款、小企業局擔保貸款等底層資產。二是創設了兩項新的信貸支持計劃，對大型雇主進行定向支持，分別為 “一級市場公司信貸便利”（PMCCF，即直接從一級市場購買投資級公司新發行的債券）以及 “二級市場公司信貸便利”（SMCCF，即從二級市場購買存量投資級公司債券和相關 ETF 產品）。

總體來看，美聯儲在美國疫情大流行之後的兩週之內連續兩次在常規議息會議召開間隙進行降息操作，並開啟不設上限的開放式量化寬鬆，如此之快的反應速度和力度均超過了 2008 年 “次貸危機” 時期，在美聯儲歷史上是不多見的。之所以如此，一方面是受到 2 月下旬以來金融市場劇烈震蕩之後的被動政策調整；另一方面，也是因為美聯儲已經充分認識到疫情可能給美國經濟造成較大負面衝擊，擔心美國經濟陷入嚴重衰退。

歐洲央行和日本央行在疫情大流行之後，也採取了與美聯儲相類似的應對措施。唯一的區別在於，由於歐洲央行和日本央行的政策利率已經較低，不具備繼續降息的空間，因而貨幣政策應對主要是圍繞 “量” 展開的。歐洲央行一方面增加了資產購買規模，提出在 2020 年底前實施總額為 7500 億歐元的資產購買計劃；另一方面擴大了量化寬鬆所購買的資產標的範圍，並降低了 MROs、LTROs、TLTROs 等低再融資操作的抵押品標準。與此同時，歐洲央行銀行業監督委員會還宣佈臨時性地降低對銀行的資本金監管要求，旨在鼓勵銀行更多投放信貸；並要求商業銀行在 2019 和 2020 財年不發放紅利，在新冠疫情期間不回購股票，旨在希望資本金用於支持向家庭和企業發放信貸以及消化不良貸款。

日本央行在疫情擴散之後亦推出多項舉措以確保金融市場穩定、鼓勵信貸投放。具體包括：通過增加購買國債的規模和頻率定向投放流動性；通過特殊資金供應操作向金融機構提供貸款，從而為企業部門融資提供支持；加快日本央行購買 ETFs 和日本 REITs 的節奏；臨時性增加定向購買商業票據和公司債券的規模。此外，日本在疫情爆發之後也降低了對商業銀行的風險考核要求，允許商業銀行對公共擔保貸款賦予零風險權重。這也可以看作是財政政策與貨幣金融政策協調配合的一種具體方式。

總之，新冠疫情大流行之後，美歐日等主要經濟體均以較快的反應速度，實施了較大幅度的貨幣政策操作：一是在“價”上，美聯儲迅速降低政策利率，將政策利率壓至零利率，引導各類市場利率下行，從而降低實體經濟的融資成本。二是在“量”上，美歐日央行均增加了量化寬鬆購買資產的額度，同時擴大了購買資產的標的範圍，向市場投放充裕的流動性，避免流動性緊縮。三是宣佈階段性地降低對銀行等金融機構的考核要求，鼓勵金融機構向企業和居民增加信貸投放，允許企業和居民延期償還本息。

二、財政政策應對

如果說美歐日等主要經濟體在新冠疫情大流行之後的貨幣政策應對策略與 2008 年全球金融危機之後大同小異的話，那麼大力度的財政政策則是大流行之後主要經濟體應對策略的一個突出特點。美歐日等各國政府在疫情大流行之後，均推出了大規模財政支出計劃。

美國政府通過《CARES 法案》、《薪資保護項目與醫療鞏固法案》、《新冠肺炎疫情準備和應對專項補充法案》和《家庭優先新冠肺炎疫情應對法案》，[1] 合計推出了總額高達約 2.4 萬億美元的一攬子財政政策計劃，規模約相當於美國 GDP 的 11.5%。具體內容包括：一是針對個人的稅收返還 2500 億美元；二是失業福利 2500 億美元；三是針對最弱勢群體的食品保障計劃 240 億美元；四是為防止企業破產的貸款、擔保以及支持美聯儲計劃共計 5100 億美元；五是為幫助小企業保留就業崗位的小企業局貸款和擔保計劃共計 3590 億美元；六是醫院投入 1000 億美元；七是向州政府和地方政府轉移支付 1500 億美元；八是國際救助資金約 499 億美元；等等。

歐盟財政部長會議同意成員國可以為應對疫情影響和支持經濟而靈活把握財政預

1　全稱分別為 “Coronavirus Aid, Relief and Economy Security Act (‘CARES Act’)”，“Paycheck Protection Program and Health Care Enhancement Act”，“Coronavirus Preparedness and Response Supplemental Appropriations Act” 和 “Families First Coronavirus Response Act”。

算,可暫時不遵守歐盟的財政紀律要求,允許各成員國財政赤字佔 GDP 比重超過 3%的傳統警戒線。截至 2020 年 4 月 9 日,歐盟及其成員國提出了總額約為 5400 億歐元的一攬子財政政策計劃,大約相當於歐盟 27 個國家 GDP 總和的 4%。具體內容包括:一是允許"歐洲穩定機制"(ESM)為歐元區各成員國提供不超過 2019 年 GDP 2%的資金(總額為 2400 億歐元),用於健康相關支出;二是為歐洲投資銀行提供 250 億歐元政府擔保,從而向企業(尤其是中小企業)提供上限為 2000 億歐元的資金支持;三是設立旨在保護勞動者和工作崗位的規模為 1000 億歐元的臨時性貸款工具 SURE,由歐盟成員國提供擔保。5 月 8 日,歐盟委員會以補充文件的形式進一步強化了對成員國經濟和債務的支持,將臨時政策框架的有效期延長至 2020 年底或 2021 年 6 月。

在歐盟層面,歐盟委員會提出了總額約為 370 億歐元(大約相當於 2019 年歐盟 27 個國家 GDP 的 0.3%)的財政政策計劃。具體包括:設立"新冠疫情應對投資計劃",支持醫院公共投資、中小企業和就業市場;將公共健康危機納入歐盟團結基金支持範圍,2020 年可為疫情嚴重的成員國提供上限為 8 億歐元的支持;在歐盟預算中拿出 10 億歐元為歐洲投資基金提供擔保,從而激勵銀行為中小企業提供融資;允許延期償還債務。

除了歐盟層面的應對措施之外,歐洲各國在國家層面也紛紛推出了力度較大的財政政策計劃:德國聯邦政府提出了總額為 1560 億歐元的補充預算,相當於德國 GDP 的 4.9%。法國政府宣佈了 1000 億歐元的財政計劃以應對疫情危機,包括流動性支持在內總規模超過法國 GDP 的 4%。意大利政府提出了總額為 250 億歐元的緊急財政計劃,相當於意大利 GDP 的 1.4%。

日本政府推出了總額為 117.1 萬億日元的一攬子財政政策計劃,大約相當於日本 GDP 的 21.1%。具體措施主要包括對受疫情影響的家庭和企業發放現金、延遲稅收和社保繳納、貸款優惠等三個方面,從而實現四方面的政策意圖:一是支持疫情防控,擴大診療能力;二是保護勞動者和企業;三是促進疫後經濟活動恢復;四是增強日本經濟結構的彈性。

總之,新冠疫情大流行之後,美歐日等主要經濟體均推出了較大規模的財政政策計劃。其目的一方面是為了增強病毒檢測、患者救治能力,支持疫情防控;另一方面是為了對受疫情影響的居民和企業進行救助和紓困,從而儘可能地保住就業機會,維持經濟的基本運轉。

第二節　加強國際合作，應對全球經濟衰退

新冠疫情已經成為本世紀以來最為嚴重的全球公共安全危機，成為"百年未有之大變局"中新的重大變局因素，將使得全球經濟陷入程度或僅次於"大蕭條"的大衰退。然而不同於"大蕭條"產能過剩式經濟衰退，本次經濟衰退源於各國前所未有的"大封鎖"（Great Lockdown），即經濟衰退是應對疫情的需要和必然結果。有效控制疫情是解除封鎖和恢復經濟的重要前提。

在全球化時代，在有效治療藥物和疫苗研製出來並被普遍推廣應用之前，只要疫情不能在全球範圍內得到控制，任何一個國家都無法獲得絕對安全，封鎖措施就不便完全解除，對經濟的封鎖效應便難以消除。特別是醫療衛生條件相對較弱的發展中國家在應對疫情方面面臨特殊困難。這決定了加強國際合作共抗疫情、穩定並恢復經濟是應對本次疫情大流行的必然選擇。

一、國際合作應對情況與面臨的特殊困難

1. 國際合作應對情況

目前針對新冠疫情全球大流行對世界經濟造成的負面影響，已經有國家集團、國際組織、同盟國家、各國政黨等以發聯合聲明或聯手施予紓困措施等方式採取集體行動，共克時艱。

G20 是最早作出反應、倡導合作應對疫情穩定經濟的組織。早在 2020 年 2 月23 日，G20 該年度首次央行行長和財政部長會議召開之時，部長們就在發佈的聯合聲明中表示："我們將加強全球風險監測，包括最近爆發的 COVID-19。我們隨時準備採取進一步行動應對這些風險。"[1] 之後，G20 及時跟進疫情演變，認識到採取共同行動穩定經濟的重要性，並在相對較短時間內制定出共同行動計劃。

首先是在 2020 年 3 月 6 日，G20 央行行長和財政部長專門針對新冠肺炎發表聯合聲明，表示"我們正在密切監測 COVID-19 的演變，包括其對市場和經濟狀況

---

[1] G20 Finance Ministers & Central Bank Governors Meeting, "Communiqué G20", February 22–23, 2020, Riyadh, Saudi Arabia，https://g20.org/en/g20/Pages/documents.aspx[2020-04-11].

的影響。我們歡迎各國提出的支持經濟活動的措施和計劃。我們準備採取進一步行動，包括酌情採取財政和貨幣舉措，協助應對病毒，在這一階段支持經濟，保持金融體系彈性。"[1] 接著 G20 協調人在 3 月 12 日發表〈二十國集團協調人關於新冠肺炎的聲明〉，強調 "此次大流行亟需國際社會積極應對"。[2]

更為重要的行動發生在 3 月下旬。在 G20 成員國韓國和永久受邀國西班牙的建議下，G20 及時進行協調，於 3 月 26 日召開領導人視頻特別峰會，作出 "將向全球經濟注入 5 萬億美元，以抵禦大流行的社會、經濟和金融影響" 和 "實現自由、公平、非歧視、透明、可預測和穩定的貿易和投資環境，保持市場開放" 的承諾，並要求財長們儘快制定共同行動計劃。[3]

4 月 15 日 G20 召開財長和央行行長視頻會議，討論了新冠疫情下的全球經濟形勢，落實了 G20 領導人特別峰會三項重要成果：[4] 一是核准了《G20 行動計劃——支持全球經濟渡過新冠肺炎危機》，明確了應對疫情的指導原則和下一步具體行動；二是通過了 G20 "暫緩最貧困國家債務償付倡議"，以應對疫情導致的低收入國家債務脆弱性風險；三是緊急動員世界銀行和 IMF 等國際組織資源支持發展中成員應對挑戰。[5]

國際金融組織和 G7 集團在 3 月初幾乎同時採取行動，擬定穩定經濟措施。3 月 2 日，IMF 總裁與世界銀行行長發表聯合聲明，表示準備幫助成員國應對新冠疫情帶來的生命健康和經濟挑戰。[6] 次日，世界銀行宣佈向受新冠疫情影響的 60 多個國

1　G20 Finance Ministers and Central Bank Governors, "Statement on COVID-19", March 6, 2020, https://g20.org/en/media/Documents/G20%20Statement%20on%20COVID-19%20-%20English.pdf[2020-03-28].

2　〈二十國集團協調人關於新冠肺炎的聲明〉，中國外交部網站，2020 年 3 月 13 日，https://www.fmprc.gov.cn/web/wjbxw_673019/t1755427.shtml[2020-04-11]。

3　Extraordinary G20 Leaders' Summit, "Statement on COVID-19", Riyadh, Saudi Arabia, March 26, 2020, http://www.g20.utoronto.ca/2020/2020-g20-statement-0326.html[2020-04-11].

4　財政部有關負責人就二十國集團財長和央行行長會議接受記者採訪答問，中國財政部官網，2020 年 4 月 17 日，http://www.mof.gov.cn/zhengwuxinxi/caizhengxinwen/202004/t20200417_3499844.htm。

5　會議要求世界銀行等多邊開發銀行向其發展中成員提供緊急融資支持，總金額達 2000 億美元，要求 IMF 準備好動員其 1 萬億美元的貸款能力，並進一步動員資源，包括研究設立新的融資支持工具等，為發展中成員提供更多資金支持和服務。

6　IMF, "Joint Statement from Managing Director, IMF and President, World Bank Group", March 2, 2020, https://www.imf.org/en/News/Articles/2020/03/02/pr2076-joint-statement-from-imf-managing-director-and-wb-president[2020-04-11].

家提供 120 億美元的支持。[1] IMF 也在其網站上公佈該組織將通過緊急融資、擴大現有貸款項目、減免債務的補助金和安排新融資等方式支持各國應對新冠疫情的經濟衝擊。[2]

3 月 3 日，G7 央行行長和財政部長召開電話會議並發佈聯合聲明，表示"利用一切適當的政策工具，實現強勁、可持續增長，防範下行風險"。當月 16 日，G7 領導人召開視頻會議並發表聯合聲明，表示"我們將動用所有工具，包括貨幣和財政措施以及有針對性的行動，立即並在必要時盡力支持受影響的勞工、公司和行業"，並要求央行行長和財政部長就穩定和促進經濟增長措施的制定和落實進行協調。[3]

與此同時，為了應對疫情衝擊下國際金融市場出現的美元短缺壓力，美國借鑒應對 2008 年金融危機時期經驗，利用美元互換協議減輕國際市場美元融資壓力。3 月 19 日，美聯儲宣佈與其他九國央行擴大貨幣互換，包括向澳大利亞、巴西、韓國、墨西哥、新加坡和瑞典央行提供上限 600 億美元以及對丹麥、挪威和新西蘭央行提供上限 300 億美元，上述互換期限至少為 6 個月。美聯儲表示，這些貸款與美聯儲和其他央行之間已經建立的貸款一樣，旨在幫助減輕全球美元融資市場的壓力，從而減輕對國內外家庭和企業信貸供應的影響。[4]

隨著疫情蔓延，4 月在全球範圍內出現了更廣泛的合作倡議。首先是在 4 月 2 日，中國共產黨同 110 多個國家的 240 多個重要政黨和政黨國際組織聯合發出共同呼籲："鼓勵各國在防控疫情的同時，統籌做好經濟社會發展，採取有針對性的措施保護脆弱群體和中小企業，努力維護人民生活水平和社會發展進程；呼籲各國加強國際宏觀經濟政策協調，維護全球金融市場、產業鏈、供應鏈穩定，減免關稅、暢通貿易，防止世界經濟衰退；保持適度對外交往，特別是為抗疫急需的醫療器械和

---

1   世界銀行：〈世界銀行集團宣佈即刻提供 120 億美元資金支持幫助各國應對新冠肺炎疫情〉，世界銀行中文網站，2020 年 3 月 4 日，https://www.shihang.org/zh/news/press-release/2020/03/03/world-bank-group-announces-up-to-12-billion-immediate-support-for-covid-19-country-response[2020-04-11]。

2   IMF, "How the IMF Can Help Countries Address the Economic Impact of Coronavirus", March 9, 2020, https://www.imf.org/en/About/Factsheets/Sheets/2020/02/28/how-the-imf-can-help-countries-address-the-economic-impact-of-coronavirus[2020-04-11].

3   G7, "G7 Leaders' Statement", March 16, 2020, https://china.usembassy-china.org.cn/g7-leaders-statement/[2020-04-11]。

4   U.S Federal Reserve, "Federal Reserve announces the establishment of temporary U.S. dollar liquidity arrangements with other central banks", March 19, 2020, https://www.federalreserve.gov/newsevents/pressreleases/monetary20200319b.htm[2020-04-16].

防護物資等跨境運輸提供便利。"[1] 接著，七十七國集團（G77）與中國在 4 月 3 日發表聯合聲明："呼籲國際社會採取協調和有效措施，以維持全球金融市場和供應鏈的穩定，包括削減關稅和消除貿易壁壘，特別是對於藥品和衛生保健用品，以促進貿易的暢通無阻並促進全球的經濟復甦。" G77 特別 "呼籲國際社會採取緊急和有效的措施，以消除對發展中國家的單方面強制性經濟措施"。[2]

2. 國際合作面臨的特殊困難

面對新冠疫情和經濟衰退的雙重衝擊，國際社會比任何時候都更需要團結一心、共克時艱。然而，國際合作卻面臨著前所未有的特殊困難。

一是主觀困境。近年來，在部分國家貿易保護主義興起，大國之間競爭性上升，現行國際經貿秩序面臨分崩離析風險。在此背景下，大國國際合作意願下降，在疫情面前，政治偏見屢現，推卸責任而非積極合作抗疫成為某些國家的外交優先項，導致國際合作面臨比 2008 年金融危機時期頗為不同的艱難環境。

二是客觀困境。一方面是合作控制疫情面臨困境。由於抗疫物資短缺，各國陷入爭奪醫療物資的爭奪戰。另一方面是疫情控制與穩定經濟之間存在矛盾。各國控制疫情客觀上要求採取嚴格的邊境封鎖措施，這難以避免導致國際貿易、投資以及人員流動受限。而穩定經濟則要求各國儘可能採取開放的對外政策，取消封鎖。

二、進一步加強國際合作應對全球經濟衰退

1. 團結合作，共抗疫情全球大流行

復甦經濟的前提是疫情得到有效控制，而有效控制疫情的必然要求是國際團結合作。1958 年諾貝爾醫學獎獲得者喬舒亞・萊德伯格（Joshua Lederberg）曾預言："同人類爭奪地球統治權的唯一競爭者，就是病毒。" 當前，面臨新冠病毒這一人類

1　〈世界政黨關於加強抗擊新冠肺炎疫情國際合作的共同呼籲〉（全文），新華網，2020 年 4 月 2 日，http://www.xinhuanet.com/world/2020-04/02/c_1125806860.htm[2020-04-15]。

2　G77, "Statement by the group of 77 and China on the covid-19 pandemic", New York, April 3, 2020, http://www.g77.org/statement/getstatement.php?id=200403[2020-04-15].

共同的敵人和競爭者，"唯有團結協作、攜手應對，國際社會才能戰勝疫情"。[1]

首先，積極推進多邊合作，推動早日取得全球範圍抗疫勝利。一是要儘快摒棄政治偏見，以人類命運共同體意識共抗疫情。二是要推動國際科技合作，共同在疫情監測、病情診斷、疫苗研發等領域加強信息交流，合作進行科技攻關，爭取早日取得突破性成果。此外，在疫苗研發使用上應堅持不以利潤為先，而以人命為先的理念，在疫苗研發成功後保證使用惠及最廣大人群。三是要積極填補世界衛生組織資金缺口。面對世界衛生組織即將被美國切斷資金供應的局面，其他世衛組織成員要積極採取共同行動，及時填補世衛組織資金缺口，保障世衛組織正常運轉。

其次，要積極發揮區域合作機制作用，推動區域聯防聯控取得積極成效。習近平主席在 G20 領導人應對新冠肺炎特別峰會上倡議："要探討建立區域公共衛生應急聯絡機制，提高突發公共衛生事件應急響應速度。"抗擊疫情，區域合作必不可少，特別是相對於全球，區域的國家之間文化相近，在合作抗疫方面面臨的阻礙相對更少。目前，中韓已成立由兩國外交部牽頭，衛生、民航等多部門參加的疫情聯防聯控合作機制，對雙方加強疫情防控溝通協調發揮了積極作用。對於中國而言，區域合作可以擴大到東亞範圍。具體合作方面，可以考慮推動東盟—中日韓（10+3）平台建立東亞層面的區域聯防聯控合作機制，同時藉助亞洲開發銀行、亞投行等金融機構對區域抗疫提供資金支持。

再次，要探索開展雙邊合作新模式，點對點扶助共抗疫情。目前歐美雖然是疫情震中，然而對全球而言，最糟糕的情況是醫療衛生條件相對較為落後的發展中國家和最不發達國家成為新的震中。因此要提前做好應對準備，除了通過多邊和區域合作積極支援這些國家，還可以考慮參照中國各省市對口支援湖北各市的模式，鼓勵發達國家或者疫情得到有效控制的發展中國家對口支援疫情嚴重的發展中國家和最不發達國家。支援方式包括分享抗疫經驗，提供醫療隊、防疫物資、資金支持等。最重要的是，在未來保證這些國家的國民能以支付得起的價格獲得治療藥物和疫苗。

1　〈2020 年 3 月 24 日同哈薩克斯坦總統托卡耶夫通電話〉，新華網，2020 年 3 月 24 日，http://www.xinhuanet.com/politics/leaders/2020−03−24/c_1125762683.htm[2020−04−17]。

2. 協調一致，應對全球經濟衰退

　　穩定經濟是應對疫情期間的題中應有之義。隨著疫情消退、"大封鎖"狀態結束，促進經濟恢復是各國的首要任務。全球協調行動，是提高穩定和恢復經濟政策行動有效性的優先選擇。

　　首先，正如 G20 合作幫助全球經濟走出 2008 年金融危機一樣，疫情應對過程中盡可能穩定全球經濟，並幫助衰退的經濟盡快復甦需要強有力的多邊合作。多邊合作的重點在於：一是要減少阻礙跨境貿易和全球供應鏈的貿易壁壘和非貿易壁壘，盡快修復國際貿易和全球價值鏈。鑑於在經濟下滑時，個別國家更傾向於採取貿易保護主義，因此需要更大程度地發揮 G20 在協調全球貿易政策方面的作用，盡可能達成減稅、減少非關稅壁壘的合作協議。二是要穩定全球金融市場，通過協調貨幣金融政策，減少資本大幅流動。三是要給予財政拮据的國家更多的多邊援助，包括提供優惠融資、贈款和債務減免等。

　　其次，要積極發揮區域合作機制構建的經濟金融安全網功能。對於中國而言，可以考慮與東盟—中日韓（10+3）啟動"清邁協議多邊化／東盟中日韓宏觀辦公室"（CMIM/AMRO）機制，積極發揮其金融救助功能。同時，積極發揮"一帶一路"、上海合作組織、金磚國家以及與非盟、阿盟、中東歐、拉共體等區域性合作機制作用。對於歐盟國家而言，可以考慮對財政困難成員進行適當救助，減免部分債務，特別是對受到疫情衝擊比較嚴重，財政狀況又不甚樂觀的南歐國家成員。

　　再次，要探索新的雙邊合作的可能性，擱置分歧，扭轉時局。一方面，中美分別作為最大的發展中和發達國家，應該化干戈為玉帛，繼續發揮國際合作共同應對危機的引領作用。另一方面，面對國際金融市場動蕩，各國可以根據現實需要，考慮通過貨幣互換協議穩定匯率，保證金融市場的流動性。

第三節　建議實施一攬子紓困和救助政策

　　這次疫情衝擊導致的全球危機本質上是民生危機，疫情衝擊打亂了正常的經濟循環，尤其是對於中小微企業和低收入群體造成極大的困難。疫情在全球蔓延，各國都採取了積極的防控措施，受檢測技術、治療藥物和疫苗研發等關鍵技術因素制約，國內外疫情傳播的範圍和時間具有極大的不確定性。應充分認識疫情防控的艱巨性和長期性，在常態化疫情防控中全面推進復工復產，恢復正常的經濟社會秩序。抓住戰略機遇期，堅持底線思維，化危為機，建議及時推出並實施一攬子紓困和救助政策，保居民就業、保基本民生、保市場主體、保糧食能源安全、保產業鏈供應鏈穩定、保基層運轉，堅定實施擴大內需戰略，維護經濟發展和社會穩定大局。

紓困和救助政策需充分估計全球經濟衰退給中國帶來的不確定性衝擊，要更有針對性地精準加力擴大國內需求，有效擴大公共投資，促進以工代賑，大力推動產業升級，促進經濟持續復甦。

精準加力擴大國內有效需求，要注意嚴格區分疫情衝擊與結構性、體制性、週期性矛盾和問題，將抗疫目標、短期逆週期宏觀調控目標、中長期供給側結構性改革目標區分開來，更有針對性地加以應對。要注意平衡穩增長與防風險的關係，兼顧當前與長遠，以不留或少留"後遺症"為底線。

一、建議及時推出並實施一攬子紓困和救助政策

面對疫情衝擊，要從維護國家經濟安全和社會穩定的戰略層面，高度重視中小微企業的生存問題。需從疫情經濟學的視角加以審視，在疫情被完全控制之前，有計劃地把有限的救助資源優先投向國內基本民生領域；救助收入流和現金流面臨斷裂的中小微企業和居民，加強疫情防控治療行業發展；紓困救助政策應最大限度、最高效地把資金送到最短缺的中小微企業和居民手中。政府實施的一攬子紓困救助政策要充分發揮市場配置資源的決定性作用，儘量避免在中長期引發結構扭曲問題。

考慮到疫情全球大流行的發展趨勢仍存在極大的不確定性，經濟恢復到常態可能需要更長時間，一攬子紓困救助政策可以先按照兩年（2020 至 2021 年）進行準備，實施過程中視情況發展變化再作靈活調整。具體而言，一攬子紓困救助政策主要包括如下七個方面內容：

1. 救助暫時陷入困難的中小微企業，旨在穩定就業

可由暫時陷入困難的中小微企業向銀行提出救助申請，要求企業不裁員，提供 2019 年企業所得稅和增值稅、銀行賬戶收支記錄等數據，過去有良好納稅記錄的企業優先獲得救助。這部分救助貸款利息由中央財政和地方財政共同負擔，具體比例可按照稅收分成比例確定。

2. 救助中低收入群體，旨在擴大消費

根據疫情發展的實際情況，財政需要從中長期動態平衡考慮，進一步提高本年度赤字率，或通過增發抗疫特別國債，加強民生兜底保障，擴大國內有效需求。針對家庭人均月收入低於 1000 元的 "6 億人" 群體，考慮到其中部分人群儲蓄存款不足以抵禦疫情二次爆發和再次停工停產的衝擊，中央和地方政府應聯合金融、稅務、社保等部門加強實時監測，一方面繼續落實暫緩其償還銀行貸款，減免房租等救助政策；另一方面加大脫貧攻堅工作力度，中央政府根據各地具體情況通過轉移支付發放臨時生活救助，地方政府可根據本地情況適當增加現金救助發放力度，共渡難關。

3. 加大轉移支付力度，千方百計保基層運轉

疫情較重地區和貧困地區財政收支矛盾較為突出，基層運轉困難。主要原因是這些地區財政收入來源本來就不多，有的地區歷史包袱較重，疫情衝擊在一定程度上阻斷其經濟循環，導致部分財政收入斷流或減收，無法滿足剛性財政支出。保基層運轉，首先應完善全國縣級財政庫款監測機制，加強對縣級庫款管理情況的監測和督導，及時發現風險，儘早解決困難。其次要摸清困難地區基層財力 "缺口"，中央政府和省級政府根據困難地區資金短缺的原因，區分疫情衝擊或者貧困原因等不同情況確定轉移支付的比例，優先保障純公共支出。再次，應根據基層人口、經濟發展變化情況，科學優化基層治理長效機制，推動基層優化運轉、減壓賦權，推動更多社會資源、管理權限和民生服務下沉到基層，保障更多人力、物力、財力投放到基層。最後，加快預算績效管理體系改革，將績效管理延伸到基層單位、覆蓋到所有資金，推動基層把有限資金 "用到刀刃上"。

4. 放開落戶限制，旨在促進城鎮化、都市圈和城鄉融合發展

破解利益固化的阻力，全面放開 1000 萬人口以下城市落戶限制，提高基本公共服務均等化水平，釋放農民進城和外來人口落戶所能激發的消費和投資潛力，釋放城鎮化和都市圈的巨大發展潛能，為中國經濟發展和內需啟動注入活力。

5. 執行靈活的房地產政策，旨在滿足居民的剛性需求和改善性需求

堅持"房住不炒"，真正落實"一城一策"，推出全國性的人地掛鉤政策，綜合考慮各地房地產價格、房屋空置率、庫存水平、人均住房面積、外來人口等更多因素，有序放鬆各地房地產限售限購政策，滿足居民剛性需求和改善性需求，重視妥善解決開發商融資難問題，賦予地方政府更大自主權。在過去 5 年人口淨流入城市，根據人口流入量建設適量的政策性公租房。公租房建設應選址合理，與產業佈局融合，防止政策套利。

6. 健全消費環境，旨在釋放潛在消費需求

完善都市圈發展環境，解決城市停車難和交通擁堵難點，放開汽車限購。支持物流行業發展，降低物流成本，完善冷鏈物流，擴大網絡消費和線上消費。規劃引導健康消費，完善醫療保健疾病預防制度，加大城市公共體育設施建設。

7. 加大新老基建投資力度，旨在為未來發展精準賦能

專項債項目適當向都市圈所在地區傾斜，降低資本金比例，加大國土整治力度，推進都市圈軌道交通和地下管網等公共工程建設，提高投資效益，並創造以工代賑就業機會。實施全國公立醫院改擴建提升工程。從轉型升級視角促進企業投資新基建，對企業相關投資貸款給予貼息支持，推動 5G 等新技術及相關新基礎設施建設，鼓勵 5G 終端產品消費，儘快形成 5G 產業鏈。

二、非常時期財政和貨幣政策要加大逆週期調節力度

面對百年一遇的全球大流行病衝擊和全球性民生危機，為了配合實施上述一攬子紓困和救助計劃，非常時期財政和貨幣政策要明確反危機目標，加大逆週期調節

力度，強化政策落實。

1. 提高赤字率，增加專項債發行規模，發行特別國債

政府工作報告中已經確定 2020 年財政赤字率按 3.6% 以上安排，新增赤字、發行抗疫特別國債和新增地方專項債三項舉措可形成 3.6 萬億元的新增擴張規模，使總規模達到 8.51 萬億元。疫情之後需要進一步加快財政政策實施進度，地方財政應加快修改地方預算，讓直達基層、直接惠企利民的政策跑在受困市場主體前面，要加大救助政策精準落地的速度與力度，把幫助中小微企業和中低收入者渡過難關作為重中之重，大力支持減稅降費、減租降息、擴大消費和投資等。針對部分地區投資項目儲備不足的情況，中央政府應做好頂層設計，在全國推出更多公共領域民生打捆投資項目。針對新增失業群體，應確保在現行標準下，實現應保盡保，加快研究針對未參保失業人員的生活補助及價格補貼辦法並落地實施。目前中國失業保險參保就業人群約 2.05 億人，僅佔全部就業人員的 26.5%，佔城鎮就業的 46.5% 左右，失業保險覆蓋面不高，亟待向未參保失業人員提供防疫特別民生支持。

2. 穩健的貨幣政策要更加靈活適度，保持流動性合理充裕

下半年要確保貨幣信貸、社會融資規模增長，降低社會融資成本。但要防止資金空轉套利，嚴防對僵屍企業輸血，防範貸款救助產生後遺症。運用定向再貸款、再貼現等工具，加大對疫情防控重點地區、重點行業和重點企業的支持力度。增加製造業中長期融資；擴大創業板融資規模，加快在美國證券市場上市的中國公司回流香港或滬深股票市場上市。鼓勵銀行發行永續債補充資本金，增強銀行放貸能力；加大金融機構壞賬核銷力度，及時處置不良資產，化解金融體系潛在風險。

第四節　建議推出一攬子配套政策和有效改革舉措

一、高度關注疫情對全球產業鏈供應鏈的短期衝擊和中長期影響，加快實施供應鏈補短板工程

一是基於美國、德國、日本、韓國等不少國家與中國供應鏈聯繫密切的實際情況，密切關注海外的疫情走勢，對海外疫情防控提供力所能及的幫助。

二是加快推進中日韓區域一體化進程，強化東亞地區產業鏈供應鏈的整合和協調。

三是針對機械設備、汽車與船舶製造、發電設備、航空航天、精密儀器、醫療器械、醫藥化工等重點進口產品疫情期間的供應保障情況進行摸排，做好供應鏈替代和備胎準備。

四是抓緊構建全球供應鏈風險預警評價指標體系，通過自主創新、關鍵供應商自給、實施供應鏈備鏈計劃等方式，在傳統產業與戰略性新興產業領域加強供應鏈彈性建設。

五是著眼於中長期，維護和夯實中國製造業基本盤，加快補齊創新能力短板、供應鏈卡脖子短板、企業跨文化經營能力短板以及國際協作能力短板，對不同所有制企業一視同仁，防止企業過快外遷。

六是完善和強化飛機製造等行業高端人才跨國交流機制。

二、緊盯脫貧目標不放鬆，堅守穩就業保民生底線

一是採取更大力度超常規措施，扎實解決好最後"0.6%"等重點人群、"三區三州"等重點地區的深度貧困問題，近短期仍然需要政府強有力的主導。

二是高度重視新脫貧人口、貧困線以上低收入群體因抗風險能力較弱而可能出現的返貧問題，重點以邊緣之上人口為主，強化市場性脫貧通道，鞏固已取得的扶貧成果。

三是優化收官戰階段工作機制，對於無勞動能力貧困人口等確實無法通過發展

型手段促進脫貧的困難群體，要及時發揮社會政策的兜底功能。

四是鼓勵短期內難復工的季節性返鄉農民工統籌安排全年就業預期，參與鄉村振興相關建設，減輕收入損失和生活支出壓力。

五是優化統籌疫情防控和生活性服務業的全面恢復，並通過擴大消費等舉措促進中小微服務業企業和個體工商戶快速回血，修復就業損失。優化城市管理模式，引導無固定場所攤販有序恢復營業，支持靈活就業。

六是針對困難企業繼續實施社保減緩、貼息貸款期限延長、房租減免等針對性援助措施。針對勞動者持續完善就業服務保障，簡化失業補助申請程序，擴大失業保險的給付範圍，強化困難人員就業援助和創業輔導。以面向就業困難群體為主，在城市管理、治安聯防、生態保護等領域新設保民生公益崗位，發揮政府勞動力儲備制度和"最後雇主"的功能。

此外，就業機會收縮期同樣是人力資本投資機會成本低的窗口期，做好"專升本"和研究生擴招工作，並鼓勵求職者參與更多培訓和學習，在延遲就業的同時增大社會人力資本儲備。還要及早防範就業機會收縮、無業人口增多引發社會穩定等次生問題。

三、擴大開放合作，穩定外貿和外資

一是在國內疫情穩定情況下，要積極推進出口企業的復工復產，在滿足國內需求的情況下促進防護服、呼吸機、口罩等防疫醫療物資出口，幫助海外疫情防控。

二是進一步落實《外商投資法》，改善營商環境，防止因疫情導致過快產業轉移和企業外遷。在做好疫情防控的前提下，確保海關運行效率，保障貿易便利化水平。出台外商投資准入負面清單，進一步放寬市場准入，鼓勵外資向新興產業、高新技術、節能環保等領域進行投資。

三是繼續降低關稅，特別是推動與其他國家進行醫療物資臨時減稅。

四是繼續擴大對內開放，加快落實電力、電信、鐵路、石油、天然氣等行業和領域對民營企業開放。

五是積極推動並引領 G20 發揮合作應對疫情與經濟恢復作用，推動成立 G20 疫情應對與經濟穩定工作組，積極利用此次中國應對疫情的經驗在國際治理中發揮更大作用。

四、及時推出有效改革舉措，補齊制度短板

一是全面落實負面清單管理，降低企業創新創業和併購門檻。

二是推出跨省人地掛鉤政策，促進土地指標在省級層面轉移，解決人口流入城市土地指標不足的問題。

三是完善公共衛生領域體制機制。擴大醫學、護理類專業招生規模，加大對醫學、護理類學生支持力度。推進醫療系統收入改革，建立有效的、有實質意義的家庭醫生制度，提高醫療服務水平，緩解醫患矛盾。繼續簡化異地醫保報銷手續。把各類社會保障提高至全國範圍進行統籌。

四是全面拓展"放管服"改革，提高政府服務質量。大力推進數字政府建設，繼續優化政府服務環境，提高政府服務效率，簡化審批過程。

五是加快自然人破產制度建設和信用制度建設，化解自然人債務負擔。允許居民、自然人申請破產，為其在下一個經濟週期的生活就業提供新的機會。

六是加快國企股權劃轉社保基金改革步伐，提高國有資本運營效率。

五、樹立底線思維，防範各類輸入性風險

在疫情防控的特殊形勢下，經濟工作必須樹立底線思維，守住不發生系統性風險的底線。

一是嚴密防範海外疫情輸入風險。密切跟蹤海外疫情發展態勢，加強與世界衛生組織及重點國家的信息交流和政策溝通，做好信息收集、分析、預測工作，及時了解全球各地疫情擴散動態和防疫工作進展情況。加強各類海關的檢疫、防疫工作。對來源於疫情爆發地及其周邊地區的人員和貨物，實施重點檢疫觀察；參照國際慣例，對疫情較為嚴重地區的人員採取限制入境措施。做好海外疫區中國公民的信息統計工作，研判大規模撤僑的必要性和可行性，準備應急方案。

二是防範重大金融風險。做好疫情形勢下系統重要性金融機構的壓力測試，確保商業銀行體系穩健。通過新增資本金等形式，對衝疫情產生的壞賬壓力。防範海

外資本市場恐慌情緒向國內外溢傳導，防範資產價格暴漲暴跌。密切關注國際收支形勢變動，尤其要警惕短期熱錢過快流入的衍生風險。在維護人民幣匯率雙向波動彈性的基礎上，防範匯率短期階段性升值加劇外貿企業經營困難。及時研判一些新興市場國家因美元流動性收縮、國際收支惡化等問題而可能引發的外債危機和本幣匯率危機，提前準備預案，應對其擴散為新興市場大面積經濟危機的局面。在利用好國際油價低迷的契機、加大原油進口、改革擴大石油戰略儲備和商業儲備體制機制的同時，也要警惕油價暴跌可能引發的地緣政治次生風險，影響中國石油供應鏈安全。

三是防範外部因素擾動糧食安全。抓住農村農業領域當前受衝擊相對較輕之"機"，更加重視農業生產，警惕播種面積持續非糧化傾向，健全種糧激勵機制，強化糧食高水平自給能力。防範口糧進口通道阻塞，影響居民食品消費結構，確保穀物自給水平，加大科技興糧投入，優化結構，大幅提高口糧品質。同時要防範缺口較大的核心糧食產品進口受阻，影響部分食品製造業和養殖業的正常運轉。

（本章執筆：李雪松、汪紅駒、馮明、李雙雙、張彬斌）

參考文獻

[1]　IMF, "Global Uncertainty Related to Coronavirus at Record High", April 4, 2020, https://blogs.imf.org/2020/04/04/global–uncertainty–related–to–coronavirus–at–record–high/.

[2]　IMF, "Maintaining Banking System Safety amid the COVID–19 Crisis", March 31, 2020, https://blogs.imf.org/2020/03/31/maintaining–banking–system–safety–amid–the–covid–19–crisis/.

[1]　UNCTAD, "Global Investment Trend Monitor: Impact of the Covid–19 Pandemic on Global FDI and GVCs (updated ananlysis)", March 27, 2020, https://unctad.org/en/PublicationsLibrary/diaeiainf2020d3_en.pdf.

第十四章

走出疫情的人文經濟學

新冠病毒在全球範圍內大面積傳播蔓延，對經濟的衝擊也大幅超出預期，在歐美甚至引起經濟 "大蕭條" 的擔心。在中國，疫情對經濟的影響是我們思考當前和未來一段時間經濟運行和政策應對的關鍵。

筆者想強調的是，疫情衝擊和一般的經濟週期波動不同，也不能和 1930 年代的大蕭條或 2008 年的全球金融危機相比。疫情的源頭是外生的、和經濟沒有關係的衝擊，其影響經濟的傳導機制和經濟內生的衝擊（比如股市崩盤或金融危機）並不相同。疫情關乎人的健康和生命安全，疫情衝擊不是單純的經濟問題，我們在思考宏觀政策時應該有人文經濟的視角。

第一節　經濟預測面臨巨大的不確定性

許多國家都在實施各種形式的社交隔離措施，以減緩病毒的傳播。在全球疫情蔓延早期，歐美很多國家遲遲不願意採取這些措施，部分歐洲國家甚至寄望於犧牲一部分 "心愛的人" 以達到 "群體免疫" 的效果。隨著疫情的蔓延，歐美國家終於行動起來，開始推動社交隔離，經濟活動停擺也隨之而來。中國最早發生疫情，也最早採取嚴格的隔離措施。在這些措施下，中國僅用較短時間就控制住了國內的疫情，然而經濟上也遭受了巨大打擊。

筆者作經濟預測是基於對近期經濟運行機制的理解，基本上是線性外推，背後的假設是模型不變。然而在經濟遇到巨大的外生性衝擊時，這個假設就不合理了。中國 2020 年 1 至 2 月的經濟數據，包括工業增加值、社會零售和投資等數據，大幅低於預期，[1] 美國近期的初次申請失業人數大幅超出預期，都顯示了機制變化帶來的誤差。未來發展仍然面臨超出常規的不確定性。

首先，衝擊的源頭，疫情的未來演變存在較大的不確定性。可以假設三種情形：

---

[1]　國家統計局：〈1–2 月份國民經濟經受住了新冠肺炎疫情衝擊〉，2020 年 3 月 16 日，http://www.stats.gov.cn/tjsj/zxfb/202003/t20200316_1732232.html。

情形一，全球疫情在未來 2 至 3 個月得到有效控制。按照光大證券研究所量化分析組的估算模型，假設各個大陸均採取類似意大利封城後的隔離措施，那麼歐美主要國家在 2020 年 4 月中旬達到新增高峰，而病情發展較晚的南美洲和非洲將在 5 月中上旬達到新增高峰。如果隔離措施力度沒有那麼嚴格（類似美國 4 月初的情況），那麼歐美主要國家在 4 月下旬達到新增高峰，而南美洲和非洲將在 5 月下旬和 6 月上旬達到新增高峰。

情形二，發展中國家疫情波浪式發展，蔓延時間延長。截至 4 月中旬，新冠疫情已蔓延至 180 多個國家和地區，在感染者跨區遷移的假設下，全球疫情或呈現波浪式發展的態勢，並顯著推遲本次疫情結束的時間。所謂波浪式發展，是指疫情嚴重地區的人口基於安全考慮向低風險地區遷徙，造成低風險地區疫情的首次或多次爆發。而這又會促使該地區人口向其他低風險地區遷徙，使得後者疫情首次或多次爆發，甚至週而復始。從全球來看，由於發展中國家疫情的防控能力相對較弱，南亞、南美和非洲未來出現疫情波浪式發展的概率較大，這會使得全球疫情結束的時間拖至更久。在這種情況下，全球政府更需要通力合作，援助發展中國家進行感染者的識別、隔離和救治工作。同時，這也意味著其他國家必須延長 "外防輸入" 的措施管控，這對全球經濟的拖累將大於第一種情形。

情形三，新冠病毒流感化，與人類長期共存。[1] 更糟糕的情形是新冠病毒以 "游擊戰" 的形式在全球各地區、各季節輪動傳播，經常變異出新的亞型。從 2010 年到 2015 年全球因流感導致的呼吸道系統疾病並引發的死亡人數平均為 8.8 萬人。[2] 新冠病毒的致死率高於流感病毒，因此每年致死人數可能也會高於這個數字。這不僅會對經濟活動帶來更長期的影響，也對全球的醫療系統帶來更多挑戰。從當前形勢看，有效治療手段和疫苗的研發都需要時間，各國政府需要在更長時間跨度內分配社會資源應對新冠疫情。

其次，疫情對經濟衝擊的力度存在非常規的不確定性。在疫苗和特效藥研發成功之前，控制疫情只能靠隔離措施，而隔離對經濟活動的影響不是一般理解的供給與需求衝擊，它體現為一種物理限制，社交隔離使得人們不能外出工作和消費。

1　Stephen M. Kissler, etc., "Projecting the transmission dynamics of SARS-CoV-2 through the post-pandemic period", *MedRxiv*, 2020.
2　中國疾病預防控制中心：〈中國流感疫苗預防接種技術指南（2019–2020）〉，2019 年 10 月 15 日。

一般的經濟週期波動，一個重要影響因素是價格的靈活性，價格越靈活，經濟自我穩定的機制就越強。比如，需求降低導致失業增加，工人接受工資下降，後者改善企業的盈利空間，促使企業增加對勞工的需求，就業增加。但疫情下，面臨物理限制，價格調整失靈，衝擊完全落在量上，實體經濟包括就業、經濟增長受到的影響很大。一般的經濟分析和預測都是建立在我們對價格彈性的理解和把握上，在價格不能發揮作用的極端情況下，預測的不確定性大幅增加。

超出常規的不確定性意味著預測犯錯的可能性非常大，對疫情演變預測過於樂觀與過於悲觀兩種情形都存在，但犯錯的成本卻不一樣。如果現在對疫情演變的判斷過於樂觀，過早或者過度放鬆隔離措施，導致的結果是疫情反覆，但經濟恢復較快；而如果現在對疫情演變的判斷過於悲觀，沒有及時和充分放鬆隔離措施，導致的結果是疫情得到有效控制，但經濟恢復慢，就業和經濟增長受損大。

這兩個判斷錯誤，究竟哪個對經濟社會的危害更大？後一個誤判對經濟活動影響較大，但經濟損失可以補回來；前一個誤判導致疫情反覆，生命損失難以挽回，而為了最終控制疫情需要付出的經濟代價將會更大。顯然，犯第二個錯誤（對疫情演變的判斷過於悲觀）的代價比較小。政策面臨的難題是如何在保障人的生命安全與健康，以及維護正常經濟活動之間平衡，這涉及如何看待隔離措施的收益與成本。

第二節　隔離的經濟賬該怎麼算？

面對疫情衝擊，一個根本的問題是"隔離"挽救的生命與經濟損失，孰輕孰重？這是個既容易回答又不容易回答的問題。當我們面對親人或者個體的生命安全時，答案比較清楚：生命是無價的。但就整個社會來講，不可能無限制投入資源以挽救生命，比如不會因為要避免交通事故而不發展高速公路，不會因為要避免空氣污染而禁開所有的化工廠。也就是說，就整個社會來講，就公共政策來講，生命是有價的。

這次疫情衝擊下，與經濟停擺造成的損失相比，通過社交隔離的方式來控制疫

情拯救生命是否 "值得"，或者說怎麼把握好這個度，成為很多人關心的問題。那究竟該如何看待隔離帶來的更多生命延續和更多經濟損失之間的經濟賬呢？

經濟學文獻有個概念叫統計生命價值（VSL, Value of Statistical Life）。經濟學家 Thomas Schelling 在 1968 年的論文〈你拯救的生命或許就是你自己的〉中提出用統計生命價值估算生命的貨幣價值，從統計學角度計算社會為了降低單位死亡風險而願意支付多少金錢。[1] 舉個例子，假如一個社會願意支付 1 萬美元來降低 0.1% 的死亡風險，那麼這個社會評估這一條生命價值就等於 1000 萬美元。對於社會而言，VSL 方法將每一條生命都賦予了一定的社會價格。儘管倫理爭議的聲音不絕，但 VSL 逐漸成為公共政策領域相對被接受的計算生命價值的方法。根據美國環境保護局的計算，2020 年美國 18 歲及以上人群的 VSL 平均值為 1150 萬美元。[2] 現在 VSL 作為衡量人們為降低風險的支付意願指標，以及為提高安全性的邊際成本的指標，已經廣泛應用於對醫學、環境和運輸安全等公共政策的評估領域。

就本次疫情而言，通過 VSL 可以計算社交隔離所挽救的生命價值，這樣就可以跟社交隔離所帶來的經濟損失進行比較。Greenstone、Michael 和 Nigam 在 2020 年 3 月的一篇論文（"Does Social Distancing Matter?"）中，利用隔離措施帶來的不同年齡階段死亡率降低的概率，估算 "社會隔離" 的經濟收益（表 14-1 的左半部分）。[3] Greenstone、Michael 和 Nigam 認為新冠疫情期間，如果美國採取社交隔離會降低不同年齡階段人口的死亡率，那麼到 2020 年 10 月左右，一共可以挽救 176 萬不同年齡階段的生命，共計可避免 7.9 萬億美元的社會損失。

利用 Greenstone、Michael 和 Nigam 的方法，我們假設中國由於採取隔離措施，新冠疫情的死亡率在不同年齡階段降低的幅度與美國相似，同時中美的單位 VSL 和中美人均 GDP 成正比。這樣近似計算出，中國本次隔離大約可以拯救 590 萬不同年齡階段的生命，用 VSL 計算社會收益約 34 萬億人民幣。

1　Schelling, Thomas C., "The Life You Save May Be Your Own", *Problems in Public Expenditure Analysis*, 1968, pp.127–161.

2　2015 年，美國環保署估算 2020 年 VSL 值將達到 990 萬美元（以 2011 年美元計價），根據通貨膨脹進行調整，以 2020 年美元計價，這一估計值約為 1150 萬美元。

3　Greenstone, Michael and Nigam, Vishan, "Does Social Distancing Matter?", *Becker Friedman Institute for Economics Working Paper*, No. 2020–26, March, 2020.

表 14-1　按 Value of a Statistical Life 計算中國和美國隔離措施帶來的收益

年齡（歲）	隔離降低死亡率（%）	美國人口數（百萬人）	佔總人口比例（%）	美國隔離措施降低的死亡數（人）	美國單位 VSL（萬美元）	美國隔離措施 VSL 收益（萬億美元）	中國人口數（百萬人）	佔總人口比例（%）	中國隔離措施降低的死亡數（人）	中國單位 VSL（萬元人民幣）	中國隔離措施 VSL 收益（萬億元人民幣）
		美國					中國				
0–9	0.001	39.8	12.4	398	1,470	0.01	159.3	11.4	1,593	1,598	0.03
10–19	0.003	41.4	12.9	1,242	1,530	0.02	146.9	10.5	4,407	1,663	0.07
20–29	0.015	45.0	14.0	6,750	1,610	0.11	196.3	14.1	29,445	1,750	0.52
30–39	0.041	42.7	13.3	17,507	1,580	0.28	213.4	15.3	87,510	1,717	1.50
40–49	0.078	40.2	12.5	31,356	1,380	0.43	226.7	16.2	176,820	1,500	2.65
50–59	0.311	42.9	13.3	133,419	1,030	1.37	203.2	14.6	631,978	1,120	7.08
60–69	1.137	36.4	11.3	413,868	670	2.77	149.7	10.7	1,702,262	728	12.40
70–79	2.632	21.3	6.6	560,616	370	2.07	70.2	5.0	1,848,408	402	7.43
80+	4.818	12.4	3.8	597,432	150	0.90	29.5	2.1	1,423,474	163	2.32
總計				1,762,588		7.96			5,905,897		34.00

資料來源：US EPA、中國國家統計局，VSL 為 2020 年價格。

　　表 14-1 顯示，新冠疫情下美國因採取隔離措施避免的社會損失，整體近 8 萬億美元。另一方面，從隔離造成的經濟損失來看，假設美國因為隔離導致每天的經濟活動減少 20% 至 40%，90 天左右的封城隔離措施可能使得美國全年 GDP 較預計減少 5% 至 10%，對應的經濟損失大約為 1 萬億至 2 萬億美元。對美國而言，隔離的社會收益遠大於隔離帶來的經濟衝擊。

　　同樣從 VSL 角度，由於隔離措施中國避免了約 34 萬億人民幣的損失，約為中國 2019 年度 GDP 的 35%。同樣假設中國因隔離導致每天經濟活動減少約 20% 至 40%，那麼 90 天左右的全國隔離措施，可能導致 2020 年 GDP 減少 5 萬億至 10 萬億人民幣，約為 5% 至 10% 的年度 GDP。對中國而言，採取隔離措施的社會收益也同樣遠大於其可能造成的經濟損失。

實際上，採取隔離措施所帶來的社會收益可能比表 14-1 中估算的還要大。採取隔離措施，除了降低新冠疫情帶來的死亡率，還能通過其他途徑增加社會收益。第一，隔離可以降低新冠疫情帶來的預期的不確定性，有利於人們規劃未來。第二，隔離措施不僅有助於控制新冠疫情的傳播，也減少其他傳染病的傳播、降低交通等意外死亡的概率。第三，隔離措施還減少了醫療資源擠兌，提高了其他疾病患者存活的概率。

對如何衡量生命的價值，可以說見仁見智，以上的估算當然也有爭議。列出這些數字，主要是想強調疫情衝擊的特殊性。

在思考 2020 年中國經濟面臨的下行壓力時，不能簡單地和 2020 年本來的增長目標比較，或者和 2019 年的經濟增長比較來評估損失有多大，也不能簡單地和歷史上的大蕭條或全球金融危機比較。疫情本身是來自自然界的災害，明知道隔離措施對經濟活動衝擊大，各國政府有意為之，為的是減少民眾生命與健康的損失。經濟增長促進民眾的福祉，隔離措施保障生命安全也促進民眾的福祉，兩者要綜合起來看。

第三節　政策紓困，也是社會保險

肯定隔離措施的價值和必要性，不代表宏觀政策對隔離措施導致的經濟問題沒有反應，實際上各國政府都在採取應對措施。宏觀政策措施無論在範圍和規模上都超出了常規的理解，但大的方向是紓困，而不是刺激經濟。物理隔離措施導致生產和消費停頓，企業和個人面臨收入陡降和現金流緊張，政策應對是對個人和企業尤其中小企業加大補貼，財政政策（減稅、轉移支付）和結構性信貸（或者說政策性金融）是主要措施，當然也包括央行增加流動性供給以平撫金融市場的恐慌情緒。

之所以說是紓困而不是刺激經濟增長，是因為隔離措施使得人們的生產和消費活動受限，貨幣刺激的作用不大。紓困政策的作用是幫助受衝擊的企業和個人渡過難關，避免大規模的企業破產和長久失業，這樣疫情消退後經濟活動能很快反彈並恢復正常。也就是說疫情的衝擊好像是按下機器的暫停鍵，紓困好比維護機器，只要機器還在，暫停鍵取消後經濟就會較快恢復常態。

紓困的一個重要視角是結構性，與收入分配聯繫在一起。這次疫情下的無接觸經濟凸顯收入分配的結構新性質。過去我們關注的重點在於極少數富人（1%）和絕大多數居民（99%）之間的差距。這次疫情下，收入差距擴大更多體現在無接觸經濟從業人員（大約佔20%至30%）和接觸經濟從業人員（大約佔70%至80%）的分化。在這次疫情中金融、教育、科技、高端服務等行業從業者沒有受到過多的影響，他們可以通過在線或遠程開展工作，但製造業工人和低端服務業從業人員等中低收入階層承受了很大的衝擊。

如何理解接觸經濟從業人員受到的衝擊和政策救濟？在紓困的視角外，還有一個社會保險的視角。隔離措施防控疫情具有外部性，也就是需要所有人配合，一部分人不配合的話效果會大打折扣。對於接觸經濟從業人員來講，配合隔離措施的收益具有社會性，但成本（不工作的損失）是否應完全由自身承擔？顯然從社會整體利益來講，這種個人的損失應該社會化，即由整個社會分擔。這種社會保險最終只能由政府承擔。

這是為什麼這次疫情下財政政策在各國都發揮了主要作用。但反映社會治理機制、發展階段、歷史路徑的差異，社會保險機制在各國的落地存在差異。歐洲的一個重要特徵是企業的工資負擔（70%至80%）直接轉移給政府財政（包括個體經營戶），初步為3個月，美國則主要靠現有的失業救濟體系外加一次性發放現金。政策差異導致的結果是美國的失業人數大幅增加，而歐洲則沒有出現大規模失業。美國的現金發放雖然吸引眼球，但實際上歐洲的社會保障發揮了更好的作用。

美國的現金發放政策有點像直升機撒錢，應對需求衝擊有效，但應對供給衝擊效果受限。實際上，大規模失業本身將加劇這次疫情對美國經濟供給端的衝擊，或者說是供給衝擊的一個重要載體。儘管這樣的失業大概率是短暫的，相關失業人員也得到政府救濟，但失業畢竟意味著勞動者和雇主的分離，不利於人力資本的保值積累，和歐洲比較，美國的模式不利於疫情過後經濟活動的恢復。

中國這次應對疫情的政策措施也明顯和以往應對經濟下行壓力的政策不同，更多和救助企業以及個人聯繫在一起，包括有針對性的免徵增值稅和退稅、階段性減免企業社保費、貸款財政貼息、企業緩繳住房公積金、延期申報納稅等。但和發達國家尤其歐洲相比，中國的社會保障體系還處在發展階段，存在紓困措施落地難的問題。正因為這樣，對中國來講，應對疫情的關鍵是從供給端出發保就業，比如把救助企業和要求不裁員結合起來，這樣有助於可持續的經濟增長。

第四節　供需平衡與增長目標

對疫情衝擊的屬性，供給還是需求受衝擊較大存在爭議。在疫情爆發期，隔離措施限制人們外出工作和消費，所以是供給和需求的雙衝擊，而在疫情消退後需求和供給又會同時恢復。這是和一般的經濟波動最大的不同。在經濟週期下行期或金融危機時，經濟面臨需求不足，體現為增長和就業下行，同時伴隨通縮壓力。疫情衝擊下，增長和就業下行，但沒有通縮壓力。這種差別的一個含義是，以需求刺激為導向的宏觀政策可能帶來物價上升壓力，宏觀經濟運行體現為滯脹的特徵。

按這樣的邏輯推理下來，中國未來經濟面臨兩方面的挑戰。

首先，從動態的角度看，供給和需求問題可以相互轉化。就中國而言，疫情在本土的大規模傳播基本已被阻斷，民眾在 2020 年一季度的勞動供給不足帶來其收入下降，意味著二季度的總需求將會受到影響，因此一定的需求管理有合理性。這個視角對當前的美國尤其歐洲可能不適用，因為供給對需求的外溢效應沒有中國的情形大，反映了歐美政府社會保險措施的作用。

其次，對於全球化的經濟來講，由於疫情在不同國家蔓延的時間點有差異，一國的供給衝擊可能外溢為對另一國的需求衝擊。進入二季度，隨著中國復工復產的穩步推進，外需（出口訂單）不足成為一個重要障礙，內部需求刺激存在一定的合理性。

那麼如何理解動態和開放經濟環境下的供需平衡問題？現階段總需求不足是主要矛盾嗎？全球範圍來看，不存在需求與供給錯配的問題。2020 年一季度中國面臨供給和需求的雙衝擊，3 至 5 月份歐美面臨供需雙衝擊，之後可能是其他國家和地區。例如，3 月 19 日，特斯拉宣佈兩座美國工廠暫時停產；3 月 21 日，意大利宣佈全國非必要行業的生產活動一律停止。中國在二季度的外需訂單少了，但外部的供給（進口供應）也少了。

在正常情況下，一個可以用來緩解通脹壓力的渠道是進口，但疫情的蔓延或抑制海外供給。在全球疫情沒有明顯緩解的背景下，不能低估供給端的約束。大規模的需求刺激可能更多體現為通脹上升壓力，而不僅僅是貿易逆差（2008 年全球金融危機後中國的大規模刺激導致貿易順差大幅下降）。

一個根本的問題是，供給和需求衝擊哪個更重要？首先，疫情衝擊是實體變量衝擊，不是名義變量衝擊（比如貨幣政策緊縮），貨幣政策的對衝作用有限。更深層次來講，隔離措施帶來的物理限制降低貨幣的作用，貨幣經濟條件下一般不適用的薩伊定律這時反而適用了，也就是供給創造需求，或者說供給才是最重要的。以需求刺激為導向的政策風險是滯脹和資產價格上漲，尤其是房地產泡沫。

供給比需求重要的判斷對經濟增長的目標也有意義。一般來講，宏觀政策在總需求管理方面已經建立了一套相對成熟的機制，但對緩解供給的約束作用有限。也就是說，當供給成為主要矛盾時，經濟增長受到的約束比較剛性。關鍵是這樣的剛性約束對經濟增長的影響存在巨大的不確定性，這是在重新確立全年增長目標時需要重視的問題。

第五節　走出疫情的供給側結構性改革

在如何走出疫情的政策制定上，提升供給能力應是重點。新冠病毒全球大流行之下，社會各界對於政策取向的爭議較大，尤其是在美國推出 2 萬億美元的救濟法案，並意欲再推出 2 萬億美元的基建方案後，對於中國是否也應推出救濟或者基建刺激方案的爭論更多。基於以上分析，走出疫情的關鍵是重視供給端，當前政策的著力點應該是在控制疫情態勢的同時，採取有效措施促進復工復產和保就業。

穩妥而有序地退出社交隔離，是未來幾個月內恢復正常生產生活的政策關鍵。

退出社交隔離的前提是疫情擴散被嚴格控制在小範圍內，不會再擠兌短期相對有限的醫療和醫護資源。在新冠病毒疫苗沒有成功研發之前，這意味著至少需要在兩個方面持續發力，一是大規模的新冠病毒檢測隔離體系，二是有效的流行病學調查。這不僅需要社會投入較大的人力物力，還依賴於高效的社會組織和管理體系。

中國目前的疫情防控面臨"內防反彈、外防輸入"的艱巨任務。要把疫情蔓延控制在小範圍內，不僅要對內部和外部輸入的有症狀患者進行檢測隔離，還要對無症狀感染者進行檢測隔離，同時追蹤檢測這些感染者的接觸者以及他們的接觸者。檢測範圍越大、檢測週期時間越短、定位接觸感染者越準確，疫情的蔓延範圍就越可控。"及時發現、及時隔離"是把疫情的擴散嚴格控制在小範圍內並逐漸退出社交隔離的關鍵所在。而這項工作是一項社會系統工程，需要醫療、社區、公安、海關、科研等多部門協同。

就宏觀政策本身而言，無論是從國內還是從國際的視角來看，目前的討論對疫情的供給側衝擊重視不夠，存在過度強調不對稱的需求刺激的風險。這有可能造成對經濟更大的衍生傷害，埋下滯脹的種子。

因此，宏觀政策應該以恢復和增強供給能力為重點，在加大 2020 年一季度社會保險補償的落地力度的同時，避免沒有供給能力形成的純粹需求刺激措施。這有兩方面值得探討，一是如何把增加需求和促進新的供給結合起來，二是如何維護現有的供給產能。

具體來講，首先，一個可能是政府加大投入力度，在檢疫檢驗環節、防疫物資生產等相關領域，在因受到疫情衝擊而產生了供給缺口的農業、物流等領域創造一批臨時性或通用型的就業崗位，包括以工代賑的形式。其次，大力放鬆市政管理措施，允許或者補貼鼓勵民眾以擺攤等自主擇業的方式增加就業和供給能力。再次，大力增加減稅或者提供定向紓困資金的力度來提高企業的存活概率，防止產能急劇收縮，包括增加並真正有效發揮財政對小微企業融資擔保的扶持。還有，引導公共、私人部門更大力度地投資數字經濟的基礎設施和技術，在提升服務業效率的同時，增加無接觸經濟的就業機會。

應對百年不遇的大災，財政擴張的力度應該突破慣性的約束，對應疫情對經濟的衝擊，約 GDP 10% 的一次性政府債務增加有必要也合理。關鍵是如何用好這種資源轉移，促進經濟的可持續發展。

以上只是幾個具體可行的例子，重要的是思維範式。疫情是需求和供給雙衝擊，也超越經濟層面，宏觀政策不應是傳統的需求刺激導向，大規模基建不可取，指望房地產拉動需求更不應該。政策應對需要人文經濟的視角。

（本章執筆：彭文生）

[1]　Greenstone, Michael and Nigam, Vishan, "Does Social Distancing Matter?", *Becker Friedman Institute for Economics Working Paper*, No.2020−26, March, 2020.

[2]　Schelling, Thomas C., "The Life You Save May Be Your Own", *Problems in Public Expenditure Analysis,* 1968.

[3]　Stephen M. Kissler, etc., "Projecting the transmission dynamics of SARS−CoV−2 through the post−pandemic period", *MedRxiv,* 2020.

[4]　國家統計局:〈1−2 月份國民經濟經受住了新冠肺炎疫情衝擊〉, 2020 年 3 月 16 日, http://www.stats.gov.cn/tjsj/zxfb/202003/t20200316_1732232.html。

[5]　中國疾病預防控制中心:〈中國流感疫苗預防接種技術指南(2019−2020)〉, 2019 年 10 月 15 日。

| 責任編輯 | 楊昇 |
| 書籍設計 | 陳小巧 |

書　　名	"大流行"經濟學：應對新冠疫情衝擊與恢復經濟增長
主　　編	蔡昉
出　　版	三聯書店（香港）有限公司
	香港北角英皇道 499 號北角工業大廈 20 樓
	Joint Publishing (H.K.) Co., Ltd.
	20/F., North Point Industrial Building,
	499 King's Road, North Point, Hong Kong
香港發行	香港聯合書刊物流有限公司
	香港新界荃灣德士古道 220-248 號 16 樓
印　　刷	美雅印刷製本有限公司
	香港九龍觀塘榮業街 6 號 4 樓 A 室
版　　次	2021 年 9 月香港第一版第一次印刷
規　　格	16 開（170 × 230 mm）312 面
國際書號	ISBN 978-962-04-4746-4